목적 있는 육아

지은이_ 로버트 리즈너Robert W. Reasoner

교사, 교장, 교육감을 지내며 50년간 교육계에서 경험을 쌓았고 세계적으로 유명한 자존감 분야의 개척자이자 권위자이다. 캘리포니아 자존감 연구센터를 설립했고 미국 자존감협회와 국제 자존감위원회의 회장을 역임했다. 부모와 교육자를 위한 책을 여러 권 기술했고 20여 개 나라에서 상담을 하였다. 저서 『자존감 키우기』에 소개한 프로그램은 세계 곳곳에서 널리 쓰이고 있다. 미국 캘리포니아 상원과 주 의회로부터 표창을 받았고, 1992년에는 미국 자존감협회에서 뽑는 '올해의 교육자'로 선정되었으며, 미국 교육자 명사록에도 등재되어 있다.

_ 마릴린 레인Marilyn L. Lane

훌륭한 교사이자, 산타클라라 대학의 부교수이다. 미국 캘리포니아와 사우디아라비아에서는 영재 교육의 책임자로 임무를 수행하고 있다. 캘리포니아 영재협회 회장, 캘리포니아 자존감협회 책임자, 미국 자존감협회 부회장을 역임하고 있으며 미국뿐만 아니라 세계 곳곳에서 상담을 하고, 교사와 부모를 위한 교육과정을 개발하고 있다. 자신의 가장 큰 업적과 즐거움은 장성한 네 명의 자녀와 네 명의 손자손녀라고 한다.

옮긴이_ 한은정

대학에서는 영어영문학을, 대학원에서는 영어교육과 교육학을 공부했다. 이후 학교 현장에서 영어를 가르치며 번역을 하고 있다. 아이들을 가르치고 원서를 우리말로 옮기는 작업이 사람들의 행복지수를 한뼘 높이는 데 도움이 되기를 소망한다. 옮긴 책으로는 『작가가 사랑한 작가 작가가 사랑한 소설』(공역)이 있다.

목적 있는 육아

지은이 로버트 리즈너 · 마릴린 레인 | 옮긴이 한은정 | 처음 찍은날 2010년 11월 25일 | 처음 펴낸날 2010년 12월 2일 | 펴낸곳 이론과실천 | 펴낸이 김인미 | 등록 제10-1291호 | 주소 121-829 서울시 마포구 상수동 323-2 2층 | 전화 02-714-9800 | 팩시밀리 02-702-6655

Parenting with Purpose:
Five Key to Raising Children with Values and Vision
Copyright ⓒ 2007 by Robert W. Reasoner and Marilyn L. Lane
All rights reserved.
Korean Translation Copyright ⓒ 2010 Theory & Praxis Publishing Co.
This translation is published by arrangement with Personhood Press, through
PubHub Literary Agency.

978-89-313-6030-1 13370

*값 12,000원
*잘못된 책은 바꾸어 드립니다.

아이에게 가치관과 꿈을 심어 주는

목적 있는
육아

로버트 리즈너 · 마릴린 레인 지음 | 한은정 옮김

이론과실천

많은 가르침을 준 우리 아이들에게 이 책을 바칩니다. 로버트의 가족인 캐스린, 샤론, 데이비드, 웬디, 브루스, 앤 그리고 손자 프랭크, 라이언, 로비에게 감사의 말을 전합니다. 마릴린의 가족인 루이스, 데이비드, 수, 로라 그리고 손자손녀인 사라, 가레트, 셜라, LP에게도 감사의 말을 전합니다.

감사의 글

우리에게 영감을 주고 우정과 지지를 보내 준 많은 사람들에게 감사의 마음을 전하고 싶다. 특히 미셸 보르바, 제인 블루스틴, 나다니엘 브랜든, 존 바스컨셀로스, 베티 해치, 머리 화이트, 베로니카 드안드레스에게 고맙다고 말하고 싶다. 슬로베니아와 동부 유럽에서 우리의 프로그램을 시행해 볼 수 있도록 기회를 준 그레타 브라토브, 중동에서 우리를 도와준 파우지 자말, 말레이시아에서 도움을 준 란지트 말히에게 진심으로 감사한다. 특히 여러 해 동안 우리가 노력할 수 있게 재정적으로 지원을 해 주고 우리를 안내하고 우정을 보내 준 잭 캔필드에게 대단히 감사한다.

우리의 파트너 낸시와 클라크가 보내 준 지원과 지혜, 인내에 우리는 큰 신세를 졌다. 이들이 있었기에 우리가 작업을 할 수 있었고 시간을 내서 이 책을 쓸 수 있었다. 이들의 격려와 이해가 없었다면 이 일은 불가능했을 것이다.

우리를 격려하고 위탁 아동에 대한 정보와 경험을 나누어 준 폴라 볼드윈에게 감사한다. 특별한 도움이 필요한 아이들에 대한 정보와 도움을 준 데이비드 심프슨과 데니즈 켈러에게 고마움을 표하고 싶다. 영재 육아에 관해 우리에게 영감과 지혜를 준 바버라 클라크와 주디 로즈베리, 그리고 캘리포니아 영재 협회의 다른 회원들에게도

감사한다. 육아와 부모 교육을 주제로 한 레온 카네롯의 초기 연구 (『육아 전략에 대한 조언*Tips on Parenting Strategies*』)도 상당히 도움이 되었다. 또 육아에 대한 우리의 생각을 들어주고 그 생각을 책으로 쓸 수 있게 격려해 준 세계 도처에 있는 많은 부모에게도 고마운 마음을 전한다.

빌 그래프트와 잭 매케이가 보내 준 조언과 충고에 감사한다. 그리고 출판을 위해 책을 준비하는 과정을 안내해 주고 직접 출판을 맡아 준 브래드와 캐시 윈치에게 특별한 감사의 마음을 전하고 싶다. 책 표지를 디자인해 주고 자료의 배치를 도맡아 해 준 린다 실에게도 대단히 감사한다.

마지막으로 우리에게 따뜻한 마음과 사랑을 전해 주고 우리가 개인적인 경험에서 가족의 의미를 끌어낼 수 있게 도와준 부모님과 다른 모든 가족들에게 진심으로 감사의 마음을 전한다.

들어가는 말

우리는 세계 도처에서 열린 워크숍과 회의에서 만난 부모들과 교육자들의 요청에 응답하고자 이 책을 썼다. 책에 드러나 있는 우리의 생각들은 샌프란시스코 만(灣) 지역에 위치한 학교 관리자였던 로버트 리즈너와 캘리포니아 대학교 데이비스 캠퍼스에서 심리학과 학과장을 지낸 스탠리 쿠퍼스미스가 개발한 개념에서 출발했다.

이 개념을 로버트가 교장으로 있던 학교 학생들에게 적용했을 때 매우 의미 있는 변화가 일어났다. 지능 검사를 근거로 영재라고 판명된 아이들의 비율이 7%에서 35%로 증가했다. 해마다 규율문제가 점점 줄어들었고 학생들의 책임감이 강해졌다. 이 학교 학생들은 다른 여섯 개 학교의 학생들과 같은 고등학교에 진학했는데, 학생임원의 75%가 로버트의 학교에서 온 학생들이었다. 교사들은 이 학교에서 온 학생들이 항상 눈에 띈다고 말했는데, 이 학생들이 매우 의욕적이고 자신의 삶에 대한 장기 목표를 세우고 있기 때문이라고 그 이유를 들었다.

1979년 로버트는 여덟 개의 학교가 있는 한 학군의 교육감으로 임명되었다. 학생은 전부 3,500명이었는데 이들 가운데 43%가 소수 문화권이었다. 친부모와 함께 살고 있는 경우는 34%에 불과했고, 한

부모 가정의 비율도 꽤 높았다. 로버트는 이 개념에 따라 교장과 교사를 훈련하기 시작했고 학생들과 직원들의 자존감을 높일 수 있는 정책과 절차를 개발했다. 그 결과, 이 학군은 성취 수준이 높아져 스물아홉 개 학군 가운데 가장 높은 성취 수준을 보인 학군으로 선정되었다. 이 학군에 속한 여덟 개 학교 모두 캘리포니아 주 교육부에서 선정한 '뛰어난 학교'로 선정되었다. 학생들의 출석률은 평균 99.7%에 달했다. 빈번하던 교사들의 결근도 병가를 포함해서 1년에 4.1일로 줄어들었다. 학교 중퇴자는 5.4%로 줄어들었는데, 근처 학교들에 비해 반도 미치지 않는 수치였다. 그리고 대학에 진학하여 학업을 계속하는 학생들의 비율은 65%에서 89%로 증가하였다. 훈육 문제도 현저히 줄어들었고 공공 기물 파손으로 들어가는 비용도 1년에 16,000달러 이상에서 2,000달러 미만으로 줄어들었다. 중학교 2학년 학생 가운데는 마약을 하는 학생이 한 명도 없었고, 임신한 학생도 없었다. 이 학군의 직원들의 사기는 캘리포니아 주에서 가장 높다고 다른 학군의 관리자들이 인정하였다.

로버트가 부교육감으로 있던 학군에서 교사로 재직한 마릴린 레인은 자신의 교실에서 이 개념을 시행하기 위한 활동을 개발하는 일을 도왔다. 마릴린은 네 명의 자녀를 둔 부모로서 이 개념이 아이들을 키우는 데도 도움이 되었다고 말했다. 이 개념들은 결국 한데 모아져 1982년에 『자존감 키우기Building Self-Esteem』라는 책으로 출

판되었다. 이 책은 스탠퍼드 대학 심리학과에서 사용하는 교재를 출판하기 위해 설립된 컨설팅 사이칼러지스트 프레스 출판사에서 출판되었다. 마릴린은 1980년대 후반과 90년대 초반에 교장이 되었을 때 자신의 학교에 같은 원리를 적용하였고 비슷한 결과를 얻었다. 그 후로 캘리포니아 주에 있는 학교들이 『자존감 키우기』에서 소개된 프로그램을 사용하였고 학생들에게서 놀라운 변화가 일어났다고 보고했다. 더불어 훈육 문제는 줄어들고 학생들은 매우 의욕적으로 변했다고 한다.

'자존감 키우기' 프로그램에 부모를 위한 가이드가 개발되어 마릴린은 육아 교실을 운영하기 시작했다. 연구에 따르면 학부모들이 학교에서 시행하는 프로그램을 이해하고 학교 교육과 연계하여 가정에서 아이들에게 해 줄 수 있는 일을 알고 있을 때 학교 프로그램은 효과를 더욱 발휘한다고 한다. 학교 분위기를 완전히 바꾸어 훈육 문제가 줄어들고 학생들을 의욕적으로 만드는 데 보통 3, 4년이 걸렸다. 그러나 학부모들이 이 프로그램에 동참하고 부모 교육에서 배운 대로 가정에서 아이들에게 적용을 하면 2, 3년 만에도 의미 있는 변화를 일으킬 수 있었다! 부모는 진정 아이의 첫 번째 교사로, 학교에서 교사가 아이에게 미치는 것보다 약 두 배 강한 영향을 미쳤다. 부모들에게 라마즈 분만법과 기저귀 가는 법, 우유를 먹이는 법을 가르치는 동시에 육아 교실도 운영해야 한다고 우리는 믿는다! 육아 계획을 세우는 데도 여가 시간이나 미래를 계획하는 데 들이는 만

큼의 시간을 반드시 사용해야 한다.

　우리는 세계 이십여 개 나라에서 이 프로그램을 시행했고 계속해서 부모와 교육자를 훈련하고 있다. 최근에는 유럽의 이백여 개 학교에 이 프로그램을 적용했고 교사들과 부모들로부터 극찬을 들었다. 이 책에는 가정에서도 적용할 수 있는 효과적인 전략과 활동이 담겨 있다. 다른 육아서와 달리 이 책은 훈육을 다루고 있지 않다. 이 책에서 다루고 있는 내용은 가정에서 아이의 자존감을 형성할 수 있는 방법과 아이에게 기대하는 자질을 기르기 위한 계획이다. 우리는 당신이 되고 싶어 하는 사람이 되고, 목적을 지닌 부모가 되는 데 필요한 정보와 통찰을 이 책에서 얻기를 바란다. 당신은 목적 있는 부모가 되어 자녀를 책임감 있고 성공적인 삶을 사는 데 필요한 기술과 자질, 태도를 지닌 아이로 키울 것이다.

　아이가 한 명인 가정이 많다는 점을 알기에 아이를 가리킬 때 단수 형식을 사용하였다. 성별에 대한 어떤 편견도 나타내지 않기 위해 성별을 나타내는 용어를 피하고 '아이' 또는 '아동' 이라는 용어를 사용하였다. 이 용어를 자신의 상황에 맞게 해석하기를 바란다.

로버트 리즈너
마릴린 레인

1장

도입

> "우리는 새 시대의 여명에 서 있다. 우리 앞에는 놀라운 기술혁신의 시대, 전례 없는 경제적 기회, 위대한 문화의 부활이 예상되는 시기인 문명사에서 가장 중요한 10년이 놓여 있다. 문제는 우리 아이들을 이 새로운 시대에 어떻게 준비시키느냐이다."
>
> — 존 네이스비츠

〉〉〉

부모가 되는 일은 인생에서 누릴 수 있는 커다란 기쁨 가운데 하나다. 또 어마어마하고 감당하기 어려운 책임이 따르기도 한다. 부모 역할만큼 부담이 큰 역할도 없다. 부모나 조부모는 아이들의 신체 건강을 책임질 뿐만 아니라 성격과 가치관, 행동을 형성하고 기술을 개발하며 아이가 자신을 어떻게 생각하는지를 결정한다. 이러한 역할은 21세기에 접어든 지금 그 어느 때보다 더 중요하다. 지금 우리가 경험하고 있는 세계는, 세계의 변화에 맞추어 젊은이들을 준비시키는 기관이 변하는 속도보다 더 빠르게 바뀌고 있기 때문이다.

세상이 이렇게 변하다 보니 아이들은 새로운 기술과 생산적인 태도, 결정을 현명하게 내리는 데 사용할 가치 체계가 필요하다. 아이들은 선택과 결정을 다양하게 해야 하고, 익숙하지 않은 환경에서 효과적으로 활동해야 한다. 아이를 책임지고 있는 사람은 부모든지 누구든지 간에 빠르게 변하는 이 세계에 대처하기 위해 아이에게 필요한 자질이 무엇인지 진지하게 고려해야 한다. 언젠가 『포춘Fortune』지에서, 기업인들을 대상으로 아이들에게 필요한 자질이 무엇이라고 생각하는지 물어본 적이 있다. 이들은 아이들에게 필요한 자질로 평생 학습에 대한 관심과 대인관계 능력, 자존감, 문제 해결 능력, 창의적 사고, 통솔력, 신속한 회복력, 변화에 적응하는 능력, 능숙한 기초 기술, 독창성 등을 꼽았다.

학교는 아마도 미래 세계에 필요한 지식을 모두 전수하지 못할 것이다. 지식의 총체는 2~3년마다 배로 늘고 있다. 많은 직업이 필요 없어지고 새로운 직업이 그 자리를 메우고 있다. 교육자의 역할은 학생들이 정보에 접근하고 공동 학습을 하고 국제적으로 교류하고 평생 학습할 수 있도록 도와주는 것으로 변하고 있다. 이러한 변화는 당신의 역할, 부모로서의 역할에 어떠한 영향을 미치겠는가?

존 레논이 이런 말을 했다. "인생이란 그것을 계획하는 도중에 벌어지는 일이다." 때로는 인생이 이런 식으로 전개되기도 한다. 하지만 인생에는 우리가 알아야 할 중요한 점이 있는데, 그것은 바로 인생을 신중히 계획하면 더 나은 결과를 얻게 된다는 것이다.

여행이나 휴가를 계획할 때 여행 전문가와 상담을 하거나 인터넷 검색을 하면서 시간을 보내 본 적이 있는가? 재정계획은 어떻게 세우는가? 직업과 은퇴는 오랜 시간 동안 계획하고 전문가와 몇 시간에 걸쳐 상의한다. 하지만 아이를 키울 때는 라마즈 분만법 수업만 끝나면 별다른 도움 없이 그냥 해 나간다. 종종 이런 질문을 한다. 아기에게 딸려 오는 설명서는 없는 거야? 부모들은 육아서를 읽기는 하지만, 책마다 서로 다른 조언을 한다. 그리고 대부분의 부모들이 훈육 문제가 발생한 후에야 해결책을 강구하기 위해 책을 뒤적인다. 우리는 세상의 변화에 따른 어려움과 이 어려움이 부모 역할에 미치는 영향을 분명히 고려해야 한다. 육아는 장기적으로 계획해야만 한다. 아이가 커서 어른이 되었을 때 어떤 '결과물'이 되어야 하는지, 아이들이 필요한 자질을 갖추고 우리가 바라는 대로 자라게 하려면 어떤 노력을 기울여야 하는지를 장기적으로 계획할 필요가 있다. 처음으로 부모가 된 사람이든지 경험이 많은 노련한 부모든지 간에 '목적 있는 육아'를 하기 위해 이 점을 꼭 기억해야 한다.

이 책은 당신이 자녀에게 어떤 기술과 습관, 태도, 행동, 꿈, 가치관을 길러 주고 싶어 하는지 깨닫게 도와주고, 그러한 자질을 기르는 효과적인 전략을 함께 나누고자 쓴 책이다. 우리는 당신이 이미 실행하고 있는 좋은 방법을 깨닫고, 우리가 부모와 교육자로서 경험하고 연구하면서 발견한 효과적인 방법을 공유하기를 바란다. 아이들이 성장하는 데 가장 큰 영향을 주는 요인이 부모의 모습이기에, 당신이 개인적으로 성장할 수 있는 방법도 함께 나누어 부모 역할을 더 효과적으로 할 수 있도록 돕고자 한다. 당신의 육아 목적을 분명히 밝히기 위해 다음 질문들을 생각해 보아라.

1. 당신은 자녀에게 무엇을 원하는가?

2. 현재의 당신을 형성한, 인생에서 가장 중요한 사건이나 경험은 무엇인가?
3. 당신이 중요하게 생각하는, 자녀에게 길러 주고 싶은 자질은 무엇인가?

자녀에게 진정으로 무엇을 원하는가?

우리는 아이에게 원하는 것에 따라 아이를 격려하기도 하고 의욕을 꺾기도 한다. 아이에게 길러 주고 싶은 자질에 따라 아이를 훈육하는 방법과 아이와 나누는 이야기가 달라지고 아이가 자기 자신에 대해 내리는 판단도 달라진다.

부모인 우리가 자녀에게 원하는 점은 대부분 비슷하다. 여러 문화권에서 온 부모들에게 자녀에게 어떤 특질을 길러 주고 싶은지에 대해 물어보았다. 그 요소들은 아래와 같다.

- 책임감과 신뢰감
- 선택을 잘하는 능력
- 만족을 미루는 능력
- 스트레스와 걱정으로부터 자유로움
- 행복
- 좋은 성적
- 동정심
- 문제 해결 능력

- 경제적 독립
- 좋은 건강
- 편안하게 모험에 도전함
- 의욕적인 학교생활
- 자신감 / 높은 자긍심
- 능숙함
- 사회정의에 대한 관심
- 평생 학습에 대한 흥미
- 결혼생활이나 애정 관계를 잘 유지하는 능력

의사이자 ABC 텔레비전 방송국의 전문의인 팀 존슨 박사는 한 텔레비전 프로그램에 나와 이렇게 말했다. "긍정적으로 자신을 바라보는 일은 정보와 숫자를 배우는 일보다 더 중요합니다. 저는 최소한 제 아이가 자신을 긍정적으로 바라보기를 바랍니다. 자신의 역량이 어느 정도라고 생각하느냐에 따라 인생에서 성취할 수 있는 정도가 달라집니다."

아이들이 자신의 삶에 희망과 열정을 품는 일은 중요하다. 우리는 아이들이 살아가면서 무슨 일을 하든 열정과 흥(興)을 갖길 바라고 또 미래에 대한 꿈을 품길 바란다. 아이들이 자신을 긍정적으로 생각하고, 자신 있고 스스로 받아들일 수 있는 방식으로 행동하기를 원한다. 아이들에게는 자신의 행동과 결정을 뒷받침할 가치 체계가 있어야 한다. 그래야 다른 사람을 존중할 뿐만 아니라 자기 자신도 존중할 수 있다. 또한 자신의 행동을 책임지기를 희망한다.

당신은 자녀에게 무엇을 원하는가? 시간을 내어 자녀에게 가장 길러 주고 싶은 자질이 무엇인지 분명하게 결정하라. 이 책의 주요한 목적이 바로 당신이 이 결정을 하고, 아이에게 원하는 자질을 길러 주는 방법을 제안하는 것이다. 그 자질들을 명확히 하면 '목적 있는 육아'가 가능해지고, 당신이 바라는 대로 아이를 키울 가능성이 증가한다.

〜 인생에서 중요한 기억은 무엇인가?

목적 있는 육아를 시작하려면 먼저 우리 자신을 돌아봐야 한다. 우리는 부모 역할을 수행할 때 지난날의 기억을 떠올린다. 우리는 경험으로 똘똘 뭉쳐 있다. 어떤 기억은 유쾌하고 어떤 기억은 생각만으로도 고통스러우며, 또 어떤 기억은 여러 가지 이유로 중요한 의미를 지닌다. 이러한 중요한 기억들은 현재 우리 모습을 결정하는 데 큰 역할을 수행하고 우리 아이에게 주요한 영향을 미친다. 그러므로 아이를 키울 때 옛날 경험이 자신에게 어떤 영향을 미쳤는지를 알고 있는 것은 중요하다.

당신이 살면서 겪은 중요한 사건들은 현재 모습과 중요하게 여기는 것에 영향을 미친다. 우리는 우리가 겪은 중요한 사건을 몇 가지 살펴보았다. 로버트는 부활절과 추수감사절, 크리스마스와 같은 특별한 날이면 친척 어른들을 위해 사촌들과 함께 공연을 했다고 한다. 로버트는 공연을 준비하고 친척들이 모두 모인 자리에서 앞에 나와 클라리넷을 연주하는 일이 쑥스럽고 화가 났다고 기억한다. 한번은 공연을 피하기 위해 다락방에 숨기도 했다고 한다. 이런 이유로 로버트는 자신의 아이들에게 남들 앞에서 공연을 하라고 한 번도 시키지 않았다. 아이들이 공연하는 것에 관심이 있든 없든 말이다.

반면에 마릴린은 탭댄스를 즐겼고 남들에게 보여 주는 것을 좋아했다고 한다. 지금도 여전히 춤을 좋아하지만 남들 앞에서 뽐내고 싶은 욕구는 줄어들었다. 마릴린은 교회 성가대에서 노래 부르는 일도 좋아했다. 다른 사람들 앞에서 공연하는 일이 로버트에게는 불쾌한 일이었지만 마릴린에게는 꽤나 즐거운 경험이었다는 사실은 아이들이 서로 얼마나 다른지를 여실히 보여 준다.

중요한 사건들을 겪으면서 주요한 변화가 힘들게 일어나기도 한다. 이러한 사건으로는 병, 이혼, 결혼, 이사, 직업 변경, 업적을 이룬 일이나 실망스러운 일 등이 있다.

시간을 내어 다음 쪽에 있는 양식을 작성해 보라. 살면서 겪은 중요한 사건들을 떠올려라. 어린 시절의 기억과 그 기억들이 현재의 모습에 미친 영향, 당신이 아이들을 위해 하는 일에 미친 영향, 그리고 육아에 미친 영향을 생각해 보라.

간혹 부모와 아이가 중요하다고 생각하는 사건이 서로 다른 경우가 있다. 부모 입장에서는 아이 인생에서 중요하다고 여겨지는 사건이 아이에게는 그다지 중요하지 않을 수도 있으니 놀라지 마라. 마릴린 레인의 큰 딸은 혼자 아이를 키우고 있는데, 얼마 전 자아 성찰 과정에 마릴린을 부른 적이 있다. 마릴린의 딸은 자신의 현재 모습을 결정하는 기준이 될 만한 어린 시절의 경험을 정하느라 애쓰고 있었다. 이야기를 나눌수록 경험과 기준에 대한 모녀의 생각이 정말로 판이하게 달랐다. 어떤 사건과 그 사건의 중요성을 두고 마릴린과 딸은 서로 매우 다르게 생각했다. 엄마인 마릴린에게는 중요했던 사건들을 딸은 사소한 일이라고 여기거나 기억조차 하지 못했다. 마찬가지로 딸에게는 중요했던 기억들이 마릴린에게는 사소해 보였다. 예를 들어 딸이 가장 행복했던 순간으로 기억하는 일 가운데 하나는 유난히 추웠던 어느 날, 학교가 끝난 후 주변에 사는 친구들을 집으로 데려와 점심으로 토마토 수프와 구운 치즈 샌드위치를 먹은 경험이었다. 딸은 자신의 아이들에게도 이와 비슷한 행복한 기억을 만들어 주고 싶었다. 반면에, 마릴린은 일부러 계획을 세우고 노력을 기울인 일들을 가장 중요하게 여겼다. 딸이 다니던 주일 학교의 선생님과 걸 스카우트 리더가 되었던 일부터 할로윈 의상을 만들어 주고, 숙제를 도와주고, 피아노 연주회에 참석했던 일까지 다양하다. 모녀가 이야기를 나눌수록, 이러한 경험들은 모두 사랑에서 비롯되었고 이 경험들이 모여 행복한 어린 시절의 기억이 되었다는 게 두 사람 모두에게 분명해졌다.

중요한 사건들	육아에 영향을 미친 사건이나 경험

〜 당신의 신념과 가치관은 무엇인가?

우리는 유아기 초기에 다른 사람들이 소중히 여기는 것을 배우고 다른 사람들과 상호작용을 하면서 자신의 가치 체계를 발달시키는데, 이는 인간만이 할 수 있는 일이다. 이 신념과 가치관으로 감정과 행동에 영향을 받고 개인적으로 발전할 수 있는 기반을 형성한다. 이러한 신념에 따라 우선순위를 정하고 결정을 내린다. 또 자신이 허용할 수 있는 범위와 가장 소중한 것, 타협하기 싫은 것을 결정한다. 이 신념은 우리의 진실성이고 옳고 그름을 가르는 감각이며 개인으로서 우리가 처신하는 방법을 끌어내는 장치다. 또 신념은 우리가 아이들을 키우는 방법이며 아이들에게 전달하는 가치관이다.

문화마다 중요하게 생각하는 가치는 다르지만 대부분 문화에서 공통으로 받아들이는 가치가 있다. 정직, 가족에게 충실하기, 다른 사람에 대한 존중이 이러한 가치다. 지역 신문의 한 기자가 묘비명에 대한 기사를 쓴 적이 있다. 기자는 하관 의식에 참석한 경험을 묘사했는데 그곳에서 묘비에 새겨진 글들을 보게 되었다. 기자는 묘비명을 읽으면서 훗날 자신의 묘비에 어떤 글이 새겨질지 생각했다. 그러고는 자신을 가장 잘 묘사할 수 있는 단어들을 적어 보았다. 자신이 남겨 줄 유산도 생각해 보았다. 기자는 자신이 적은 단어들이 마음에 들지 않았다. 그래서 그동안 살아온 삶의 방식과 우선으로 생각한 것들을 바꾸게 되었다. 삶의 목표를 새로 세우고 앞으로 개인적으로 지켜 나갈 규칙도 정했다. 기자는 자신의 가치관과 자신에게 정말로 중요한 것을 검토하면서 삶에 중요한 변화가 일어났다고 한다. 당신도 자신의 묘비명을 한번 생각해 보고 싶지 않은가! 당신이 남겨 줄 유산은 무엇인가? 자신을 묘사하는 긍정적인 말을 몇 개 적어 봐라. '배려하는', '자비로운', '유능한', '창의적인'과 같은 것들 말이다. 내 한 친구는 「시라노 드 베르주라크Cyrano de Bergerac」(프랑스 극작가 에드몽 로스탕의 5막 시극—옮긴이)에 나오는 '하얀색 깃털'을 택했는데, 이 깃털이 친구에게 때 묻지 않은 진실함을 의미했고 실제로도 그렇게 살려고 노력했기 때문이었다.

〈아이와 함께할 수 있는 활동들〉
1. 아이와 관련된 사항을 결정할 때 당신이 가장 중요하게 여기는 가치가 무엇인지 아이에게 들려준다.
2. 아이가 자신의 미래를 계획할 때 어떤 가치를 가장 중요하게 생각하는지 물어본다.
3. 좀 더 큰 아이에게는 훗날 자신의 자녀에게 어떤 가치를 가장 심어 주고 싶은지 물어본다.

삶의 덕목과 가치관을 심어 주기 위한 기본 체계

당신은 중요하게 생각하는 어린 시절의 경험에서 획득하거나 형성한 삶의 덕목을 의심할 여지 없이 강하게 의식한다. 또 습관을 형성하기도 하는데, 어떤 습관은 마음에 들지만 어떤 습관은 바꾸고 싶기도 하다. 이 덕목과 습관을 좋아하든 싫어하든, 그 덕목과 그에 따라 아이들과 맺는 관계와 아이들에게 들려주는 이야기가 달라진다.

육아 목적을 정할 때 그러한 덕목과 습관을 알고 있으면 그 덕목과 습관을 바꿀 수도 있고 충실히 지킬 수도 있다.

다음 장부터는 몇 년 전에 개발한 다섯 가지 열쇠와 개념, 과정을 이용하여 아이들에게 특별한 자질을 길러 주는 방법에 대해 몇 가지 제안을 할 것이다. 이 과정은 인간의 다섯 가지 기본 욕구 체계에 근거를 둔다. 다섯 가지 기본 욕구 체계는 안전감, 자의식, 소속감, 목적의식, 개인 역량 인식이다. 우리는 몇 년 동안 학교, 정신병원, 병원, 약물과 알코올 재활 센터를 비롯한 다양한 상황에서 이 욕구 체계를 사용하였다. 이 과정을 실험하면서 알코올이나 약물 남용, 반사회적 행동, 다른 사람을 놀리고 괴롭히는 행동, 십 대 임신, 식이 장애, 학교 무단결석 등이 현저히 줄어든다는 결과를 얻었다. 이 욕구 체계를 이용하면 일탈 행동을 줄일 뿐 아니라, 삶을 더 생산적으로 살 수 있는 자질, 즉 책임감, 신뢰감, 자주성, 자긍심, 자신감, 관용, 동기 부여와 같은 자질을 기를 수도 있다는 사실을 부모들과 교육자들, 정신 건강 전문의들이 입증했다.

아이들이 갖추어야 할 자질 가운데 가장 중요한 것은 자긍심이다. 유명한 심리학자, 에이브러햄 매슬로는 인간의 기본 욕구로 자긍심을 꼽았다. 자긍심이라는 용어는 여러 가지 의미로 정의되는데 우리가 심어 주고 싶은 자긍심은 건강하고 진실한 종류이다. 아이를 지나치게 칭찬하거나 아이에게 우월감을 심어 주는 것으로는 이러한 종류의 자긍심을 형성할 수 없다. 건강한 자긍심은 아이가 안전하다고 느끼고, 자신을 긍정적으로 바라보며, 다른 사람들이 자신을 소중히 여긴다고 느끼고, 자신이 능력이 있다고 생각할 때 길러질 수 있다는 것이 연구에서 입증되었다. 따라서 자신을 긍정적으로 생각하는 것만으로는 충분하지 않다. 자신의 능력을 인식해야 한다. 아이가 건강한 자긍심을 갖추기 위해서는 이러한 감정을 기를 수 있는 환경과 경험이 마련되어야 한다.

우리의 경험으로 보면 개개인은 자신의 기본적인 욕구가 충족되어야 훨씬 더 행복해 하고 자신에 대해 더 긍정적으로 생각한다. 따라서 우리는 아이들이 안전감과 자의식, 소속감, 목적의식, 개인 역량 인식과 같은 중요한 욕구를 만족시킬 수 있는 방법에 집중하려고 한다. 이러한 기본 욕구를 충족시킬 수 있는 조건을 만들어 주면, 아이들은 당신이 심어 주고 싶은 덕목과 가치관을 더 쉽게 획득할 수 있다. 우리는 이 욕구 체계가 부모와 아이들에게 가치가 있을 것이라고 확신한다.

안전감

안전감은 자녀를 가치관과 꿈이 있는 아이로 기르는 데 필요한 다섯 가지 열쇠 가운데 첫 번째 항목이다. 아이에게 안전감을 심어 주려면 사랑하고 존중하는 마음으로 아이를 대해야 하고, 규칙과 기대를 명확히 한 후 일관성 있게 적용해야 하며, 아이는 자신에게 삶을 통제할 힘이 있다는 사실을 믿어야 한다. 아이들은 자신의 행동에 책임을 지고 그 행동으로 발생하는 대가를 받아들이는 것도 배워야 한다. 다음은 자신이 안전하다고 느끼지 못하는 아이들과 안전하다고 느끼는 아이들의 특징이다.

특 징	
안전하다고 느끼지 못하는 아이들	안전하다고 느끼는 아이들
한계를 시험한다	책임감이 강하다
초조하다	권위를 존중한다
동기가 부족하다	자신을 통제한다
지나치게 부끄러워하고 두려워한다	어른들을 믿는다
의심이 많다	실패를 무릅쓰고 과감히 도전한다
공격적이고 자존감이 부족하다	신뢰가 간다
스트레스를 잘 받는다	걱정을 많이 하지 않는다
모험하는 것을 원치 않는다	초조해 하지 않는다
결정을 내리지 못한다	
두려워한다	

자의식

두 번째 열쇠는 아이들의 '자의식'이 긍정적이어야 한다는 것이다. 자의식이 중요한 까닭은 아이들이 자신에 대해 생각하는 대로 행동하기 때문이다. 자신을 긍정적으로 생각하는 아이들은 긍정적인 방식으로 사람들을 대한다. 반면에 자신이 무능하다고 느끼거나 자신을 부정적으로 바라보는 아이들은 부정적인 방식으로 사람들을 대하기 쉽다. 다음은 자의식이 부정적인 아이들과 긍정적인 아이들의 특징이다.

특 징	
자의식이 부정적인 아이들	자의식이 긍정적인 아이들
남의 눈치를 지나치게 살핀다	다른 사람을 측은히 여기고 잘 보살
반사회적인 행동을 한다	핀다
성공하려는 노력을 거의 하지 않는다	공감을 잘한다
지나치게 민감하다	자신의 모습을 있는 그대로 인정한다
걸핏하면 성질을 부린다	자신을 통제한다
다른 사람을 비난한다	다른 사람을 배려한다
사람들의 관심을 받고 싶어 한다	다른 사람을 존중하고 이해한다
거짓말을 하거나 사기를 치고 도둑질	감정 표현 능력이 탁월하다
을 한다	정서적으로 안정적이다
자신이 한 일에 대해 좀처럼 자신감	다른 사람을 사랑할 줄 안다
이 없다	자신을 가치 있게 여기고 자부심이
	있다

소속감

세 번째 열쇠는 '소속감' 이라고 부르는 것이다. 우리는 모두 어딘가에 소속되고 싶은 욕구가 있고 다른 사람들이 자신을 인정하고 지지해 주길 바란다. 그리고 또래 집단이나 큰 조직에 속하고 싶어 한다. 이런 욕구는 자신을 돌봐 주는 가족의 일원이 되면서 제일 먼저 채워진다. 이 욕구를 계속 충족시키려면 아이들은 다른 사람들과 조화를 이루고 서로 도와가며 일하는 데 필요한 사회성을 길러야 하며 친구가 되는 법, 다른 사람을 도와주는 법을 터득해야 한다. 다음은 소속감이 약한 아이들과 소속감이 강한 아이들의 특징이다.

특 징	
소속감이 약한 아이들	소속감이 강한 아이들
친구가 적다	다른 사람들과 사이좋게 지낸다
또래들이 싫어하고 따돌린다	다른 사람의 말을 잘 들어준다
다른 사람에 대한 인내심이 부족하다	또래들의 강요에 잘 저항한다
자신이 항상 처음이어야 한다	다른 사람과 나누는 일을 즐거워한다
다른 사람과 나누려고 하지 않는다	집단의 구성원으로 역할을 잘 수행
동물을 학대한다	한다
또래들의 유혹에 잘 넘어간다	통솔력을 발휘한다
다른 사람을 괴롭힌다	다른 사람들이 자신을 소중히 여긴다
떠벌리거나 뽐내길 좋아한다	고 느낀다
또래에게 "싫어."라고 말하는 것을	사회성이 좋다
어려워한다	친구가 많다
다른 사람에게 깊은 인상을 주려고	다른 사람이 잘 살 수 있도록 도와준
과시하거나 노력한다	다

목적의식

  네 번째 열쇠는 우리가 하는 일과 영위하는 삶이 의미 있고 소중
하다고 여기는 것, 바로 '목적의식'이다. 목적의식은 자신이 하는 일
이 적절하다고 여길 때, 자신이 중요하다고 여기는 일에 노력을 기울
일 때 생긴다. 목적의식이 있으면 아이들은 자신이 이루고자 하는
일과 되고자 하는 사람에 대한 꿈을 품게 된다. 또 살아가면서 잣대
로 삼을 가치관이나 기준을 세우게 된다. 다음은 목적의식이 없는
아이들과 목적의식이 강한 아이들의 특징이다.

특 징	
목적의식이 없는 아이들	목적의식이 강한 아이들
동기가 없다	지적 호기심이 강하다
시간을 낭비한다	성실하다
무단결석을 한다	스스로 동기 부여를 잘한다
학교 성적이 좋지 않다	내적 만족도가 높다
마약이나 술에 손을 댄다	미래에 대한 꿈이 있다
체계적이지 못하다	목적이 명확하다
학교생활에 싫증을 낸다	정신적인 것을 추구한다
포부가 없다	자신이 하는 일에 열정이 있다
관심 분야가 거의 없다	도덕적으로 옳은 행동을 한다
스릴 있는 일을 찾는다	위험을 감당하는 능력이 있다

개인 역량 인식

다섯 번째 열쇠는 살아가면서 부딪힐 어려움을 잘 대처할 수 있다고 여기는 것, 바로 '개인 역량 인식'이다. 자신의 역량을 알려면 성공에 필요한 태도와 기술, 지식 이외에도 자립심과 오랜 시간에 걸쳐 쌓은 다양한 경험들이 필요하다. 개인 역량을 인식하지 못하는 아이들과 인식하는 아이들의 특징은 다음과 같다.

특 징	
자신의 역량을 인식하지 못하는 아이들	자신의 역량을 인식하는 아이들
잘못된 결정을 내린다	자신의 책임을 받아들인다
자신의 실패 원인을 남에게 돌린다	결정을 잘 내린다
감정에 쉽게 압도당한다	실패를 잘 극복한다
자신은 운이 좋을 수도, 나쁠 수도 있	인내와 끈기가 있다
다고 믿는다	독립심이 강하다
결정을 남에게 의지한다	삶을 긍정적으로 바라본다
판단력이 부족하다	자기 평가 능력이 있다
쉽게 낙담한다	사용할 수 있는 자원을 잘 알고 있다
과제를 완성하지 못하는 일이 자주	자신감이 있다
일어난다	자신에게 힘이 있다고 여긴다

이제, 부모로서 자녀에게 길러 주고 싶은 자질을 명확히 하고 이 바람직한 자질을 기르는 데 필요한 조건들을 마련하기 위해 노력하는 일이 얼마나 중요한지를 알았을 것이다. 어쩌면 다섯 가지 열쇠 가운데 어떤 한 가지 열쇠에 집중하고 싶을지도 모른다. 그 한 가지가 자녀에게 더 필요한 항목이라고 여기거나 더 중요한 가치라고 믿기 때문이다. 예를 들어 자녀에게 가장 필요한 항목이 교우 관계를 형성하는 일이라면 당신은 자녀의 소속감과 사교성을 키우는 일에 집중하고 싶을 것이다. 또 당신은, 아이가 실수는 누구나 할 수 있는 일이라는 것을 알고, 실수로부터 무엇인가를 배우며, 집에 와서 '아픈 마음을 위로 받고' 다시 시작하는 일이 중요하다고 믿을 수도 있다. 이 경우에는 안전감이 당신에게 가장 중요한 항목이 될 것이다.

진단 체크리스트

진단 체크리스트를 이용하여 자녀에게 어떤 자질이 부족한지를 확인할 수 있다. 아이를 관찰하여 체크리스트에서 해당되는 항목에 표시를 하면 된다. '안전감'에 세 개 혹은 그 이상 표시를 했으면, '안전감'을 다루고 있는 장부터 읽기 시작하라. '안전감'에 세 개보다 적게 표시를 했으면, 다음 항목으로 넘어가 아이에게 가장 필요한 자질을 찾아보라. 다음 장부터는 현재 아이에게 부족한 자질을 긍정적으로 개발하는 데 도움이 될 만한 제안들을 실었다.

우리는 경험상 이 다섯 가지 욕구가 순서대로 충족되어야 한다는 사실을 안다. 아이들이 안전하다고 느끼지 못하면 자신의 강점과 약점, 자의식에 대해 자기 자신과 다른 사람에게 솔직하기 힘들다. 마찬가지로 스스로 느끼는 자신의 모습이 편하지 않으면 다른 사람과 관계를 맺거나 소속감을 형성하는 일에서 어려움을 겪기 쉽다. 목적의식이나 자기 자신의 능력에 대한 인식은 아이가 그것들보다 앞서는 세 가지 항목, 즉 안전감, 자의식, 소속감을 확실하게 갖추었을 때 비로소 길러질 수 있다. 하지만 아이가 여덟 살이나 아홉 살이 될 때까지는 부족한 자질이 나타나지 않을 수도 있다. 그래서 우리는 이러한 항목들에 순서대로 관심을 기울이기를 권한다. 이 항목이나 욕구를 다룰 수 있는 상황을 마련하였을 때, 자녀를 다양한 기술과 건강한 태도를 지닌 사람, 효율적이고 자긍심이 높은 사람으로 키울 수 있다.

아래 열거한 행동들은 아이에게 부족할 수도 있는 사회적 혹은 정서적 욕구를 나타낸다. 아이가 '안전감'에서 세 개 이상의 행동을 하면 다른 영역에 관심을 두기 전에 '안전감'을 형성하기 위한 제안들을 먼저 참고해야 한다. 그리고 세 개 미만의 행동을 보이면 '자의식'으로 넘어가도 좋다. '자의식'에서도 세 개 미만의 행동을 보이면 그 다음 영역인 '소속감'으로 넘어간다. 그러고 나서 '목적의식'으로 또 '개인 역량 인식'으로 이동하면 된다.

안전감 부족을 알려 주는 지표들
___ 자주 두려워한다
___ 손톱을 깨물거나 불안함을 나타내는 다른 행동을 한다
___ 짜증을 잘 낸다
___ 권위에 도전한다
___ 지시를 무시한다
___ 무례하거나 반항적이다
___ 자신의 책임을 받아들이지 못한다

자의식 부족을 알려 주는 지표들
___ 남의 눈치를 지나치게 살핀다
___ 다른 사람에 대해 불평을 한다
___ 현실을 받아들이지 못한다
___ 지나치게 예민하다
___ 사람들의 관심이 자신에게 집중되길 원한다

___ 지나치게 부끄러워한다

___ 자주 자랑하거나 뽐내고 자신을 과시하려고 한다

소속감 부족을 알려 주는 지표들

___ 친구가 거의 없다

___ 다른 사람들을 놀리거나 괴롭힌다

___ 친구들에게서 관심을 받으려고 애쓴다

___ 사회성이 좋지 않다

___ 친구들과 자주 갈등을 겪는다

___ 다른 사람의 감정에 공감하는 능력이 부족하다

목적의식 부족을 알려 주는 지표들

___ 노력을 거의 혹은 전혀 하지 않는다

___ 잘 구슬려야 숙제를 한다

___ 과제의 완성도는 신경쓰지 않는다

___ 지루한 것을 싫어한다

___ 쉽게 낙담한다

___ "왜 내가 이걸 해야 하죠?"라고 묻는다

___ 주된 관심사나 개인적 목표가 없다

개인 역량 인식 부족을 알려 주는 지표들

___ 결정을 어른에게 의지한다

___ 성공은 단지 운이라고 믿는다

___ 쉽게 포기한다

___ 일이 진척되는 상황에 낙담한다

___ 행동에 대한 대가를 좀처럼 생각하지 않는다

___ 잘못된 결정을 내린다

>>>

아이에게 바람직한 자질을 길러 주기 위해서 부모는 먼저 자신이 어떤 사람인지, 어떻게 현재 모습을 가지게 되었는지, 소중하게 여기는 것은 무엇인지, 아이에게 길러 주고 싶은 가치관은 무엇인지를 알아야 한다. 이 장에서 언급한 자질들은 대부분의 부모가 아이에게 길러 주고 싶어 하는 자질들이다. 이러한 자질들은 학습 능력보다 더 중요하지는 않을지도 모르지만 그렇다고 덜 중요하지도 않다. 흥미로운 사실은 학습 능력과 이러한 자질들이 서로 배타적이지 않다는 점이다. 학습 능력이 뛰어난 아이가 인간으로서 가치 있는 자질까지 겸비하지 못할 이유는 어디에도 없다. 2장부터 소개하는 조건만 갖춘다면 당신은 아이에게 자긍심, 지적 호기심, 배려, 인내, 이해, 자기 존중, 사랑하는 마음 등의 자질들을 길러 줄 수 있다. 이 자질들은 인종이나 종교, 사회적 배경, 지능에 상관없이 모든 아이들이 갖출 수 있다. 필요한 것은 마음을 열고 기쁘게 받아들이는 일뿐이다.

2장

부모와 조부모, 가족의 역할

"가치 있는 감정은 개개인이 다르다는 것을 인정하고, 실수를 받아
주고, 소통의 장이 열려 있으며, 융통성 있는 분위기에서만 자랄 수 있
다. 이런 분위기는 올바른 양육을 하는 가족 안에서 발견할 수 있다."

— 버지니아 사티어

>>>

가족은 규모나 형태면에서 매우 다양해지고 있다. 오늘날 가족 형
태는 아빠와 엄마가 모두 있고, 엄마는 집에서 아이들을 보살피던
전통적인 가족 형태와 다른 경우가 종종 있다. 아이들이 별거와 이
혼 또는 입양으로 인한 가족 구성 방식을 다양하게 경험하는 것이
드문 일이 아니다. 엄마만 있거나 아빠만 있는 아이들도 있고, 부모
가 둘 다 여성이거나 남성인 아이들도 있다. 또 어떤 가정에서는 조
부모가 십 대 미혼모를 도와 아이를 돌보는 주된 역할을 담당하기도
하고 아이들이 학교를 마치고 돌아왔을 때만 돌봐 주기도 한다. 가
족의 규모나 구성 방식이 어떻든 간에, 아이들을 위해서는 의식적으

로 노력하고 계획을 세우며 육아 목표를 정하는 일에 초점을 맞추어야 한다.

예전에는 아이들이 대가족 안에서 영양가 있는 환경을 제공 받았다. 조부모가 한 집에 살면서 아이들과 부모 사이의 중재자 역할을 했다. 오늘날에는 대부분 가정이 경제적 사정으로 자신이 자란 지역을 떠나 다른 곳으로 가서 일자리를 찾는다. 이 과정에서 친척들과 떨어지는 경우가 많다. 1900년에는 미국 아이들의 90%가 친척들과 가까이 살았다. 1940년이 되니 이 비율이 70%로 감소하였다. 오늘날에는 친척들과 가까이 살고 있는 아이들이 10%도 안 된다고 한다. 그래서 조부모를 비롯한 가족 구성원들은 친척 아이들을 만나게 되면 자신들의 지식과 지혜를 적극적으로 나누어 주고 아이들을 자상하게 보살펴 주어야 한다.

우리는 가족 구성 방식에 상관없이 아이를 보살피고 양육할 책임이 있는 사람이라면 누구에게든지 우리의 생각과 제안을 제공하기 위해 이 책을 썼다. 부모를 대상으로 하는 내용이라도 실제로는 조부모와 확대 가족의 다른 구성원, 장기적으로 아이를 돌봐 주는 사람 모두에게 해당된다.

∾ 가족 구조와 관련 있는 문제들

가족 구조가 아이에게 미치는 영향, 특히 양 부모 가정에서 자란 아이가 한 부모 가정에서 자란 아이보다 훨씬 더 이점이 많은지에 대한 연구가 활발히 이루어지고 있다. 일반적으로는 양 부모 가정에서 자란 아이가 이점이 더 많은 것이 사실이지만, 특정한 조건이 만족되었을 때만 그렇다. 예를 들어, 부모가 모두 직장에 다닐 때 이 부모들은 혼자서 아이를 키우는 부모보다 아이와 보내는 시간이 더 적은 경우가 많다. 맞벌이 부모들은 집에 있을 때조차도 일을 잊고 아이에게 온전히 집중하기가 어렵다. 연구에 따르면 부모가 일을 하느라 집 밖에서 보내는 시간의 양은 집에서 아이와 보내는 시간의 질만큼 중요하지는 않다. 그러므로 부모는 집에 있을 때 시간 배분을 잘해서 아이와 함께하는 시간에는 아이에게만 '완전히 몰입하는 것'을 최우선으로 해야 한다.

사실 한 부모 가정에서도 양 부모 가정 못지않게 아이를 지원하고 양육할 수 있고 아이의 자긍심도 키워 줄 수 있다고 한다. 한 부모 가정의 부모들은 양 부모 가정의 부모보다 아이들과 더 많은 대화를 한다. 한 부모 가정에서 자란 아이들이 책임감이 더 강한 경우도 있다. 이 아이들은 불가피한 사정으로 양 부모 가정의 아이들보다 더 많은 책임을 져야 하는 경우가 종종 있기 때문이다.

오늘날에는 가족이 함께 식사할 시간을 찾는 일이 매우 힘들다. 스무 가족 중 열여덟 가족이 저녁을 함께 먹지 못하는 듯하다. 그러나 연구에 따르면, 가족이 서로 존중하는 분위기를 형성하기 위해서는 저녁을 함께 먹는 일이 매우 중요하다고 한다. 2003년 10월 27일 자 『타임Times』지에 실린 기사를 보면, 80년대 사회학자들은 청소년 범죄를 없애고 아이들을 안전하게 지키기 위해 체계적인 활동을 장려했다. 동시에 교육 전문가들은 아이들이 세계 경제 시장에서 경쟁하고 '명문' 대학에 들어갈 준비를 하기 위해 더 열심히 공부해야 한다고 생각했다. 결혼과 가족 치료법을 연구한 미네소타 대학 교수 윌리엄 도허티는 이렇게 말했다. "어른들은 아이들을 지나친 경쟁에 몰아넣고 일정을 빡빡하게 짜면서 육아 풍토를 제품 개발과 흡사하게 조성하고 있다. 그래서 가족이 함께할 시간은 점점 줄어들고 있다." '새로운 미국의 꿈을 찾는 시민협회'(메릴랜드 주 타코마 파크 시에 위치한 단체로 삶의 질을 향상하는 데 관심이 많다.—옮긴이)에서 2003년 8월에 실시한 여론조사에 의하면, 미국인 가운데 60%가 일을 더 많이 해야 한다는 중압감에 시달리지만, 80% 이상은 가족과 더 많은 시간을 보내고 싶어 하고, 이 중 52%는 가족과 시간을 더 보낼 수 있다면 돈은 덜 벌어도 좋다고 했다.

『청소년 저널Adolescents Journal』에 실린 연구에 의하면, 양 부모와 함께 살다가 한쪽 부모를 잃게 된 청소년이 정서적인 문제를 겪을 비율이 높을 뿐 아니라 자긍심도 낮다고 한다. 또 학업 성취도가 좋지 못한 경우도 많다고 한다. 이 아이들은 친한 친구도 거의 없고 친구와 보내는 시간도 적으며 활동에도 거의 참여하지 않는다고 한다.

아이가 아홉 살에서 열네 살 사이에 부모가 이혼을 한 경우에 아이에게 가장 큰 영향을 미친다. 이 나이 때에 부모가 이혼을 한 아이들은 10년이 지난 후에도 부모의 이혼이 자신의 인생에서 스트레스가 가장 큰 일이라고 말했고, 이런 경험을 한 사람들 가운데 75%는 자긍심이 낮아 고생을 하는 듯했다. 또 3분의 1에 해당하는 사람들은 정서적인 문제가 끊이지 않아 고통을 겪고 있는 듯했다. 이러한 현상이 나타나는 까닭은 아이들이 부모의 별거나 이혼을 막기 위해 자신이 무엇인가 할 수 있었을 것이라고 생각하거나 부모가 헤어진 이유가 자신에게 있다고 생각하는 경우가 일반적이기 때문이다.

그러므로 부모는 별거를 하거나 이혼을 할 때 이 일은 아이가 해결할 수 있는 일이 아니라는 점을 이해시켜야 한다. 이혼을 생각하고 있는 부모들은 이 점도 기억해야 한다. 가정이 깨지면 아이는 당연히 스트레스를 받겠지만 부모가 행복하지 않은 결혼생활을 지속해도 아이는 스트레스를 받을 수 있다는 점이다. 부모가 자주 싸우고 상대방을 학대하는, 행복하지 못한 결혼생활이 아이에게 장기적으로 부정적인 영향을 미친다는 연구 결과는 꽤 많다.

〈아이와 함께할 수 있는 활동들〉

1. 아이와 친척들에 대한 이야기를 나누고 친척들을 만나면 알아볼 수 있도록 사진을 함께 본다.
2. 아이와 함께 가족의 역사를 이야기하고 가족이 어떻게 이곳에 왔고 원래는 어디에 살았는지 직접 알아보게 한다.
3. 아이에게 행복하지 않은 다른 가족의 이야기를 해준다. 아이들이 누리고 있는 선택과 기회의 혜택에 대해 이야기를 나눈다.
4. 아이들의 친구나 지인들의 다양한 가족 형태에 대해 토론하고 친구들이 그들의 가속에 내해 어떻게 느끼고 있는지 이야기해 본다.

어린 시절의 중요성

　　1980년대와 90년대 행해진 두뇌 연구에 의하면 태어난 후 첫 3년이 아이의 발달에서 가장 중요한 시기라고 한다. 아이의 언어와 지능이 발달하기 시작하는 때가 바로 이 시기이기 때문이다. 이 연구에 의하면 아이가 태어난 후 3년 동안 엄마가 일하는 시간이 많을수록 아이의 언어 발달이 느리고 학업 성취도가 떨어진다고 한다. 그러나 아이가 열 살이 될 때까지 엄마가 곁에 없다고 해서 아이의 발달이 더뎌지는 것은 아니라고 한다. 보육시설에서 일주일에 30시간 이상을 보내는 유아와 어린 아이들은 집에서 가족과 함께 보내는 시간이 많은 아이들보다 요구가 더 많고 고분고분하지 않으며 더 공격적이라고 한다. 이 아이들은 자주 싸우고 다른 아이들을 괴롭히며 관심을 받기 위해 다른 사람에게 못되게 굴기도 한다.

　　하버드 대학 교수 하워드 가드너는 지능을 일곱 가지 형태로 구분하고 이 지능들은 유전적 소인과 환경의 상호작용으로 결정된다고 주장했다. 다시 말하면 양육과 천성의 결합인 것이다. 최근 두뇌 연구를 보면 타고나는 것으로 여겨졌던 지적 능력이 오히려 개인의 환경에 매우 민감한 듯하다. 아이들은 신경이 급속히 성장하는 기간에 주위 환경에서 두뇌에 필요한 정신적 자극을 받기 때문에 어떤 환경에서 자라느냐에 따라 지능 지수가 실제로 높아지거나 낮아질 수 있다. 아이들이 심한 스트레스를 받으면 지능이 떨어지기도 한다. 많은 젊은 부모가 어린 시절이 아이에게 매우 중요하다는 점과 아이의 환경뿐 아니라 양육하는 어른과의 상호작용도 중요하다는 점을 염두에 두어 아이가 태어난 후 장기 휴가를 선택한다. 게다가 휴가 중인 엄마들이 휴가가 끝난 후 다시 전일제 근무를 하지 않고 시간제나 재택근무를 해야겠다고 결심하는 경우가 많다. 이들은 최고가 되어야 한다는 압박감에서 벗어나기로 결정한 것이다. 어떤 가족은 생활 방식을 간소화하는 희생을 기꺼이 감수한다. 이런 사람들 가운데는 아이의 성장에서 중요한 시기에 아이 곁에 있기 위해 생활비가 덜 드는 지역으로 이사를 가는 경우도 있다.

이상적인 가정환경을 조성하기 위해서는 다음 여섯 가지 요소를 갖추어야 한다. 도전, 자유, 존중, 온정, 통제, 성공이 바로 그것이다. 아이에게는 도전할 만한 흥미로운 놀잇거리와 할 거리가 있어야 하고, 상상력과 능력을 활짝 펼칠 과제가 있어야 하며, 자신의 일을 스스로 개척할 자유가 보장되어야 한다. 연구에 따르면 이런 환경에서 명확한 통제와 조건 없는 사랑을 받은 아이들은 학교에 들어가서 적응을 잘하고 자신을 있는 그대로 잘 받아들인다고 한다.

～ 부모의 관계가 육아에 미치는 영향

부모와 아이의 관계는 아이가 자기 자신을 어떻게 생각하는지에 직접적으로 영향을 미친다. 아이들은 자신의 모습을 스스로 파악하기 어렵기 때문에 주로 부모나 자신이 중요하게 여기는 사람들에게서 받는 피드백과 그들의 모습을 통해 자신을 알아 간다. 아이들은 부모에게서 자신의 모습을 발견한다. 이 모습은 어른이 되어서까지 지속되는 경향이 있다.

아빠와 엄마는 육아에서 잘하는 점이 서로 다르고 기여하는 바도 다르다. 두 사람은 대개 서로를 보완하고 다른 방식으로 아이에게 사랑과 애정을 쏟는다. 부모들의 관계는 자신들이 하는 일의 근간을 이룬다. 부모가 서로 사랑을 표현하는 관계일 때, 이는 굉장히 소중한 토대가 된다. 부모가 서로 사랑하면 아이들은 부모 중 한 명에게 반항을 하려고 다른 한 명을 이용하지 않는다. 가장 중요한 점은, 부모가 서로 사랑하면 그 분위기가 아이에게도 전달될 가능성이 높다는 것이다.

엄마는 아이의 발달에서 특히 중요한 역할을 담당한다. 가치관과 우선순위가 뚜렷한 엄마는 아이에게도 엄마 자신의 가치관과 삶의 태도를 내면화시키는 경향이 있다. 예를 들어 엄마가 교육을 중요하게 생각하면 아이도 학교생활을 잘하는 것이 중요하다고 생각할 가능성이 크다. 아이가 자신에 대해 어떻게 생각하는지에 대해서 엄마나 다른 돌봐 주는 사람이 일반적으로 가장 큰 영향을 미치지만, 아빠로부터 받는 피드백 역시 중요한 영향을 미친다는 점도 분명하다.

아빠는 자신에게 가족을 부양하는 일보다 훨씬 더 중요한 책임이 있다는 사실을 깨달아야 한다. 아빠도 아이의 발달에 중요한 역할을 담당한다. 연구에 따르면 아빠가 보여 주는 따뜻하고 배려하는 태도가 아이의 자긍심에 밀접한 영향을 미친다고 한다. 그리고 아빠가 세심하고 다정하면 아이는 일반적으로 자긍심이 높다. 특히 아들의 경우에 더욱 그렇다. 아빠가 차갑거나 무관심하면 아들이든 딸이든 상관없이 자긍심이 낮다. 아빠가 아이를 계속해서 비난하고 아빠와 자녀 사이에 갈등이 일어난다면 아이는 대개 절망감을 느끼고 자긍심이 낮으며 의욕도 없고 다른 사람을 비난하게 된다. 그러나 특이한 점은 무관심하거나 세심하지 못한 태도가 비난하는 태도보다 아이의 자긍심과 의욕에 훨씬 더 치명적이라는 사실이다.

아이가 청소년일 때 아빠의 역할은 특히 중요하다. 아빠가 아들의 생활에 적극적으로 관심을 쏟으면 아들은 덜 공격적이고 경쟁을 심하게 하지 않으며 적응을 잘하게 된다. 반면에, 아빠가 냉담하거나 아이와 함께 있어 주지 않으면 아이는 자긍심이 낮아지고, 비행과 폭력, 범죄 등을 저지르며 범죄 조직에 가담하고 학업 성적이 좋지 못하게 된다. 딸의 경우에는 아빠가 관심이 없을 때 오빠들에게서 관심을 구하면서 보상을 받기도 한다.

부모와 자녀 사이의 의사소통과 상호작용의 양에 따라 아이는 자기 자신을 다르게 생각한다. 부모와 자녀 사이의 상호작용이 긍정적으로 꽤 잘 이루어질 때 아이는 일반적으로 자신을 긍정적으로 생각한다. 역으로 부모와 자녀 사이에 대화가 단절되었거나 상호작용이 잘 이루어지지 않을 때 아이의 자긍심은 낮아진다. 부모와 자녀의 상호작용은 아이가 청소년기에 들어갈 때 특히 중요하다.

부모가 위기에 반응하는 방법, 부모의 인생관, 가치관, 신념, 이 모든 것이 아이가 성장하는 방법, 소중히 생각하는 것, 자신에 대해 내리는 판단에 크게 영향을 미친다. 부모가 삶을 살아가는 방법은 아이에게 삶의 모범이 된다. 아이는 본보기나 경험을 통해 배우기 때문이다.

자긍심이 높은 부모는 아이의 자긍심을 키워 줄 수 있고, 자긍심이 낮은 부모는 아이의 자긍심을 높이기 어렵다는 사실은 분명하다.

"왜 우리 아빠랑 이야기하고 싶어 하세요? 우리 아빠는 저랑
똑같아요. 몸집만 더 크실 뿐이에요."

그래서 우리는 이 책의 마지막 장에 부모와 조부모, 아이를 돌보는
사람들이 아이에게 더 좋은 모델이 되도록 자신의 자긍심을 높이는
방법에 대한 몇 가지 제안을 실어 놓았다.

조부모의 특별한 역할

오늘날 조부모는 아이들의 생활에서 새로운 역할을 담당한다. 육
아를 책임지는 조부모들이 많다. 이 말은 조부모들이 아이를 돌봐
주는 양육자와 조부모라는 두 가지 역할을 함께 수행할 수 있다는 것
을 의미하고, 이 두 가지 역할은 모두 중요하다. 조부모가 수행할 수
있는 네 가지 특별한 역할이 있다.

1. 조부모는 대개 손자손녀를 조건 없이 사랑한다. 마치 손자손녀는 잘못된 일을 전혀 하지 않는 양 말이다. 손자손녀가 하는 일은 모두 다 '굉장'하기에 '달콤한 칭찬'을 많이 한다. 이 칭찬은 구체적인 내용 없이 그저 사랑이 줄줄 흐른다.

2. 조부모는 손자손녀의 이야기를 굉장히 잘 들어 준다. 일하느라 시간을 내지 못하거나 어린 아이를 돌보느라 바쁜 부모보다 아이들의 이야기를 들어줄 시간이 더 많다. 조부모는 아이에게 이야기를 들려주고 함께 놀아 줄 시간적 여유가 있다. 그래서 아이는 조부모로부터 소중한 관심을 받고 자신이 얼마나 중요한 존재인지를 느끼게 된다.

3. 조부모는 대개 아이에게 전달할 가치관이 뚜렷하다. 이 점이 아이들의 성격을 형성하고 아이들이 무엇을 선택할지 도와준다.

4. 조부모는 부모가 아이들 때문에 화가 났을 때 중재자 역할도 한다. 조부모는 대개 세상을 넓게 보는 방법을 터득하고 있고 부모들도 어렸을 때는 아이들과 똑같았다는 것을 기억하게 해 준다. 그러므로 조부모들은 경험과 논리로 말할 수 있다.

아이들 모두가 정기적으로 조부모와 만나서 시간을 보낼 수 없다는 점이 참으로 안타깝다. 조부모와 만나지 못하는 것은 아이들에게 큰 손해인데, 그 까닭은 조부모가 손자손녀와 함께 살지 않더라도 그들 고유의 역할을 수행하기 때문이다. 조부모가 손자손녀와 만날 수 있고 그 만남이 형식적이지 않다면, 만나는 횟수가 빈번하지 않더라도 조부모는 손자손녀에게 여전히 중요한 영향을 미칠 수 있다.

"우리 할아버지가 학교에 다니셨을 때는 흑판이 정말 흑색이
었대."

아이의 양육에서 부모 역할을 맡은 조부모는 육체적·심리적으로
조절을 잘해야 한다. 먼저 육아는 나이가 들어 병약해지기 시작할
때처럼 에너지와 체력 소모가 굉장히 크다. 스트레스로도 타격을 입
을 수 있다. 하버드 대학 연구팀은 최근 연구에서 손자손녀를 돌보
고 있는 여성들이 심장병을 앓을 확률이 굉장히 높다고 밝혔다. 이
연구 보고서의 저자인 이수민은 이렇게 말한다. "우리는 스트레스가
주된 이유일지도 모른다고 가정합니다. 그러나 할머니들이 정기 검
진이나 예방 치료, 충분한 잠과 운동 등으로 자기 자신을 충분히 돌
보지 못하는 것이 원인일 수도 있습니다."

조부모는 때때로 마음도 다스려야 한다. 조부모는 손자손녀를 돌
봐야 한다는 사실에 분개하고 자신은 이미 자녀를 키웠으니 이제는

좀 더 편안히 삶을 즐기고 싶을지도 모른다. 손자손녀를 잘 키울 수 있을지 걱정스러울 수도 있다. 분명한 것은(조부모도 그렇게 생각할지 모른다), 손자손녀의 부모는 육아를 잘 수행하지 못했다는 사실, 아니면 적어도 좋은 부모가 될 정도로 잘하지는 못했다는 사실이다! 이러한 상황에서 조부모는 손자손녀에게 화풀이를 하지 말아야 한다.

조부모가 아이를 돌봐 줄 수 없는 상황일 때는 이웃이나 친구, 친척 가운데 조부모의 역할을 대신해 줄 수 있는 사람을 찾아서 아이가 조부모에게서 받을 수 있는 혜택을 누리게 하는 것이 도움이 된다는 사실을 부모들은 안다. 부모는 자신의 친구나 친척 가운데 아이와 친하게 지낼 수 있는 사람을 찾아 놓아야 한다. 예측하지 못한 사고가 일어나거나 병에 걸려 부모 가운데 한 사람 혹은 둘 다 아이 곁을 떠나야 하는 경우가 발생할 수도 있다. 이럴 경우 아이에게 부모 역할을 대신해 줄 친한 어른이 있는 것이 굉장히 중요하다. 사고가 발생하기 전에 아이에게 이런 관계를 맺어 주는 것이 현명하다. 부모를 잃은 아이에게 다른 사람이 갑자기 부모 역할을 대신하려고 하면 아이는 그 사람이 자신의 부모 자리를 뺏으려고 한다고 여겨 화를 낼 수도 있기 때문이다.

〈아이와 함께할 수 있는 활동들〉

1. 아이와 함께 가계도를 살펴보고 아이가 태어나기 전까지 가족들이 살았던 지역을 확인하게 한다.

2. 당신에게 어떤 사고가 일어날 경우 당신을 대신해서 부모 역할을 해 줄 사람을 찾아보고 그 사람들에게 아이와 친하게 지내 달라고 부탁한다.

3. 부모나 조부모 시대에 자라는 것과 현재 자라는 것의 장단점을 아이와 이야기해 본다.

4. 조부모에게 아이가 좋아하는 음식 만드는 방법을 알려 준다.

〰️ 육아 방식

육아 방식에 따라 아이가 자기 자신과 권위 있는 인물을 대하는 태도가 크게 달라진다는 연구 결과가 있다. 레온 카네롯은 자신의 명저 『육아 전략에 대한 조언』에서 이렇게 말한다. "우리가 아이들을 양육하는 방법은 우리에게 '자연스럽게' 다가오는 것에 대부분 기반을 둔다." 자연스럽게 다가오는 것은 아마도 자신이 길러진 방식일 것이다. 부모는 자라면서 자신에게 이렇게 맹세했을지도 모른다. 나중에 아이가 질문을 하면 논리적이고 사리에 맞게 대답을 하고, 절대로 화를 내지 않고, 엄마가 한 것처럼 "내가 말한 대로 해!"라고 대답하지 않겠다고 말이다. 하지만 막상 부모가 되면, "내가 말한 대로 해"라는 말이, 나는 그렇게 말하지 않겠다고 아무리 다짐을 해도 어느새 자신의 입에서 흘러나오고 있을 것이다.

부모들은 얼마나 엄격해야 하는지에 확신이 없는 경우가 많다. 또는 지나치게 관대한 것과 지나치게 엄격한 것 사이에서 망설인다. 엄격함도 관대함도 대답이 될 수 없다. 어느 쪽이든지 극단적인 처방은 아이들이 성장하는 데 문제가 되기 때문이다. 그러나 부모들이 권위를 지켜야 한다는 점은 중요하다. 권위를 지킨다는 말은 부모가 아이의 나이에 적합하게, 자연스럽고 논리적인 대가를 정하여 아이의 행동에 한계를 지을 수 있다는 것을 의미한다. 그러나 동시에 아이에게 따뜻한 마음으로 관심을 표현해야 한다. 부모가 이렇게 균형 있는 태도를 보이면 아이는 가정에서 실제 사회를 경험하게 된다.

레온 카네롯은 육아 방식을 네 가지 유형으로 분류하였다.

의장

의장이 분명히 책임자이긴 하지만 아이도 위원회의 구성원이기에 부모와 아이가 권한을 나누어 갖는다. 둘은 서로 존중하고 도와주는 관계를 형성한다. 의장은 대표로서 마지막 중요한 결정을 내릴 자격이 있지만 아이도 그 결정 과정에 참여하고 명확히 정해진 한계 안에서 선택할 수 있다. 부모와 자녀는 책임과 자유 사이에서 균형을 이루어 똑같이 권한을 나누어 갖고 자신을 훈련하고 규제하며 자긍심을 키워야 한다. 이 유형의 부모는 아이를 지지하면서 아이가 체계 있는 생활을 할 수 있도록 도와 아이가 자신의 고유성을 완전히 깨닫고 자신의 참모습을 알 수 있게 한다. 아이는 자기 자신과 다른 사람, 미래를 믿게 되어 자신에게 힘이 있다고 느낀다.

지휘관

　지휘관은 권위주의적이고 독재자 같은 유형이다. 부모의 말은 곧 법이다. 토론도 없고 타협도 없으며 대화만 아주 가끔 있을 뿐이다. 아이의 생활에는 융통성이 없고, 부모는 일방적으로 아이를 통제하고 힘을 휘두른다. 문제가 생기면 대부분 이분법적으로 해결하고, 규칙이 독단적이고 엄해서 아이는 어길 수 없다. 감정을 솔직히 표현하지 않고 서로를 위로하지 않는 경우도 있다. 이 유형은 단점이 꽤 분명하지만, 장점을 꼽자면 아이의 입장에서 부모가 자신에게 기대하는 것이 무엇인지 알고 그 기대에 미치지 못했을 경우 어떤 일이 일어나는지 대개는 안다는 점이다. 하지만, 이 유형의 가족 관계에서는 아이가 자신이 무엇을 생각해야 하는지는 알지만 어떻게 생각하고 느껴야 하는지는 알지 못하고, 자신의 참모습에 대한 인식 또한 부족하다.

상담사

　이 유형의 부모는 심리학자 또는 분석가라고도 할 수 있는데, 이들은 계속해서 이야기를 하고 특정 행동에 숨어 있는 이유를 찾아 고찰하며 아이에게 자신의 견해를 설득하려고 노력한다. 때로는 아이가 제한 없는 선택권을 갖고, 부모가 하듯이 목표를 달성하기 위해 자신의 견해를 조작하거나 부모를 설득하려고 애쓰기도 한다. 아이를 키울 때 상담과 지도를 하는 것이 분명히 적절하고 바람직한 방법이긴 하지만, 상담사 유형의 부모는 대개 끊임없이 협상을 하게 된다. 또 한계와 기준이 모호한 경우가 잦기 때문에 선택하는 일이 너

"왜 립*의 엄마는 엄마처럼 이불을 홱 걷어 젖히고 으름장을
놓지 않았어요?"

무 힘들기도 하다. 이런 유형의 부모에게서 자란 아이는 결정 과정
에서 자신에게도 어른과 똑같은 힘이 있다고 믿기 때문에 어른과 아
이의 역할을 혼동하기 쉽다. 가장 큰 우려는 아이가 어른의 권위를
존중하지 않게 될 수 있다는 점이다.

친구 같은 부모

이 유형의 부모는 자녀와 친구가 되어 어떤 일을 결정할 때 서로
동등한 입장이고 싶어 한다. 부모는 자녀나 자녀의 친구들과 '친한

---

*『립 밴 윙클Rip Van Winkle』은 워싱턴 어빙이 1820년에 발표한 단편소설이다. 산
에 사냥을 하러 간 립은 길을 잃고 헤매다 잠이 들었는데 잠에서 깨 마을로 내려오
니 20년이라는 시간이 지나 있었다.

친구'가 되고 싶어 한다. 극단적인 경우에는 부모가(주로 엄마의 경우) 아이에게나 어울릴 만한 옷을 입으려고 애쓰기도 한다. 아이의 비밀을 공유하고 싶어 하고, 때로는 배우자에 반대해서 아이의 편을 들기도 한다. 아이의 생활은 체계적이지 못하다. 사실 생활에 체계가 필요하다는 점을 알지 못하거나 이해하지 못할 수도 있다. 체계적으로 진행되는 일과나 행동에 대한 제한도 거의 없다. 이 유형의 부모는 아이가 행복하기를 갈망하고 아이를 즐겁고 관대한 태도로 대하기 때문에, 아이는 행동을 결정할 권한이 '전적으로' 자신에게 있다고 느낄지도 모른다. "나는 내가 원하기만 하면 무엇이든 할 수 있어."라는 말은 주로 "아무도 신경 안 써."로 해석된다. 아이는 부모를 어른으로 거의 존경하지 않는다. 이 유형의 부모는 아이의 활동에 깊이 관여한다. 그래서 아이는 부모와 전혀 분리가 되어 있지 않고 자신을 통제하고 독립적으로 사고하는 일을 전혀 연습하지 못한다.

마릴린은 육아 강좌에 참석한 부모들에게 네 가지 유형별로 자신을 분류해 보라고 했다. 그리고 네 가지 유형에 대한 토론을 마친 후 부모들을 같은 유형끼리 모이게 했다. 그러고는 자신이 겪었던 사건들을 떠올리기 위해 예전으로 기억을 되돌려 보고, 그 당시 부모님의 '육아' 방식에 기분이 어땠는지 물어보았다. 그때 한 참여자가 "그날 이후로 나는 엄마에게 말을 걸지 않았어요!"라고 소리를 지르자 토론은 활발해졌고 격해지기까지 했다. 우리는 정말로 화를 부추기거나 적개심을 조장할 의도는 아니다. 다만 당신과 당신의 배우자가 어린 시절과 부모의 육아 방식을 고찰해서 자신의 육아 방식을 확립하기를 바란다. 자신의 부모의 육아 방식이 대부분 긍정적이고 가치 있다고 생각한다면, 무엇인가에 대해 균형감을 잃지 않아야 하거나 육아에 관한 결정을 해야 할 때 부모의 육아 방식을 의도적으로 참고하라. 반대로 부모님의 육아 방식이 긍정적이지도 가치가 있지도 않았다면 그 당시 어떤 느낌이었는지 꼭 기억해 내라. 아이를 키울 때 자신도 모르게 부모님의 방식을 따르게 되겠지만 그 방법을 바꾸려고 의식적으로 노력해야 한다. 폭력적인 부모를 둔 한 엄마가 이렇게 말했다. "나는 예전에 내가 부모에게 바라던 방식으로 아이를 키우고 있어요!"

연구에 따르면 '의장' 육아 방식이 아이를 책임감이 강하고 회복력이 빠르게 키우는 데 가장 효과적이라고 한다. 그리고 우리는 '모델링'과 '멘토링'의 중요성도 강조하고 싶다. 아이들은 부모의 말보다 부모의 행동을 더 자주 기억하고 모방한다!

냉장고에는 그림이나 온갖 약속을 적은 종이들이 붙어 있다. 냉장고는 아마도 '기억해야 할 규칙'을 붙이기에 좋은 장소가 될 것이다.

규칙 하나 : 어떠한 경우에도 아이를 보살펴라.
규칙 둘 : 모델링과 멘토링을 기억하라!

> **〈아이와 함께할 수 있는 활동들〉**
>
> 1. 당신과 배우자의 부모님은 어떤 육아 방식이었는지, 당신은 그 방식을 어느 정도 따르고 있는지 배우자와 이야기를 나누어 본다.
> 2. 아이가 '엄마 아빠 놀이'나 다른 역할 놀이를 하는 데 사용할 수 있도록 옛날 옷, 모자, 안경 등 여러 가지 물품을 모은다.
> 3. 다른 가족의 성질을 건드리거나 괴롭히지 않는다는 가족 간의 협정을 맺는다.
> 4. '아이들의 권리' 목록과 '부모의 권리' 목록을 온 가족이 함께 만들어 가족 내 모든 구성원의 권리를 보호하는 약속을 한다.

학대가 아이에게 미치는 영향

대부분 가정이 이야기하기 어려워하는 주제인 학대에 대해 몇 마디 언급할 필요가 있다. 어린이 학대에 대해 우려하는 목소리가 많이 들리는데, 여기에는 그럴 만한 이유가 있다. 심지어 세 살도 채 되지 않은 아이도 부모가 주는 신호에 민감하다. 이 아이들이 혼란스럽고 싸움이 잦은 환경에서 자란다면, 불안정하게 되고 자긍심에 관한 문제로 어려움을 겪게 될 것이다.

신체적 또는 정서적, 성적 학대가 아이들에게 큰 충격을 준다는 증거가 뚜렷이 있다. 가정에서 학대를 받은 아이나 학대 받는 장면을 목격한 아이 가운데 최소한 50%가 자긍심이 낮아 고통을 겪는다고 한다. 학대의 영향은 청소년기를 지나 어른이 되어서까지 지속된다. 이 아이들 가운데는 완전히 회복하지 못하는 경우도 많다. 이 아이들은 후에 다른 사람을 학대하거나 또 다른 학대의 희생자가 될 확률이 매우 높다. 소리 지르기, 계속해서 비난하기, 아이를 모욕적인 별명으로 부르기, 아이에게 마음을 열지 않기 등과 같은 정서적 학대는 신체 학대보다 심리적으로 해로운 영향을 미칠 확률이 훨씬 높다.

　학대를 받은 아이들을 장기적으로 연구한 결과 5년이 지난 후에도 여전히 낮은 자긍심, 우울증, 행동 장애로 고통을 겪고 있는 것을 볼 수 있었다. 십 대 소녀들이 가출을 하고 윤락업소에 가는 가장 주된 원인이 가정에서 겪은 학대라고 밝혀졌다. 가정에서 부정적인 경험을 한 청소년들은 자의식이 부정적으로 형성되고 자긍심도 낮아져 자신이 처한 상황에서 탈출하고자 약물이나 알코올과 같은 신체적, 정서적으로 극단적인 수단을 사용한다. 그래서 학교나 다른 관련 기관은 아이가 가정에서 학대를 받는 것 같은 의심이 들면 바로 보고를 해야 한다. 학대는 아이를 보호해야 할 책임이 있는 바로 그 사람이 가정에서 저지르는 경우가 대부분이다! 그러므로 부모는 아이를 보호하기 위해 할 수 있는 모든 일을 해야 하고 가정 안팎에서 학대의 신호가 될 수 있는 것을 경계해야 한다.

가족 구조는 육아에서 중요한 문제가 아니다. 한 부모 가정에서도 양 부모 가정 못지않게 아이를 제대로 키울 수 있다. 육아는 아이와 부모가 함께하는 시간을 어떻게 보내느냐에 따라 그 효과가 달라지기 때문이다. 조부모는 손자손녀를 직접 키우든지 그렇지 않든지 간에, 손자손녀의 육아에서 특별한 역할을 담당한다. 부모와 아이의 관계는 부모의 손에 달려 있다. 당신은 자신이 의식적으로 선택한 그런 종류의 부모가 되도록 노력해야 하고, 아이들과 소중한 시간을 보내야 하며, 아이와 서로 사랑하는 관계를 맺어야 한다. 가정 환경은 아이의 자의식과 태도를 결정하는 가장 중요한 요소다. 아이가 자라는 과정에서 당신은 부모로서 가장 중요한 역할을 하게 된다. 이 역할을 멋지게 해내기 위해 '모델링과 멘토링 부모'가 되길 바란다!

3장

첫 번째 열쇠 : 안전감 길러 주기

"안전하다고 느끼는 아이만이 건강한 방식으로 과감히 앞으로 나아
간다. 아이의 안전에 대한 욕구를 가장 먼저 채워 주어야 한다."

— 에이브러햄 매슬로

〉〉〉

육아에서 제일 먼저 고려해야 할 기본적인 항목은 아이가 안전하
다고 느끼는 것이다. 아이들의 걱정과 스트레스, 신경과민 증세가 점
점 더 심해진다는 보고서가 최근 많이 발표되고 있다. 이전보다 점
점 더 많은 아이들이 스트레스 장애나 궤양, 신경성 위장병, 과잉 활
동 장애로 치료를 받고 있다. 아이가 효과적으로 활동을 하려면 안
전감을 충분히 느껴 지나친 걱정과 스트레스에서 자유로워야 한다.
자신이 안전하다고 느끼지 못하는 아이는 신경과민 증상과 불안으
로 고생을 하고, 대개 스스로 결정을 내리지 못하며 친구에게 쉽게
이끌린다. 이 아이는 권위와 자신이 따라야 하는 규칙을 걸핏하면
시험하고, 자신이 저지른 행동에 대해 책임을 느끼지 않으며 자신에

게 문제가 생기면 다른 사람을 탓한다.

안전감을 길러 주는 목적은 아이가 자신이 안전하다고 충분히 느껴서 자신을 책임지고 모험에 과감히 도전하게 하려는 것이다. 당신이 부모로서 안전감을 기를 수 있는 환경을 조성하면 아이의 스트레스와 불안, 걱정이 많이 줄어든다. 그러기 위해 당신은 먼저 육아를 긍정적으로 하고 아이를 조건 없이 사랑하며 아이에게 얼마나 많은 관심을 쏟고 있는지를 아이가 알게 하여 안전감을 기를 수 있는 토대를 마련해야 한다. 따듯하고 서로 믿으며 존중하는 가정환경을 조성해야 한다. 집은 아이에게 신체적으로 정서적으로 안전한 도피처가 되어야 한다. 이것이 아이들이 느낄 안전감의 토대다. 우리는 우리의 제안으로 당신이 가정 문제를 해결하고, 갈등을 해소하며, 감정을 표현하고, 새로운 역할을 개척하고, 모험에 과감히 도전하길 바란다.

자신에게 무엇을 기대하는지를 알고, 자신이 안전하고 보호 받는다고 느끼며, 다른 사람을 믿을 수 있고, 상황에 따라 어떤 일이 일어날지 예측할 수 있을 때 아이는 안전감을 느끼게 된다. 자신이 안전하다고 확실히 느끼는 아이는 새로운 상황에서 흔쾌히 주도권을 잡고 당면한 과제에 적응을 잘한다. 또 자유롭게 질문하고 의견을 표현하며 다른 사람과 어울려 새로운 경험을 한다. 안전감을 느끼는 아이들은 자신과 자신의 행동을 잘 책임진다.

~ 훈육을 위한 일반적인 지침

훈육을 효과적으로 하기 위해 체계와 전략을 마련하는 것은 목적 있는 육아에서 중요한 단계다. '훈육'이라는 단어는 흔히 자기 자신의 권위나 부모와 같은 외부 권위를 따르는 것을 의미한다. 그리고 대개는 강압적이거나 강제적으로 따르는 일, 보상, 벌 등을 포함한다. 그러나 '훈육(discipline)'의 어근은 '제자(disciple)'이고 이 단어는 본래 '즐겁게 따르는 사람'을 뜻했다. 가장 효과적으로 훈육이 이루어지려면 아이가 부모나 어른과 맺는 관계가 즐거워야 한다.

우리는 아이의 안전감을 기르는 데 훈육이 필요하다고 생각한다. 그 까닭은 아이가 안전감을 느끼기 위해서는 자신에게 기대하는 것을 알아야 하고 자라면서 어른을 믿을 수 있어야 하기 때문이다. 부모로서 당신은 자신이 한 약속과 일치하는 행동을 해야 한다. 당신이 예측할 수 있는 방식으로 아이를 대할 때 아이는 당신의 행동을 신뢰하게 된다. 아이와 함께 약속을 하고 서로 합의한 일을 잘 지키며 일정을 잘 따르고 아이의 자신감을 지켜 줄 때 아이는 당신을 더욱 신뢰할 것이다.

부모들은 자녀를 훈육하는 방법에 대해 대부분 궁금해 한다. 가장 기본적인 지침은, '냉장고 규칙 첫 번째'인 '어떠한 경우에도 아이를 보살펴라!'이다. 아이들은 자신이 무엇을 하든지, 심지어 방을 어질렀거나 문제를 일으켰을 때에도 부모가 여전히 자신을 사랑한다는 것을 알아야 한다. 당신이 아이와 맺는 관계의 유형과 그 관계를 유지하는 방법으로 아이는 자신이 안전하다고 느낄 수 있어야 한다. 벌을 받을지도 모른다는 두려움 때문에 걱정하거나 긴장해서는 안 된다.

　규칙은 행동에 대한 일반적인 지침이 될 수 있도록 폭이 넓어야한다. 훈육의 목표는 아이가 스스로 자기 자신을 관리하게 하려는것이기 때문이다. 아이들은 새로운 상황에서도 자신이 배운 지침을적용할 수 있어야 한다. 규범을 하나 예로 들어 보자. '다른 사람의물건을 사용할 때는 꼭 허락을 받는다.' 아이는 엄마의 옷이나 아빠의 연장을 사용할 때도 이 지침을 지켜야 한다. 이 규범은 훗날 학교규칙을 지키는 바탕이 되어 주고 남의 물건을 훔치는 일도 막아 준다. 또 '다른 사람을 공손히 대하고 다른 사람의 물건을 사용할 때는조심히 다룬다.' 와 같은 규범은 어떠한가. 형제자매와 이웃, 학교 친구들을 대할 때 이 규범을 적용할 수 있다.

　가능하다면 부정적인 용어보다 긍정적인 용어를 사용해 규범을정한다. 아이들은 자신이 규범을 지킬 때 부모를 기쁘게 하고 자기이미지를 긍정적으로 형성한다는 점을 안다. 규범을 바람직한 행동으로 표현하는 것이 하지 말아야 할 일로 표현하는 것보다 효과적이다. "비스킷을 먹지 마라."와 같은 부정적인 메시지를 들으면 아이들은 당신이 아이들에게 바라는 행동에 초점을 맞추기보다 비스킷을 떠올리기가 더 쉽다. "점심 먹고 나면 내가 비스킷을 줄게."가 더좋은 메시지다. '나' 를 사용한 메시지가 효과적인데, 그 예를 몇 가지 들어 보겠다. 이 방법을 사용하면 아이에게 바라는 점과 아이가해야 할 일을 분명히 전달할 수 있기 때문에 부정적으로 표현하는 것보다 효과적이다.

"나는 내가 전화할 때 네가 조용히 하기를 바란단다."

"네가 문을 조용히 닫으면 나는 참 좋겠구나."

"네가 장난감을 정리하면 나는 정말 좋더라."

아이들은 자신에게 기대하는 점이 무엇인지 이해하고 규범을 정확히 알고 있을 때, 자신을 더 잘 통제하고 자신의 중요성을 더 크게 깨닫는다.

〰 아이들의 일과와 행동에 기대하는 점 알려 주기

당신이 바라는 행동 유형을 아이에게 명확히 전달하는 것이 중요하다. 아이들은 실제로 한계가 분명하고 하루 일과가 잘 계획되어 생활에 체계가 있을 때 그리고 자신에게 기대하는 점이 무엇인지 정확히 알 때 더 안전하다고 느낀다. 아이들이 어떤 행동은 받아들여지고 어떤 행동은 받아들여지지 않는지를 알면 안전감은 더 강화된다. 물론 당신이 설정하는 규범이 아이의 나이에 적합해야 한다는 것이 중요하다. 아이가 하나 이상일 때는 더 어려울 수 있다. 한 아이에게 적합한 규범이 다른 아이, 특히 더 어린 아이에게는 합리적이지 못할 수도 있기 때문이다. 예를 들어 네다섯 살 정도 되는 아이에게는 침대를 정리하고 방을 깨끗이 치우라는 규범이 합리적이다. 하지만 더 어린 아이에게는 이 규범이 적합하지 않다. 대신, 장난감을 가지고 논 후에는 잘 정리해야 한다는 것을 가르쳐 책임감을 길러 줄 수 있다.

아이가 지켜야 하는 규범을 정할 때, 아이를 돌볼 책임이 있는 어른들이 아이에게 허락하는 행동과 허락하지 않는 행동을 함께 정해서 이 규범들을 일관성 있게 적용하는 것이 중요하다. 아이가 성장하고 책임감이 더 강해지는 것에 맞추어서 기대하는 행동과 통제하는 행동을 가끔씩 협상하고 조절해야 한다. 로버트의 경우에는 아이들의 생일마다 함께 둘러앉아 아이들이 지켜야 할 규범과 해야 할 일, 누릴 수 있는 특권을 다시 정했다고 한다. 아이들은 주로 가게에 혼자 가는 것이나 30분 더 늦게 자는 것과 같은 특권을 하나씩 더 늘리고 싶어 했다. 로버트는 아이들과 대화를 하여 아이들이 지켜야 하는 책임을 한 가지씩 더 늘렸고, 특권이 늘어나면 그와 더불어 책임도 늘어난다는 사실을 강조했다. 이렇게 협상을 하면서 생일은 특별한 날이 되었고, 아이들이 성장하고 책임감이 더 강해졌다는 사실을 공식적으로 알게 되었다.

규칙적인 일상은 생활의 체계를 구성하는 또 다른 중요한 형태로 아이들의 안전감을 증가시킨다. 잠자리에 들기, 등교 준비하기, 집안일 하기, 공부하기 등의 하루 일과를 규칙적으로 정하면 도움이 된다. 하루 일과를 정해 놓고 매일 지키게 하면 아이에게 해야 할 일을 계속 상기시킬 필요가 없고 아이 입장에서도 화를 낼 일이 없어진다. 아이는 매일 해야 할 일을 하기가 더 쉬워지고, 자신의 삶을 스스로 책임지고 통제하고 있다고 생각하게 된다.

<아이와 함께할 수 있는 활동들>

1. 아주 어린 아이의 경우 자신의 이름과 주소, 전화 번호를 암기하도록 도와준다.
2. 학교 갈 준비하기, 식사 시간 지키기, 학교 숙제하기 등 아이가 해야 할 하루 일과를 정해 준다.
3. 집안일 중 아이가 맡은 일, 잠자리에 드는 과정에 대한 약속, 학교 숙제하기, 애완동물 먹이 주기 등 아이가 해야 할 일에 대한 당신의 기대를 다시 알려 준다. 표를 만들어 아이가 해야 할 일을 점검한다.
4. 가정에서 정한 규칙이 아이들이 놀러 간 친구 집이나 학교 교실에서 지켜야 하는 규칙과 무엇이 같고 무엇이 다른지 아이들과 이야기를 나눈다.

자녀들은, 특히 어린 자녀들은 자신의 부모를 기쁘게 하고 싶어 한다. 아이가 자신이 지켜야 하는 '규칙'과 당신이 기대하는 것, 그 규칙을 지키거나 어겼을 때 긍정적이든 부정적이든 따라오는 결과를 알고 있다면 예방 교육이 효과를 발휘할 것이다. 가능할 때마다, 규칙과 긍정적이든 부정적이든 그 규칙에 따르는 대가를 정하는 일에 아이를 참여시킨다. 예를 들어 이렇게 말할 수 있다. "잠자리에 들 준비를 하는 일에 대해 우리가 약속을 해야 할 것 같구나. 9시에는 불을 꺼야 한단다. 그 전에 침대에서 책을 읽고 싶니, 아니면 9시에 바로 잠자리에 들 거니?", "9시까지 잘 준비가 되어 있지 않으면 어떻게 하면 좋을까?" 어떤 사안에 대해 아이와 함께 결정을 하면 부

"오늘 학교에 못 가겠어요. 감기에 심하게 걸려 '개 기침' 소리가 나요. 들어 보실래요?"

모가 일방적으로 명령을 내릴 때보다 아이들은 그 일에 더 책임을 느낀다.

아이가 잘못을 해서 어떤 조치를 내릴 때 아이에게 올바른 행동을 가르치거나 훈련시키는 일에 초점을 맞추어야지 벌을 주는 데 초점을 맞추어서는 안 된다. 아이에게 기대하는 것을 정확히 설명하거나 시범을 보이기 위해 필요한 만큼 시간을 투자해야 한다. 아이가 몇 번이고 그 과정을 경험해서 자신이 해야 할 일을 완전히 이해해야 한다. 아이가 규칙을 올바로 이행하지 못하면 당신이 설명했거나 시범을 보였던 규범을 아이에게 다시 이야기해 준다. 이것이 훈육을 하는 가장 쉬운 방법이다.

〈아이와 함께할 수 있는 활동들〉

1. 아이가 스스로 점점 더 책임감 있는 행동을 하면 당신이 책임진 일들을 하나둘씩 아이에게 넘겨준다. 아이가 책임지고 있는 일들을 표로 만들고, 아이가 할 수 있는 일이라고 생각되면 아이가 책임지도록 격려한다.

2. 아이가 자신에게 필요한 일을 가능하면 일찍 처리할 수 있도록 가르친다. 예를 들어 혼자 옷 입기, 샌드위치 만들기, 신발 신기, 방 청소하기 등과 같은 일들이다.

3. 아이에게 어떤 규칙도 적용하지 않고 어떤 기대도 강요하지 않는다면 어떻게 될지 아이와 이야기를 나눈다.

4. 비상사태가 발생하면 어떻게 대처할 것인지 가족과 함께 계획을 세운다. 다음과 같은 일들에 대해 이야기를 나눈다. 다양한 종류의 비상사태에서 아이들은 무슨 일을 해야 할까? 시간 여유가 있다면 무엇을 가지고 나가겠는가? 어디에서 만날 것인가? 누구에게 연락할 것인가? 기본 장비는 어디에 보관되어 있으며 그 장비들은 어떻게 사용하는가? 그리고 실제처럼 연습해 본다.

아이가 책임감 있게 규칙을 이행하면 긍정적인 대가가 따라야 한다. 아이들이 책임 있는 행동을 보이면 추가적인 특권이나 자유를 주어야 한다. 예를 들어 징징거리거나 불평하지 않고 자기가 맡은 집안일을 마치면 아이가 특히 싫어하는 일을 하루 정도는 쉬게 해 준다. 귀가 시간을 잘 지키면 가끔은 귀가 시간을 늦춰 친구들과 더 어울릴 시간을 준다. 한 엄마의 사례를 보자. 이 엄마는 아이들이 학교 버스를 놓치지 않도록 제시간에 등교 준비를 시키는 데 어려움을 겪었다고 한다. 그래서 하루는 아침 식사를 차려 놓은 식탁에 여러 장의 쪽지를 넣은 '깜짝 선물 깡통'을 세워 놓았다. 쪽지에는 저녁 식사 메뉴 선택하기, 점심에 초콜릿 케이크 먹기, 저녁에 볼 비디오 고르기 등과 같은 깜짝 선물을 적어 두었다. 제시간에 아침 식사 식탁에 앉은 아이에게만 깡통에서 쪽지를 꺼낼 기회를 주었다. 나중에는 가끔씩만 깡통을 세워 두었다. 엄마는 이 방법으로 문제를 해결했다고 한다.

문제가 예견될 때마다 아이가 규칙을 지키지 않았을 경우 어떻게 하는 것이 좋을지 아이와 이야기를 나누고 아이에게 그 대가를 직접 선택하게 하는 것이 도움이 된다. 예를 들어 당신이 아이에게 요구를 했거나 규칙으로 정했는데도 아이가 장난감을 가지고 논 후에 정리를 하지 않는다면 한동안 장난감을 가지고 놀지 않는 것을 아이의 행동에 대한 대가로 정한다. 아이가 예상보다 일찍 규칙을 지키지 않아 대가를 치르게 되면, 규칙을 지키면 벌을 받지 않아도 된다는 사실을 알려 주고 아이에게 규칙을 지키는 것과 규칙을 어긴 대가를 치르는 것을 스스로 선택할 수 있다는 점을 강조한다. 이런 과정을 통해 아이는 책임감과 개인적 역량을 키울 수 있다. 꼭 기억해야 할 일은 아이와 함께 약속한 사항을 반드시 일관성 있게 실행해야 한다는 점이다. 그렇지 않으면 아이는 불안하고 혼란스럽고 억울한 마음이 들기 쉽다. 그리고 아이는 나이가 들면서 능수능란하게 자신의 일에서 교묘히 빠져나간다. 특히 여러 명의 어른이 아이의 일에 관런되어 있을 때 더욱 그러하다.

양 부모 가정보다 한 부모 가정에서 규칙을 시행하는 일이 더 쉬운데, 그 이유 가운데 하나가 한 부모 가정에서는 일반 가정에서 겪는 갈등 상황을 피할 수 있기 때문이다. 여러 명의 어른들이 한 아이를 돌본다면 규칙을 일관되게 적용하는 일이 더 어려워진다. 그러므로 부모들은, 부모 가운데 한 사람만 일을 하든지 둘 다 일을 하든지 상관없이, 아이를 양육하는 일을 맡고 있는 어른들 모두 가족이 정한 행동 규범을 이해하고 그 규범을 일관되게 시행하도록 신경 써야 한다.

부모가 서로 다른 규범을 아이에게 적용하거나 규범 시행에 일관성이 없을 때 아이는 부모의 서로 다른 의견을 이용하는 방법을 터득한다. 부모가 "엄마한테 말할까?" 혹은 "아빠가 오시면 보자."와 같은 말로 위협을 하면 아이는 자신의 행동에 대한 책임을 받아들이기보다 벌을 피하기 위해 애원하는 데 능숙해진다. 이혼한 부부가 훈육에 대한 요구 사항과 접근법이 서로 다를 때도 마찬가지다. 아이의 양육을 맡고 있는 어른들이 의견이 서로 다르다면, 이를 일치시키기 위해 최선을 다해야 한다.

훈육을 위한 중요한 지침 한 가지는 자기 자신이든 아이든 화가 난 상태에서 훈육을 해서는 안 된다는 것이다. 아이가 부적절한 행동을 하면 단호하게 그런 행동을 용납하지 않는 태도를 보이고, 더는 그렇게 행동하지 않도록 확실히 하는 것이 중요하다. 동시에 아이가 자신의 화를 표현할 수 있도록 배려하고 지지하는 태도로 대한다.

아이의 버릇없는 행동에 대해서는 그 순간이 아닌 모두 진정한 뒤, 이성적으로 반응할 수 있을 때 대화를 나눈다.

감정이 고조되었을 때 잘못된 행동에 대처하는 전략 한 가지는 감정이 점점 부풀어 오르는 것을 막기 위해 흥분이 가라앉을 때까지 '타임아웃' 방법을 사용하는 것이다. '타임아웃' 방법을 사용할 때는 아이를 보이지도 들리지도 않는, 혼자 있을 수 있는 장소로 보내는 것이 가장 효과적이다. 아이를 자신의 방으로 보내는 것도 때로는 적절하지만 그곳에 즐겁게 시간을 보낼 거리가 많다면 아이는 이 방법을 벌로 여기지 않을 수도 있다. 아이가 침실을 벌 받는 장소로 연상하는 것도 바람직하지 않다. 아이를 바닥이나 식탁에 앉히고 잠시 동안 가만히 있게 하는 것이 더 효과적인 경우가 있다. 일정 시간을 정해 놓고 '타임아웃'을 적용할 거라면 아이가 난리를 피우거나 소리를 지르지 않고 완전히 온순하게 있는 시간만 계산한다. 당신이 마음의 평정을 찾을 필요가 있다면 자신을 위해 '타임아웃'을 요청할 수도 있다. 화가 끓어오르고 적대감이 불타오를 때는 어떤 조치도 취하지 않는 것도 좋은 방법이다.

아이를 훈육할 때 명심할 또 다른 지침은 아이가 그릇된 행동을 했기 때문에 이에 해당하는 벌을 주어야 하지만 당신이 참으로 유감스럽고 슬프다는 것을 아이에게 먼저 표현해야 한다는 것이다. 항상 아이에게 자신의 사랑을 표현하도록 노력하고, 아이의 행동에 대해 걱정한다고 해서 아이를 사랑하지 않는 것은 아니라는 사실을 강조해야 한다. 물론 때로는 이렇게 하는 것이 힘들기도 하다. 아이가 벌을 받을 때 겪는 불행한 감정을 헤아려 주는 것이 도움이 될 수도 있지만, 당신은 단지 아이가 지시 사항을 따르지 않겠다고 결정한 것에 대한 대가를 치르게 하고 있을 뿐이라는 점을 기억해라.

　아이가 잘못된 행동을 저질렀을 때 치러야 하는 대가는 그 행동과 직접적으로 관련이 있을 때 도움이 된다. 아이가 방을 어지럽혔을 경우 이 행동에 대한 대가는 방을 깨끗이 치우는 책임을 수반해야 한다. 저녁 식사가 준비되었는데도 아이가 식탁에 오지 않으면 아이는 차가운 저녁밥을 먹게 될 수도 있다. 규칙이나 절차를 지켰을 때 누릴 수 있는 특권을 정해 놓으면 그렇지 못했을 때 대가를 치르게 하는 일이 더 쉬워진다. 이럴 경우 텔레비전 보기, 전화 사용하기, 친구 집에 가기, 차 태워 주기와 같은 특권을 누리지 못하게 하면 간단하다.

　아이가 잘못을 했을 경우 뒤따르는 대가는 합리적이어야 하고 잘못된 행동에 걸맞아야 한다. 이 후속 조치를 하는 목적은 아이에게 올바른 행동을 가르치기 위해서지 아이에게 벌을 줘서 고통을 받게 하기 위해서가 아니다. 아이들은 대개 처벌을 받지 않으려는 것보다 어떤 특권을 누리기 위해서 더 의욕적으로 행동한다. 처벌을 받으면 아이들은 잘못된 행동 때문에 생기는 자연스러운 대가를 치를 때보다 더 화를 내는 경향이 있는데, 그 까닭은 처벌이 보통 아이가 저지른 행동과 관련이 없기 때문이다. 아이를 존중하는 태도가 아니라 응징하는 태도로 처벌을 가하면 아이는 적대감과 반감만 쌓을 뿐이다.

　아이가 자랄수록 자신의 행동을 스스로 통제할 수 있도록 시스템을 갖추는 것이 효과적이다. 한번은 로버트의 딸이 저녁에 외출을 원해서 귀가 시간을 정해 놓고 나간 적이 있다. 그러고 나서 알람시계를 그 시간에 맞춰 놓았다. 로버트의 딸은 알람이 울리기 전에 집에 돌아와 알람을 해제해야 했다. 만약 시간을 못 맞춰 알람이 울리면 그에 대한 대가로 다음에는 30분 더 일찍 집에 와야 했다. 아이는 부모가 자신의 행동을 통제하면 화를 내기도 하지만 이렇게 스스로 자신을 통제하면 자신의 행동에 대해 책임감을 더 느끼게 된다.

〈아이와 함께할 수 있는 활동들〉

1. 아이가 자신에게 정말로 동기 부여가 될 만한 보상 목록을 작성하게 한다. 당신이 정말로 중요하다고 여기는 행동에 대해 보상할 때 이 목록을 사용한다.

2. 왜 부모는 규칙과 행동 규범을 적용하는 데 단호해야 하는지, 이것이 왜 중요한지, 아이들은 언제 비현실적이거나 비합리적이라고 느끼는지에 대해 함께 이야기를 나눈다.

3. 옷과 게임기, 다른 물건들을 제자리에 두지 않으면 그 대가로 일주일 동안 그 물건들을 '금고'에 넣어 두기로 한다.

4. 아이가 개인적으로 특히 더 책임감을 느꼈으면 하는 분야를 정하고 그 책임을 완수하지 못했을 경우에 어떤 대가를 치르는 것이 적합하고 자연스러울지 아이와 협의해서 정한다.

대부분 아이들이 가장 소중히 여기는 보상 가운데 하나는 부모와 함께 평상시보다 오랫동안 시간을 보내는 것이다. 함께 쇼핑을 가거나, 영화를 보러 가거나, 케이크를 굽거나, 낚시를 하러 가거나, 소풍을 가는 일을 아이들은 좋아한다. 어떤 부모들은 아이가 올바르게 행동했을 경우 장난감 같은 물건이나 돈으로 보상을 하려고 하지만, 아이가 자신의 행동에 대한 대가를 직접 선택하게 하고 원인과 결과를 연결시키면 훨씬 더 의미 있고 아이가 자신을 스스로 관리하는 데 도움이 된다.

아이가 그릇된 행동을 하는 이유

부모들은 모두 가끔씩 그릇된 행동을 하는 아이의 문제를 다루어야 한다. 아이들은 보통 부모를 기쁘게 하기를 바라지만, 그렇지 않을 때도 있다. 그럴 때는 당신 자신에게 그 이유를 물어야 한다. 아이가 버릇없이 굴 때 가장 먼저 해야 할 일은 뒤로 한 걸음 물러나서 마음을 가다듬고 아이가 전달하고자 하는 이야기를 듣는 것이다. 이때 아이에게 소리를 지르거나 이성적으로 생각했다면 행하지 않을 조처를 취해 문제를 어렵게 만들지 말아야 한다. 아이가 그릇된 행동을 해서 당신에게 전달하고자 하는 것이 무엇인지 찾아내는 일이 중요하다. 어린 아이들은 대부분 자신 안에 숨어 있는 감정과 동기를 깨닫는 능력이나 말로 표현하는 기술이 부족하기 때문에, 부모가 탐정이 되어 문제를 추측해 내야 한다. 문제를 추측하는 일이 중요한 까닭은 아이가 전달하고 싶어 하는 내용을 당신이 대강이라도 알지 못하면 아이는 문제를 악화시킬 방법으로 반응할 수도 있기 때문이다. 아이들이 잘못된 행동을 하는 이유는 일반적으로 다음 네 가지가 있다.

1. 관심을 얻으려고
2. 힘을 얻으려고
3. 복수하려고
4. 실패나 어색함을 피하려고

관심을 얻으려고

아이는 자신이 인정과 사랑을 받지 못한다고 느끼면 종종 부모에게서 관심을 얻으려고 한다. 아이는 부모에게 관심 받고 싶을 때 부모를 '괴롭히거나' 부모가 환영하지 않는 다양한 방법을 사용한다. 아이가 사용하는 방법은 징징거리기, 불평하기, 자신이 책임진 일 끝까지 하지 않기, 다른 형제들 괴롭히기 등 다양하다. 아이가 이러한 행동을 보이는 이유는 부모가 너무 바빠 아이를 돌볼 시간이 충분하지 않거나 새로 태어난 아기나 다른 형제자매들에게 더 많은 관심을 보이기 때문일지도 모른다. 이 문제를 손쉽게 해결하려면 당신이 그 상황을 알고 있다는 것을 아이에게 표현하고 아이가 당신의 관심을 받을 수 있는 가능한 방법을 찾아야 한다. 아이가 그릇된 행동을 한다고 해서 아이를 격리하거나 화를 내면 문제만 더 악화할 뿐이다. 문제를 미연에 효과적으로 방지하려면 아이가 긍정적으로 관심을 받을 수 있는 방법을 모색해야 한다. 아이를 옆에 앉히거나, 아이 옆에 앉아서 아이가 하고 싶어 하는 말을 들어주거나, 아이에게 도움을 요청해 보는 방법 등이 있다.

힘을 얻으려고

두 번째로 아이는 대부분 부모와의 관계에서 자신의 한계와 힘 또는 권위의 정도를 시험한다. 이것 때문에 어린 아이들이 '미운 세살'이라고 불릴 만한 행동을 하고 청소년들이 많은 문제를 겪는다. 아이가 힘에 대한 욕구를 항상 적극적인 방법으로 드러내지는 않는다. 겉으로 드러내기보다는 오히려 수동적인 방법으로 힘겨루기에 참여할지도 모른다. 할 일을 '잊어버리거나', 느릿느릿 행동하거나, 요구에 단순히 응하지 않는 것이 아이가 하는 수동적인 방법이다. 어떤 아이는 실제로 짜증을 내면서 자신의 욕구를 드러내기도 하고, 건방지게 굴기도 하고, 바로 맞서거나 반항하는 태도로 반응하기도 한다.(아이는 종종 슈퍼마켓처럼 주위에 사람들이 있는 곳에서 이렇게 행동하는데, 그 까닭은 부모들이 이러한 환경에서 반응하기가 더 어렵다는 것을 아이들이 알기 때문이다.) 부모는 아이들과 힘겨루기를 한다. 부모가 이기게 되면 아이들은 분한 마음에 앙심을 품는다. 그러므로 가능하다면 아이의 관심을 다른 곳으로 돌리거나 상황을 진정시키는 등, 아이와 힘을 겨루는 상황에 처하지 않도록 노력해야 한다.

무례하거나 폭력적인 행동은 당연히 참지 말아야 한다. 그렇다고 해서 부모가 자신의 힘을 증명하거나 '맹목적인 복종'을 강조할 필요가 있는 것은 아니다. 힘을 얻으려는 아이를 다루는 효과적인 방법 한 가지는 가능하다면 그 자리를 떠나 아이와 직접 부딪히는 일을 피하고 나중에 아이가 진정됐을 때 다시 돌아와 이야기를 나누는 것이다. 다른 전략은 환경을 바꾸어 아이의 관심을 다른 곳으로 돌리거나 그 상황에서 벗어나게 하는 것이다. 또 다른 전략은 아이와 함께 이미 정한 제약, 약속, 절차 등을 살펴보고 그렇게 정한 이유와 규범을 지켜야 하는 중요성에 대해 이야기를 나누는 것이다. 약속한 대로 행동을 했을 경우 작은 보상을 하는 것이 효과적인 경우도 있다.

어떤 사람들은 아이가 무례하게 굴었을 경우 체벌을 해야 한다고 말하기도 하지만 우리는 여러 가지 이유로 체벌을 벌의 유형으로 권하지 않는다. 첫째, 가능하다면 항상 아이의 존엄성과 안전감을 느낄 권리를 존중해야 한다. 하지만 체벌을 하는 것으로는 이 목적을 달성할 수 없다. 둘째, 당신이 좌절해서 아이에게 마구 호통을 치며 분풀이를 하면 아이에게는 심각한 상처나 학대가 되기 쉽다. 셋째, 아이에게 체벌을 가하면 부모와 아이의 관계가 파괴되고, 서로를 존중하고 사랑하기보다는 분개하고 증오하며 두려워하고 불안해한다. 학령기의 아이들은 특히 더 그러하다. 다시 말하면, 아이가 무례한 행동을 했을 경우 아무 조치 없이 그냥 두면 안 된다. 그렇다고 체벌을 가해서도 안 된다. 다른 대가를 치르게 해야 한다.

복수하려고

아이들이 올바르지 못한 행동을 하는 또 다른 이유는 그들로서는 부당하다고 여기는 일에 대해 복수를 하거나 앙갚음을 하려고 시도하는 것이다. 아이들이 시무룩해지거나 노려보거나 갑작스럽게 공격을 할지도 모른다. 아주 사소한 일에도 언제든지 폭발하기 쉬운 사람처럼 신경이 곤두선 것 같아 보일 수도 있다. 아이들이 당신의 감정을 상하게 하는 일은 종종 당신을 사랑하지 않는다는 말로 시작된다. 아이들이 이러한 행동을 하는 이유는 부모의 어떤 행동 때문이 아니라 학교에서 일어난 일 때문일 수도 있다. 복수나 보복을 하려는 아이들은 대개 분노로 가득 차 있을 뿐 아니라 상처를 안고 있다. 우리는 처음에 아이들의 이러한 행동에 화를 내고 좌절하고 상처를 주는 반응을 보이지만 이런 반응은 문제를 악화시킬 뿐이다. 우리는 이 상황에 처한 아이들이 자신들의 상처 때문에 이렇게 행동한다는 사실을 기억해야 할 필요가 있다. 그러므로 아이를 더 잘 보살펴 주고, 아이가 상처 받고 화가 났다는 사실을 당신이 알고 있다는 것을 아이에게 보여 주어야 한다. 아이에게 자신의 상처를 적절하게 표현하는 방법을 알려 주고 아이와 함께 그 상처에 대해 이야기를 나누어야 한다.

실패나 어색함을 피하려고

잘못된 행동의 네 번째 유형은 아이들이 어색함이나 이미 알고 있는 실패를 피하려고 저지르는 것이다. 아이들은 능력이 안 되는 것처럼 행동해서 다른 사람이 자신에게 너무 많은 것을 기대하지 않을 때 더 안전하다고 느낀다. 예를 들어 경쟁을 해야 하는 상황에 놓였지만 성공할 가능성이 없다고 느낄 때 이런 행동을 보일 수 있다. 또 아이에게 친구들이나 다른 어른들 앞에서 노래나 악기 연주를 요구한다면 아이는 어색함 때문에 이런 반응을 보일 수 있다. 이러한 상황에서 아이는 버릇없이 굴거나 요구 받은 것을 거절하기 쉽다.

앞서 말한 로버트가 휴가 때 친척들을 즐겁게 해야만 했던 일에

"우리 주인의 선생님은 숙제를 너무 많이 내 주셔. 그래서 개
학한 후로 내가 2킬로그램이나 쪘어."

분개했던 사건이 바로 한 예다. 그때 로버트는 사촌들과 다락방에
숨어서 어른들 앞에서 공연을 하지 않아도 되었지만 부모들의 실망
은 이만저만이 아니었다. 다행히도 부모들은 자리에 앉아 아이들의
생각과 아이들이 그렇게나 하기 싫어하는 이유를 물어보았다. 말할
기회가 생기자 아이들은 자신들의 생각을 이야기했고 그 후로 명절
특별 공연은 없어졌다. 부모들이 아이들의 반항에만 초점을 맞추고
아이들에게 빨리 결정하라고 강압적으로 행동했다면 아이들은 어른
들에게 복수하려는 태도를 보였을 것이다.(다행스럽게도 로버트의 사
촌들은 공연을 그만두지 않았다. 그들은 유명 교향악단과 연주하거나, 단
독 공연을 하기도 했다.)

아이들의 행동을 고치고 싶을 때 우리는 우리가 반응할 수 있는
여러 가지 방법을 살펴보고, 그저 처벌하기보다는 아이가 왜 그런 행

동을 했는지 이유를 알아봐야 한다. 그러면 아이들과 긍정적으로 관계를 맺는 일이 쉬워지고 아이들이 스스로 규제할 수 있는 능력을 키우도록 도울 수 있다.

아이가 집안일을 해야 하는 이유

어렸을 때부터 자신이 맡은 일에 책임지는 법을 배우면 아이는 자긍심이 생긴다. 아이에게 요구하는 것보다 어른이 처리하면 더 쉬운 일이 있다. 하지만, 어떤 일에 책임을 지는 일은 아이에게 매우 소중한 학습 경험이 된다. 연구에 따르면 아이들은 자라는 동안 자신이 책임질 일을 할당 받아서 그 일을 잘 해내면, 어른이 되어서 책임감이 강해지고 행복한 결혼생활을 하게 되며 직업을 자주 바꾸지 않고 범죄자가 될 확률이 다섯 배나 적다고 한다.

부모나 어른이 중요한 일을 맡길 정도로 아이를 믿고 있을 때 아이는 자신에 대해 특히 좋게 생각한다. 아이는 누군가가 자신을 믿고 있다는 느낌을 받게 되어 의욕이 더 강화된다. 아이는 근본적으로 누군가에게 도움이 되고 싶어 한다. 가족이나 주위 사람들을 도와주는 활동일 경우에 특히 도움을 주고 싶어 한다.

부모 역할을 수행하는 데 아이의 도움이 필요하다는 사실을 강조하면서 아이가 다른 사람을 위해 할 수 있는 일을 늘리면 또한 도움이 된다. 예를 들어 이렇게 말할 수 있다. "빨래를 바구니에 넣어 주면 정말 도움이 될 것 같구나. 그러면 내가 빨아야 할 옷을 고르지 않아도 되니까 말이야."

　아이가 맡은 일은 아이의 연령에 맞아야 하지만 유치원에 다니는 아이들이 식사 전에 식탁을 차리는 일을 배우게 되면 아이들은 자신이 더 성숙해졌다고 느끼기 시작한다. 애완동물 돌보기는 방청소와 함께 아이에게 처음 맡기는 일로 적절하다. 자녀가 여러 명이면 한 아이가 항상 같은 일을 하지 않도록 일을 바꾸어 주는 것이 도움이 된다. 또 다른 가족들은 텔레비전을 보면서 아이만 일을 하게 하는 것보다 가족이 모두 동시에 자신이 맡은 일을 하는 것이 더 효과적이다.

　일을 맡길 때는 일을 언제 마쳐야 하는지, 어떻게 해야 하는지, 일을 마쳤을 때 어떤 모습을 갖춰야 하는지에 대해 간결하게 설명해 주는 것이 도움이 된다. 일일이 해야 할 일을 말하기보다 시간을 정해 아이가 그 시간이 되면 스스로 일을 시작하게 될 때 아이는 책임감이 더 강해진다.(숙제를 예로 들 수 있다.) 아이가 자신이 맡은 일을 할 때 처음 몇 번은 함께해 주는 것이 도움이 될 수도 있다. 아이가 일을 하는 방법과 언제 해야 하는지를 확실히 이해하면 나중에 문제가 일어나지 않는다.

　어떤 아이들은 해야 할 일을 표로 그려 주면 더 의욕적이 된다. 아이들은 자신이 해야 할 일을 마친 후 해당 항목에 체크 표시를 하거나 스티커를 붙여 표시할 수 있다. 때로는 주말 저녁 메뉴를 아이가 고르게 하는 것과 같은 보상으로 매일 자신이 맡은 일을 하게 격려할 수 있고 용돈으로 동기를 유발할 수도 있다. 대부분 부모들은 오래 사용한 보상이 더 이상 효과가 없을 때는 새로운 전략을 시도해야 한다고 말한다. 보상을 바꾸는 전략을 통해 아이는 자신이 얼마나 성장했는지 그리고 책임이 얼마나 많이 생겼는지 알게 된다. 궁극적으로 아이들은 보상 때문이 아니라 자신이 가족의 구성원이기 때문에 집안일을 매일매일 하게 되는 단계에 도달해야 한다.

〈아이와 함께할 수 있는 활동들〉

1. 자신의 방이나 물건을 정리하는 일과 같은 집안일을 아이에게 몇 가지 맡긴다. 아이가 다른 식구들을 위해 일을 한 경우에만 용돈을 주거나 보상을 한다.

2. '책임감'의 의미에 대해 아이와 이야기한다. 그리고 집안일을 할 때 어떤 책임을 져야 하는지 토론한다.

3. 집안일, 정리 정돈, 시간 엄수, 숙제, 용돈 관리, 식사하기와 같은 일에 대해 스스로 얼마나 책임지고 있는지 평가하게 한다. 그리고 스스로 이미 책임지고 있는 일과 자신이 책임지기에는 너무 어려운 일을 알아보게 한다.

4. 어린 아이가 장난감을 정리하는 것을 돕기 위해 장난감마다 자리를 정해 준다. 장난감들을 어디에 두고 싶은지 물어봄으로써 아이에게 결정할 기회를 준다. 그러고 나서 상자마다 안에 들어 있는 물건의 그림을 붙여 둔다.

아이에게 선택권 주기

아이는 무엇을 입고, 어디에 가고, 무엇을 하고, 어떤 말을 할지에 대한 선택권이 자신에게 있다고 느껴야 한다. 아이에게 선택권을 주면 아이는 독립적이고 책임감 있는 결정을 내리는 사람으로 자란다. 이 일은 시간과 훈련이 필요하다. 아이를 대할 때 존중하고, 선택해야 하는 항목을 제시할 때 아이가 좋아하는 것으로 진술한다면 도움이 된다. 또 선택 항목을 아이의 나이와 같은 수로 제시하는 것이 일반적으로 좋다. 그러므로 두 살배기 아이에게는 두 가지 항목 중에서 고르게 하고 세 살배기 아이에게는 세 가지 항목을 주고 고르라고 해야 한다.

아이가 독립적으로 선택할 때 가끔은 자신이 내린 결정을 스스로 평가해 보게 하는 것이 좋은 연습이 된다. 이런 연습을 통해 아이는 결정을 더 적절하게 하는 법을 배울 수 있다. 청소년은 새로운 역할과 경험에 도전하는 것을 좋아한다. 자신이 행동한 결과로 일어날 수 있는 가능성을 모두 알고서 안전한 환경에서 새로운 것에 도전하는 것은 청소년에게 중요한 일이다. 가능하다면 부모는 아이가 성공할 가능성을 높이는 데 필요한 도움을 줄 수 있는 일을 해야 한다. 그러나 부모는 아이가 어려움에 처했을 때 아이를 위험이나 곤경에서 구하기 위해 개입해서는 안 된다는 것을 명심해야 한다. 아이는 어른의 도움 없이 자신이 할 수 있는 최선을 다해서 일을 해결하는 법을 배워야 한다. 그래야만 자신의 능력에 대한 자신감을 기를 수 있다.

아이가 결정을 하고 위험을 감수하는 상황에서 편안함을 느끼기 위해서는 당신과 당신의 판단을 믿을 수 있다고 여겨야 한다. 새로운 상황에 처하거나, 새로운 기술을 시도하거나, 무엇인가를 배우려고 애쓰고 있을 때 특히 중요하다. 성공을 위해서뿐만 아니라 실패를 감수할 수 있을 정도로 편안함을 충분히 느껴야 한다. 모험을 하는 경우를 아이에게 알려 주어 새로운 것에 도전하는 것이 자연스러운 경험이라는 것을 터득할 수 있게 한다. 그리고 모험을 받아들인 결과로 일어날 수 있는 최악의 상황을 말해 준다. 그래야만 아이가 일어날 수 있는 가능성을 모두 예상하고, 상황을 처리할 계획을 세우며, 실패할 가능성을 줄이고, 이 모험이 감수할 만한 가치가 있는지 없는지를 결정할 수 있다. 아이가 실패했을 때 일어나는 결과에 잘 대처할 수 있다면 모험은 해볼 만한 가치가 있는 일이다.

어느 날 아들이 엄마에게 친구와 함께 공원에서 페인트 탄환이 든 총을 가지고 놀아도 되는지 물었다. 엄마는 허락을 해 주었지만, 아이들이 공원에서 총 놀이를 할 때 조심해야 하는 점을 미처 일러두지 못했다. 결국 아이들이 쏜 페인트 탄환으로 그 지역 건물 몇 채에 페인트가 튀었고 아이들은 건물의 외관을 훼손한 죄로 체포되어 판사 앞으로 불리어 갔다. 양심적이었던 엄마는 자신이 아이들을 허락했기 때문에 자신에게 책임이 있다고 생각했다. 그래서 책임은 자신이 지고 아이들은 용서해 주어야 한다고 생각했다. 그러나 엄마가 자신이 생각한 대로 행동을 했다면, 아이들은 페인트 총을 사용하는 일에 스스로 책임져야 한다는 것을 배우지 못하고 다음번에도 다른 누군가에게 잘못을 돌리면 된다고 생각하게 되었을지도 모른다. 결과적으로는 엄마가 이 일에 대해서 자신과 아이들 모두에게 책임이 있다고 생각해서 모두 함께 재판을 받게 되었다.

아이가 두려움과 걱정을 다스리게 도와주기

가족에게 변화나 위기가 발생하면 아이는 걱정을 하는데, 그 까닭은 개인적으로 위협을 느끼고 앞으로 어떤 일이 벌어질지 알 수 없기 때문이다. 부모가 별거나 이혼을 한 아이는 자신이 버려지거나 갑자기 사랑 받지 못할지도 모른다는 생각을 자주 한다. 많은 아이들이 친구가 이러한 일을 겪는 것을 봤기 때문에 자신도 부모를 잃을까 봐 걱정한다. 아이들은 이 점을 알아야 한다. 자신이 처한 상황은 변할 수 있지만, 변한 이 상황 때문에 자신의 삶이 달라지지는 않는다는 사실 말이다. 가정 형편, 생활 방식, 부모의 직장, 아이가 다닐 학교에 변화가 예상될 때마다, 앞으로 어떤 일이 벌어질 것이고 어떤 계획을 세우고 있는지 아이에게 설명해 주어야 한다.

아이들은 또 대부분 두려움을 느낀다. 어둠, 동물, 낯선 사람, 당황하거나 바보 같은 짓 때문에 다른 사람에게 놀림 받는 것 등 아이가 느끼는 두려움은 다양하다. 이따금씩 아이가 느끼는 두려움에 대해 이야기를 나누되 그 두려움을 비웃거나 하찮게 여기지 않아야 한다. 이 두려움이 당신에게는 사소한 문제일 수 있지만 아이에게는 끔찍한 일일 수도 있다. 아이가 느끼는 두려움을 다스릴 수 있는 방법에 대해 아이와 함께 이야기한다. 아이들이 두려움에 압도당하지 않고,

자신이 두려워하는 상황을 조절하고 다스릴 수 있다는 것을 믿을 수 있어야 한다.

한 가지 도움이 되는 방법은 아이가 두려움을 느끼는 것을 모두 적어 보게 하는 것이다. 그리고 나서 아이와 함께 두려움을 느끼는 상황에 대처하는 방법을 생각나는 대로 적어 본다. 집에 불이 났을 경우 대처하는 방법, 정신적으로 방황할 때 해야 할 일, 집에 들어갈 수 없을 때 해야 할 일 등을 적어 볼 수 있다. 이러한 상황에 대해 미리 준비를 해 둔 아이는 이 상황에 처했을 때 덜 불안해하고 덜 걱정하게 된다.

〈아이와 함께할 수 있는 활동들〉

1. '걱정 상자'를 만들어 아이가 꾸미게 한다. 아이에게 걱정이 생길 때마다, 그 걱정을 종이에 적어 '걱정 상자' 안에 넣으라고 한다. 일요일 저녁 시간을 '걱정 해결 시간'으로 정하고 한 주를 마감하면서 아이들의 걱정거리에 대해 이야기를 나눈다.

2. 아이가 두려워하거나 걱정하는 일을 들어 보고, 그 상황이 실제로 벌어진 일인지 아이가 상상한 일인지 토론해 본다.

3. 이제는 더 이상 당신을 괴롭히지 않지만 한때는 두려워했던 일들을 아이에게 들려준다. 그리고 그 두려움을 어떻게 극복했는지 기억해 내어 아이에게 말해 준다.

아이에게 안전감을 길러 주어야 하는 이유는 아이가 가정을 안전한 보금자리, 즉 육체적·정신적으로 안전한 장소로 여기기를 바라기 때문이다. 아이가 상황을 예견하고 가능한 해결책을 모색하는 방법을 배우면 두려움과 걱정은 줄어들고 믿음은 커진다. 이러한 가정에서 아이는, 사랑과 보호를 받는다고 느끼고, 존중 받고, 선택할 권리가 주어지고, 표현과 자기 발전의 기회가 있으며, 부모가 자신에게 무엇을 기대하는지를 분명히 알기 때문에 안전하다고 여긴다. 아이는 가족 구성원으로서 자신의 역할을 수행하고, 부모가 사랑하는 마음으로 자신의 생활 습관과 행동을 통제하기 위해 제시하는 규율을 받아들인다. 자기 자신을 통제할 내적 힘이 커지면, 아이는 독립적으로 책임감 있게 행동하고 좌절을 극복하는 데 필요한 자긍심을 키우게 된다.

4장

두 번째 열쇠 : 자의식 강화하기

"나는 사람들의 내면에는 모두 복잡한 자아가 있다고 믿는다. 그것은
보이지 않는 신체 기관이다. 바로 우리의 정체성이다. 우리가 느끼는 감
정과 표현하고자 하는 욕구, 두려움, 의식, 무의식 모두 그 정체성과 관
련이 있고, 이것이 바로 우리의 행동을 결정한다."

— 안나 마리 로퍼

>>>

  육아의 두 번째 열쇠는 아이가 자기 자신을 긍정적으로 생각하게
하는 것이다. 이것은 모든 아이들에게 기본적으로 필요한 항목이다.
부모는 대부분 자녀가 공감 능력이 뛰어나고, 심사숙고하며, 남을 배
려하고 측은히 여기며 존중하기를 바란다. 일반적으로 이러한 자질
은 많은 직업 분야에서 성공하기 위해 필요한데, 특히 다른 사람을
돕고 봉사하는 분야에서는 필수 항목으로 여겨진다. 보통 개인이 자
기 자신을 긍정적으로 생각하고 자랑스러워 해 긍정적인 자아상이
나 자의식을 지닐 때 이러한 자질이 길러진다. 아이는 자기 자신에

대해 생각하는 대로, 다른 사람들이 자신에게 기대하는 점이라고 믿는 대로 행동한다. 아이가 자기 자신을 부정적으로 생각한다면 다른 사람을 대할 때도 자연스럽게 긍정적인 방법보다는 부정적인 방법으로 대한다. 그러므로 아이가 긍정적인 자의식이나 자아상을 지니게 하는 것이 육아 목적 가운데 하나여야 한다.

자기 자신을 매력적이지 않다고 생각하는 아이는 자신이 생각하는 자신의 모습으로만 행동할 것이다. 남을 괴롭히는 아이라고 불리는 아이는 정말로 그렇게 행동하려고 하는데, 그 까닭은 다른 사람들이 자신에게 그렇게 행동하기를 기대한다고 믿기 때문이다. 아이들이 자기 자신을 존중할 가치가 없는 사람으로 여기면, 학대를 받아도 당연하게 받아들이기 쉽다. 자기 자신을 사랑스럽지 않고 능력이 없는 사람으로 여기는 아이들은 의욕이 없고, 실패를 하더라도 자신의 무능력 때문이라고 생각해 실패를 당연하게 받아들인다. '말썽꾸러기'라는 자아상을 지닌 아이들은 마음대로 행동하고, 권위에 도전하고, 반항하고, 문제를 일으킬 때가 올바른 행동으로 칭찬을 들을 때보다 더 편안하다고 느낀다. 반면에 아이들의 대표로 혹은 최우수 학생으로 불리는 아이는 보다 긍정적인 방법으로 행동하려고 한다.

한번은 미식축구 명예의 전당에 오른 유명한 쿼터백이 교도소에서 연설할 기회가 생겨 수감자들에게 이렇게 물었다고 한다. "언젠가는 감옥에 갈 거라는 말을 부모님에게 들어 본 사람 있나요?" 질문을 받은 수감자들이 거의 모두 손을 들었을 때, 이 선수는 자신의 부모가 자기에게 항상 이렇게 말한 것이 얼마나 중요한 일이었는지 깨달았다고 한다. 그의 부모는 이렇게 말했다고 한다. "언젠가 너는 꼭

스타가 될 거야!" 부모의 말 한마디가 아이의 행동을 얼마나 달라지
게 하는가!

자의식은 무엇이고 어떻게 형성되는가?

자의식은 부모의 반응으로 처음 생기기 때문에 아이가 아주 어렸
을 적, 걷거나 말하기도 전에 형성된다. 아이는 심리적 거울인 양, 말
로 몸짓으로 심리적으로 정서적으로 자신에게 표현되는 감정들을
고스란히 반영한다. 자신이 받은 피드백에 기초해서 사랑 받고 있고
잘하고 있다고 느끼기도 하고 혹은 기대에 미치지 못하고 거절당한
다고 느끼기도 한다. 부모가 자녀나 자녀의 행동을 걱정하거나 불안
해 하면 아이도 자신의 능력을 의심하기 쉽다. 반면에 편하게 마음
을 먹으면 아이도 자신에 대해 당신이 느끼는 바로 그 자신감을 갖게
될 것이다.

자녀가 용변 교육을 받거나, 유아원 혹은 유치원에 다니기 시작하
거나, 지시 사항에 따르는 법을 배우거나, 읽기나 새로운 기술을 배
울 때 부모가 표현하는 감정에 따라 아이는 자신감이 생길 수도 있
고 걱정을 할 수도 있으며 나중에 벌어지는 상황에 자신이 부적절하
다고 느낄 수도 있다. 마찬가지로 자녀의 업적, 창의적인 과제, 그리
고 노력에 대해 부모가 감정을 어떻게 표현하느냐에 따라 아이가 느
끼는 자부심의 정도가 달라진다. 아이는 자신이 잘생겼다고 느낄 수
도 혹은 매력이 없다고 느낄 수도 있고, 자신감이 강할 수도 혹은 매
우 부끄러워할 수도 있으며, 기분이 좋을 수도 혹은 나쁠 수도 있다.

이것은 아이들이 부모의 반응을 어떻게 해석하느냐에 달려 있는데, 아이들은 부모가 자신에게 만족한다는 의미로 해석하기도 하고 또는 자신이 부모의 기대에 매우 미치지 못했다는 의미로 해석하기도 한다.

자의식은 다양한 자아상으로 구성된다. 예를 들어 아이는 자기 자신을 아들이나 딸의 모습으로 그릴 뿐만 아니라 형제자매, 손자손녀, 친구, 집단 구성원의 모습으로 그리기도 하고, 글자를 읽을 수 있는 사람으로 판단하거나 읽지 못하는 사람으로 판단하기도 하고, 다른 사람을 기쁘게 하는 사람으로 여기거나 불쾌하게 하는 사람으로 여기기도 한다. 하지만 자기 자신을 이렇게 여러 가지 모습으로 생각하면 자의식을 긍정적으로 형성하기 어렵다. 부모가 아이에게 가장 강력한 영향을 미친다 하더라도, 아이는 부모 이외에 다른 여러 사람들에게서 피드백을 받고 이 피드백으로 다양한 자기 이미지를 만들기 때문이다. 또 아이가 맡고 있는 다양한 역할들 가운데 아이가 중요하게 생각하는 역할이 달라지면 자기 자신에 대한 생각도 달라진다. 예를 들어, 아들이나 딸로서 자기 자신의 모습을 긍정적으로 그렸던 아이가 또래에게 인정받는 것이 더 중요해지는 시기가 오면 자기 자신을 그다지 긍정적으로 생각하지 않기도 한다. 그러므로 아이에게 가장 중요한 역할이 무엇인지 이해하고, 아이가 자기 자신을 어떻게 느끼는지, 어떤 경우에 기분이 더 좋아지는지, 이를 위해 당신에게 어떤 도움을 받고 싶어 하는지를 이야기해 보는 것이 중요하다.

앞서 말했듯이 아이에게 반응을 보이지 않는 것은 부정적으로 반응하는 것보다 실제적으로 더 큰 악영향을 끼친다. 부모에게서 반응을 거의 혹은 전혀 받지 못한 아이는 다른 사람들이 자신을 어떻게 생각하고 있을지 확신이 없다. 아이가 긍정적으로 자의식을 형성할 수 있도록 가능할 때마다 긍정적으로 반응을 해 주어야 한다.

부모들은 이따금씩 자신의 개인적 욕구를 충족하기 위해 아이에게 어떤 역할을 지우는 실수를 범한다. 아빠가 아들에게 자신이 이루지 못한 축구 선수나 야구 선수가 되라고 강요하거나 엄마가 인정받고 싶은 자신의 욕구를 충족하기 위해 딸을 잘 차려 입혀 미인 대회에 내보내는 경우가 그렇다. 아이가 재능이 있다고 생각해서 항상 'A'를 받기를 기대하거나 다른 아이들보다 공부를 더 잘하기를 바라는 경우, 아들에게 우리 가족을 이끌어 갈 사람이니 더 책임감 있게 행동하라고 말하는 경우도 마찬가지다. 어떤 상황에선 이런 기대가 효과가 있다. 하지만 아이가 그 기대에 부응하는 능력을 갖췄을 때뿐이다. 그러나 부모의 기대가 현실적이지 못하다면 아이는 자존감이 낮아져 고통을 받기 쉽다. "설거지를 하고 동생을 돌보는 일은 여자애가 할 일이야." 혹은 "이번 학기에 모두 A를 받기를 바란다."와 같이 고정관념에 사로잡혀 현실적이지 않은 기대를 할 때에도 아이들은 과도한 스트레스를 받을 수 있다.

자신을 유일하고 가치 있는 존재로 여기기

자의식을 형성하는 데 중요한 점은 자기 자신은 유일무이한 존재

"아무도 내 유전자를 특허내고 싶어 하지 않을 거야."

이고 지구상의 다른 누구와도 같지 않다는 사실을 아는 것이다. 아이들은 자신이 사랑 받을 수 있고 행복할 자격이 있다고 느껴야 한다. 그래야 자신의 가치를 인정하고 자기 자신을 존중하게 된다.

아이들은 모두 자신이 유일무이한 존재라는 사실을 이해하고 이 세상에는 자신과 똑같은 사람이 한 사람도 없다는 사실을 깨달아야 한다. 지문과 DNA, 귀 모양, 망막의 혈관 패턴은 사람마다 모두 다르다. 아이들 모두에게 자신의 행동과 실제 자기 자신의 모습은 다를 수 있다는 점을 알려 주어야 한다. 이 사실을 알면 아이는 자신의 실제 모습을 보여 주기 위해 행동을 바꾸려고 노력한다. 아이가 내면에 아름답고 친절한 천성을 품고 있으면서 행동은 그렇게 하지 않을 때가 있다. 이럴 때 아이에게 아이의 내면과 행동이 다르다는 점을 알려 주어야 한다. 아이가 친절한 천성을 보여 줄 수 있는 행동을 할 때 자신의 내부에 있는 영혼을 들여다보게 한다. 아이는 자신이 근본적으로 선하고, 선하지 못한 행동은 자신의 참된 자아를 진정으로 나타내 주지 못한다는 것을 믿어야 한다. 아이들이 태어난 이유인, 바로 그 중요한 사람이 될 수 있게 격려하라. 성경에 따르면 신은 아이들을 사랑하고, 아이들을 자신의 형상대로 고유하게 창조했으며 아이들을 사랑하지 않는 일은 절대 없을 것이라고 한다.

때로는 아이의 행동에 벌을 주어야 하는 경우가 생기기도 하지만 그럴 경우에도 아이의 긍정적인 천성을 믿는다는 사실을 재차 알려주어야 한다. 아이의 부정적인 행동과 낮은 자존감을 변화시키는 가장 쉬운 방법은 부모가 아이를 긍정적으로 생각하는 것이라는 연구 결과가 있다. 아이를 더욱 존중하고 관심을 갖고 신경을 쓰면, 아이도 자기 자신을 긍정적으로 생각하게 된다. 그러고 나면 부모와 자녀의 행동은 자연스럽게 변할 것이다.

아이들이 자신의 고유성을 인식하게 할 또 다른 방법은 다양한 경험을 통해 자신이 무엇을 좋아하고 자신의 강점이 무엇인지 결정하게 하는 것이다. 이러한 경험에는 피아노와 같은 악기, 자전거나 승마 배우기, 새로운 게임 하기, 모형 만들기, 다양한 예술 경험하기, 새로운 운동 기술 배우기, 학업 성취도를 높일 수 있는 방법 배우기 등이 있다. 그러나 조심해야 할 일이 있다! 다양한 경험을 위해 너무 많은 수업과 활동으로 아이의 하루 생활을 지나치게 촘촘히 짜서는 안 된다. 다음을 꼭 명심하라! 어린 아이들은 놀면서 배우고, 아이에게는 탐험하고 곰곰이 생각하고 꿈꿀 시간이 필요하다. 아이들은 간단한 관찰과 경험을 통해 새로운 발견을 하고 열정을 품을 수도 있다.

아이들은 학습에 여러 가지 방법이 있다는 점을 알아야 한다. 어떤 아이는 다른 아이보다 시각적 이미지에 더 민감하다. 어떤 아이는 운동 감각을 통해 개념을 익히고, 또 어떤 아이는 청각을 이용할 때 학습을 가장 잘한다. 음악적 재능을 타고난 아이가 있는가 하면 수학에 재능이 있는 아이가 있고, 미술이나 춤에 재능이 있는 아이도 있다. 그러나 아이들은 다양한 경험을 하면서 학습하지 않으면 자신에게 가장 효과적인 학습 방법을 알 수 없다. 경험해 보지 못한 영역에 대해 자신은 재주가 없다고 믿어 친구들과 함께 활동을 하는 것을 피하거나, 결국에는 안전하지 않은 환경에서 새로운 역할을 시도해 보게 된다.

자신의 강점을 현실적으로 잘 알고 있는 아이들은 성공할 가능성이 있는 상황은 직접 부딪히고 실패하기 쉬운 상황은 피한다. 이 아이들은 자신에 대해 잘 알기 때문에 자신의 약점을 비난하거나 비평을 해도 방어적으로 반응하지 않는다.

한 사람을 고유한 존재로 여긴다는 말에 그 사람이 다른 사람들보다 뛰어나다는 의미가 담겨서는 안 된다. 사람들은 단지 다를 뿐이다. 아이는 자기 자신이 다른 사람들보다 낫다는 생각에 우쭐해서는 안 된다. 또 너무 자기중심적이어서 다른 사람의 중요성을 무시해서도 안 된다. 우리는 우리의 아이들이 자신의 고유성을 깨닫고 동시에 주위에 있는 사람들을 존중할 줄 아는 사람이 되길 바란다.

〈아이와 함께할 수 있는 활동들〉

1. 아이가 자신의 고유성을 발견하게 도와준다. 돋보기를 들고 자신의 엄지손가락 지문을 자세히 들여다보게 한다. 그러고 나서 다른 사람의 엄지손가락 지문을 들여다보고 자신의 것과 어떻게 다른지 알아보게 한다.

2. 큰 종이 위에 아이를 눕히고 아이 몸의 윤곽을 그린다. 그러고 나서 아이에게 직접 그 윤곽을 색칠하고 얼굴과 옷을 그려 넣으라고 한다. 완성한 그림을 아이 침실 문에 붙인다.

3. 당신이 발견한, 아이를 독특하고 특별한 존재로 만들어 주는 아이의 능력과 자질을 알려준다.

4. 아이가 자신과 자신의 행동을 어떻게 생각하고 있는지, 다른 사람들에게 어떻게 보이고 싶은지에 대해 아이와 대화를 나눈다. 아이는 무엇을 바꾸고 싶어 하는가? 아이의 영웅은 누구인가? 영웅적이고 칭찬할 만한 사람들은 어떤 자질을 갖추었는가?

경쟁은 아이가 자신에 대해 어떻게 생각하느냐에 긍정적인 영향을 미칠 수도 있고 부정적인 영향을 미칠 수도 있다. 때때로 어른들은 자신의 인정받고 싶은 욕구를 충족하기 위해 아이들을 이용하기도 한다. 부모들은 아이의 삶을 통해 이루지 못한 자신의 꿈을 실현시키려는 덫에 빠지기 쉽다. 아빠들은 특히 어렸을 적 어떤 경험을 했느냐에 따라 아이를 경쟁에 몰아넣기도 하고 경쟁을 피하게 하기도 한다.

스포츠와 운동 실력은 우리 사회에서 가치를 꽤 인정받고 있기 때문에 아이가 스포츠를 하면 자존감을 높일 수 있고 자신의 개인적 기량도 연마할 수 있다. 스포츠에 참가하는 아이가 자존감을 높일 수 있는 까닭은, 자신에게 없었던 가치 있는 기술을 스스로 터득해 가는 모습을 보면서 자기 자신을 더 좋게 생각할 수 있기 때문이다. 또 운동을 하면서 팀의 구성원으로 함께 노력하는 것을 배울 좋은 기회를 얻는다. 경쟁적인 스포츠는 강인한 정신을 기르는 기회가 될 수 있지만, 큰 좌절과 낙담의 원인이 되기도 한다.

아이들은 대부분 자신이 경쟁에서 이길 수 있다고 느끼거나 동등한 수준으로 참여할 수 있다고 느낄 때 경쟁을 즐긴다. 그러나 이길 가능성이 없거나 잘하라는 압력이 과도한 경쟁 상황에 억지로 몰리면 아이는 자기 자신이 싫어지고 자신에게 무언가 잘못된 점이 있다고 믿게 된다. 아이가 경쟁을 할 때 가장 중요한 점은 경쟁 상황에 들어가는 아이의 태도다. 아이가 이기는 것이 부모에게 굉장히 중요한 일이라고 느끼면, 반대로 성공하지 못했을 경우 부모에게서 받던 사랑과 존중을 잃을 수도 있다고 걱정을 한다. 하지만 부모가 강요하지 않고 아이가 스스로 경쟁을 할지 안 할지 선택할 수 있다면, 경쟁의 역기능은 줄어들고 아이는 가치 있는 기술과 태도를 배워 경쟁으로부터 도움을 받을 수도 있다.

조건 없이 사랑하고 긍정적으로 반응하기

아이들은 모두 자의식을 긍정적으로 형성하고 자존감을 높이기 위해 자신을 가치 있게 여기고 조건 없는 사랑을 받고 있다고 느낄 필요가 있다. 조건 없는 사랑을 받는 아이는 자신의 단점이나 부족한 점에 상관없이 부모가 자신을 소중히 여긴다는 것을 알고 안전감을 느낀다. 일반적으로 아이들은 자신과 가장 가까운 사람인 부모에게서 조건 없는 사랑과 자신이 가치 있다는 느낌을 받는다.

성취가 아이를 사랑하는 조건이 되어서는 안 된다. 사랑은 아이의 행동에 상관없이 언제나 표현되어야 한다. 성취 수준이 꽤 높고 다른 사람들로부터 인정을 받으면서도 여러 가지 이유로 자신을 긍정적으로 생각하지 못하는 아이들이 있다. 예를 들어, 어떤 영재 아이들은 친구들과 더 잘 어울리고 싶어서 자신의 지적 능력을 일부러 경시하기도 한다. 또 어떤 아이는 매우 성공했을 경우에만 부모가 자신을 사랑할 거라고 믿는다. 키가 크고 잘생긴 10학년 학생인 콘래드의 경우가 그랬다. 우등생이고 학생회 임원이었을 때는 모든 것이 자신을 위해 돌아간다고 여겼지만 성적이 나빠지자 자살을 시도했다. 콘래드는 자신이 부모의 기대에 미치지 못해 부모가 더 이상 자신을 사랑하지 않을 거라고 생각한 것이다. 그러므로 아이는 자신이 부모로부터 항상 사랑 받고 있고, 그 사랑은 자신의 성취 수준과 전혀 관계가 없다는 것을 알아야 한다.

행동에 대해서도 마찬가지다. 나쁜 행동을 받아 주고 용서해 줄 필요는 없지만, 아이가 잘못된 행동을 하거나 당신을 실망시켰다고 해서 아이에게 사랑의 표현을 멈추어서는 안 된다. 때로는 아이에게 사랑한다고 표현하기 매우 어려운 경우가 있다. 하지만 아이의 행동에 대한 실망을 표현할 때 아이에 대한 사랑과 연결해서는 안 된다.

조건 없는 사랑은 말을 사용하든 사용하지 않든 간에 여러 가지 방법으로 표현할 수 있다. 연구에 따르면 스킨십이 매우 중요하다고 한다. 애정을 담아 안아 주거나 등을 토닥토닥 두드려 주는 행동은 사랑과 애정을 표현하는 중요한 방법이다. 안아 주는 행동이 "나는 너를 사랑한단다."라고 말로만 하는 것보다 아이에게 더 소중할 수도 있다. 그러나 아이에게 실망했을 경우나 아이가 문제를 일으켰을 때도 아이를 사랑하는 마음을 표현할 수 있는 여러 가지 방법을 찾을 필요가 있다.

자녀를 대하는 한 가지 좋은 방법은 아이를 당신의 가장 친한 친구의 자녀처럼 대하는 것이다. 당신의 아이를 중요한 사람으로 대하라! 그러면 나머지는 자연스럽게 해결된다. 당신은 자동적으로 아이가 자의식을 강하게 형성할 수 있는 방법으로 반응하게 될 것이다. 함께 웃고, 생각과 경험을 공유하고, 작지만 다양한 방법으로 당신의 사랑을 표현하라.

아이의 말을 잘 들어주고 아이의 생각을 신중히 고려해야 한다. 아이에게 소리 지르거나 다른 사람들 앞에서 놀리지 말고 아이의 생각을 바보 같다고 깎아내리거나 입도 뻥긋 못하게 강요해서는 안 된다. 이런 행동들은 아이가 자신을 가치 있는 존재로 여기는 데 큰 악영향을 끼칠 수 있다. 아이에게 자신을 표현할 기회를 주고 가족회의에 참여시키며 아이가 이해하지 못하는 것을 설명하게 해야 한다.

아이들이 자의식을 건강하게 형성하려면 자신을 현실적으로 바라보아야 한다. 과장된 칭찬으로 자신을 부풀려 생각하면 안 되고, 자신의 강점과 약점, 다른 사람이 생각하는 자신의 모습을 정확하게 알아야 한다. 이를 위해 아이는 정확한 피드백을 받을 필요가 있다. 아이가 받는 피드백은 균형이 맞아야 한다. 그래야 자신을 정확하게 바라볼 수 있고 다른 사람이 자신을 어떻게 생각하는지 제대로 알 수 있다. 불행히도 대부분 가정에서 아이들은 긍정적인 피드백보다 부정적인 비난을 더 많이 듣는다.

긍정적인 피드백이 기분 좋으라고 하는 소리나 잘못된 칭찬을 의미하지는 않는다. 과도하게 칭찬을 하면 과장된 자부심이 생길 수 있다. 하지만 아이들은 진실이 담기지 않은 칭찬을 잘 구분한다. 이런 칭찬을 하면 아이들은 부모의 말을 믿지 않고 부모의 판단을 신뢰하지 않는다. 꼭 기억해야 할 사항은 아이가 실제적으로 성취한 행동을 칭찬하거나 긍정적으로 관심을 나타내야지 "참 착하구나."라고 아이 자체를 칭찬해서는 안 된다는 점이다. 아이를 칭찬하거나 긍정적으로 피드백을 줄 때 "어려운 일인데도 포기하지 않고 끈기 있게 해 주어서 정말로 좋다."처럼 격려의 말을 담아 서술 형식으로 표현하는 것이 좋다.

학교생활에서 어려움을 겪고 있거나 장애가 있거나 특별한 관심을 쏟아야 하는 아이들은 대개 긍정적인 피드백이 굉장히 많이 필요하다. 이 아이들은 보통 아이들보다 더 많이 좌절하고, 친구에게서 비난이나 조롱을 더 많이 받는다. 이 아이들은 자신에게 좋은 점이 많이 있다는 사실을 알아야 한다. 예를 들어 환한 미소, 타고난 좋은 성격, 다른 사람을 돕는 능력, 게임 기술, '옳은 일'이 무엇인지 잘 알고 있는 점 등이다. 당신이 아이들에게 관심을 쏟지 않으면 아이들은 이 자질들이 중요하다는 사실을 전혀 알지 못할 수도 있다.

아이들이 자기 자신에게 긍정적으로 말할 수 있게 가르쳐야 한다. 우리는 모두 우리 자신에게 말을 하기 때문이다. 심리학자들에 의하면 우리가 하루에 하는 혼잣말의 60%가 부정적인 말이라고 한다. 당신은 아이가 자기 자신에게 긍정적으로 말을 할 수 있게 격려해야 한다. 다음 몇 가지 예가 있다.

"정말 열심히 노력하면 나는 이것을 할 수 있어."

"내가 계속 노력하면 이 문제를 해결할 수 있다는 것을 나는 알아."

"나는 소중하고 가치 있는 사람이야."

"나는 읽는 것은 약하지만 수학은 정말 잘하잖아."

친구나 친척에게 아이에 대한 부정적인 이야기를 할 때도 조심해야 한다. "우리 딸은 애 같아." "존은 우리 가족 중에서 가장 느려." "사라는 우리 가족 중에서 제일 책을 안 읽어."와 같은 말을 들은 아이들은 자기 자신을 부정적으로 생각한다. "브렌다는 정말 열심히 공부해." "폴은 오늘 나를 정말 많이 도와주었어."와 같이 아이의 장점을 부각하는 말을 하는 것이 훨씬 더 가치 있다.

읽기와 철자 쓰기, 수학에 관한 연구에 따르면 아이의 능력과 강점에 관심을 기울이면 아이는 더 발전을 하게 되지만, 비평만 늘어놓으면 아이는 더 이상 발전이 없다고 한다.

〈아이와 함께할 수 있는 활동들〉

1. 지적으로 우수한 능력을 타고났는데도 자신을 좋게 생각하지 못하는 아이가 있다고 가정하고, 그 이유를 아이와 함께 이야기해 본다.

2. 조부모가 생각하는 아이의 모습과 부모나 형제자매, 친구들이 생각하는 아이의 모습에 어떤 차이가 있는지 비교하게 한다.

3. 아이에게 사랑을 표현할 여러 가지 방법을 강구한다. '사랑한다'고 쓴 종이를 베개에 올려놓거나 도시락 상자에 넣거나 거울에 붙여 놓는 것도 방법이 될 수 있다.

4. 어린 아이들은 야채와 과일을 보고 어떤 점이 같고 어떤 점이 다른지 이야기할 수 있고, 색깔이나 모양을 기준으로 분류할 수 있다. 아이에게 야채와 사람을 비교해 보게 하고, 우리는 모두 각각 얼마나 고유하고 귀중한 존재인지 아이에게 알려 준다.

아이가 자신의 강점을 활용하도록 도와주기

연구에 따르면 가장 성공한 사람은 자신의 강점을 활용하는 사람이라고 한다. 아이들은 대부분 자신의 강점보다 약점을 더 쉽게 발견한다. 부모가 아이의 약점에 초점을 맞추지 않고 아이의 성격, 긍정적인 특징, 기술, 업적에 관심을 기울이는 것이 아이가 자신의 강점을 알게 하는 데 도움이 된다.

로버트의 아들은 학습 장애가 있는 아이였다. 이 아이는 난독증이라는 진단을 받았고 읽기와 쓰기를 특히 어려워했다. 로버트는 이 문제에 대응하기 위해 아이의 공간 능력과 기계 조작 능력을 부각시키려고 항상 노력했다. 로버트의 아들은 시계, 잔디 깎는 기계 엔진, 오토바이 등을 포함해 작동하는 기계라면 무엇이든지 분해하기를 좋아했다. 불행히도 분해한 기계를 항상 원래대로 조립하지는 못했다. 그러나 훗날 아이는 오토바이 경주 선수와 정비공으로 성공했다. 어른이 되어서는 자신에게 다른 꿈이 있다는 것을 깨닫고 스스로 목표를 세웠다. 학업을 마치기로 결심하고 민영 항공사의 비행기 조종사가 되기 위해 열심히 공부해서 지금은 그 직업을 대단히 즐기고 있다. 그는 자신이 부족한 점을 걱정하기보다 잘하는 점에 집중했고, 마침내 위대한 일을 이루었다.

이따금씩 아이가 발견한 특별한 강점이 자신에게는 별로 중요하게 생각되지 않는 경우가 있다. 조지아의 경우가 그랬다. 조지아는 짙은 갈색 눈에 예쁘게 생긴 6학년 학생으로 수학을 특히 잘했지만 친구들에게 인기 있는 것이 더 중요하다고 생각해서 자신의 수학 능력을 하찮게 여겼다. 조지아에게는 좋은 성적을 받는 것보다 좋은 친구를 두는 것이 더 중요했다. 시간이 흐른 후에야 비로소 자신의 수학 실력이 중요하다는 것을 깨닫기 시작했고 수학을 전공하게 되었다. 이렇듯 아이가 지금은 중요하게 여기지 않더라도 자신의 강점을 알고 있는 것은 중요하다.

당신이 자녀에게서 가장 가치 있게 여기는 자질은 무엇인지 잠시 생각해 보라. 다음 몇 가지 예가 있다.

- 유머 감각
- 다른 사람의 마음에 공감하는 따뜻한 성격
- 정직
- 끈기
- 다른 사람을 도와주는 성격
- 아름다운 미소

이러한 특성이 여러 직업에서 성공하기 위한 중요한 요인으로 작용하지만, 아이들은 이 특징에 관심이 가지 않으면 별로 중요하게 여기지 않는다. 그러므로 부모로서 이러한 자질이 얼마나 소중한 것인지를 알려 주는 것이 중요하다. 아이들이 나중에 어른이 되어 직장에 다니면 이러한 자질들이 유용하게 사용될 것이라고 말해 줄 수도 있다.

아이의 장점을 강조하는 한 가지 방법은 아이를 어린이 과학자, 예비 작가, 꼬마 사업가, 장래의 명연주자, 훌륭한 정비공이라고 부르는 것이다. 성적표에 나와 있는 등수에 특별히 관심을 쏟기 쉽지만, 이러한 자질들이 좋은 등수나 시험 점수보다 훨씬 더 중요하다는 것이 입증될 날이 올 것이다.

때때로 아이들이 자신에 대해 부정적으로 말하는 것을 들을 수 있는데, 이때가 바로 당신이 아이들을 안심시켜야 하고, 아이들은 자기 자신을 좀 더 현실적인 관점에서 보게 될 때이다. 아이는 자신에게 부정적인 면을 충분히 보상할 수 있는 긍정적인 자질들이 있다는 사실을 알아야 한다. 어떤 1학년 학생이 장점과 단점에 대해 이야기하는 시간에 이렇게 말했다고 한다. "저는 완벽하지 않습니다. 하지만 제게 있는 어떤 부분들은 매우 훌륭합니다." 우리는 아이들이 모두 이 학생처럼 자기 자신을 현실적으로 받아들이기를 바란다.

아이는 자기 자신이 어떻게 자라고 어떻게 성숙하는지 알아야 한다. 자기 자신에게 정말로 싫어하는 특성이 있다면, 그것을 바꾸기 위해 목표를 세워야 한다(아이가 바꿀 수 있는 특성일 경우에 그렇다). 아이의 타고난 선량함, 가치, 능력에 대한 당신의 믿음을 재차 확인시켜 주어라. 그리고 아이 자신은 볼 수 없는 숨겨진 재능이나 능력을 알려 주어라. 이러한 과정을 통해 아이는 자의식을 긍정적으로 형성하게 된다.

〈아이와 함께할 수 있는 활동들〉

1. 아이가 스스로 자랑스럽게 여기는 점을 노트에 기록하게 한다.
2. 머리맡에 아이의 사진 두 장을 붙여 둔다. 한 장은 가족과 함께 찍은 사진, 또 한 장은 아이가 어떤 일을 처음으로 성공했을 때의 모습을 담은 사진으로 한다. 아이는 밤에 사진에 담긴 내용을 꿈꾸게 될 것이다.
3. 아이가 지니고 있는 자질 중에서 가장 좋은 특징 또는 장점이 무엇이라고 생각하는지 아이에게 물어본다. 당신의 생각도 말해 준다. 그리고 그 자질들을 매우 중요하게 생각한다는 것도 말해 준다.
4. 아이가 새로운 기술을 터득할 때마다 메달을 만들어 준다. '내가 할 수 있는 일들'을 목록으로 만들어 보게 한다.
5. 아이가 가족 구성원 각각에게 존경하는 점이나 장점을 나타낸 가계도를 만들어 보게 한다.

자기 이해 능력 기르기

하버드 대학의 유명한 교수인 하워드 가드너는 자기 이해 지능을 여덟 가지 지능 가운데 하나로 규정하였다. 자기 이해 지능이란 아이가 자기 자신과 자신의 감정을 완전히 이해할 수 있는 능력으로, 때로는 '감성 지능'이라고도 부른다. 사람은 다른 사람들과 함께 일하는 데 필요한 대인 관계 능력을 키우고, 그 사람들을 이해하기 전에 자기 자신을 이해할 수 있어야 한다. 이 일은 청소년에게 특히 더 어렵다. 청소년기는 어린 시절부터 알고 있었던 익숙하고 편안한 자기 모습이 극적으로 변하는 때다. 성적으로 성장하고, 키와 근육이 발달하며, 체형과 몸무게가 변해서 어린 시절과는 매우 다른 모습이 된다. 이때까지만 해도 어린 아이들은 대개 어른들이 기대하는 대로 행동한다. 그러나 청소년기가 되면 아이들은 또래 집단에게서 더 인정받고 싶어 한다. 청소년기에 아이들은 자신의 외모와 능력에 대해 모순되는 감정을 겪게 될지도 모른다. 아이들이 어떤 감정을 느끼는지, 그 감정에 어떻게 대처하고 있는지에 대해 아이와 대화함으로써 아이에게 도움을 줄 수 있다.

자기 이해 능력 가운데 중요한 한 가지는 사회에서 통용되는 방법으로 자신의 감정을 다루는 능력이다. 많은 아이들이 두려움, 걱정, 상실감, 수치심과 같은 자기 자신의 솔직한 감정을 드러내는 일을 두려워한다. 부모는 아이가 자신의 감정을 표현할 수 있는 환경을 조성해야 하고, 아이가 감정을 표현하는 데 사용할 수 있는 말을 가르쳐 주어야 한다. 이런 일은 특히 어린 아이에게 도움이 된다. 아이는 점점 커가면서 생각하지 않고 바로 반응하는 대신 자신의 감정을 다룰 방법을 선택하는 연습을 해야 한다.

아이에게 감정을 표현할 수 있는 말을 가르치면 아이는 자신의 감정을 다루는 기술을 터득할 수 있다. 감정을 표현하는 말에는 '좌절한', '낙담한', '실망한', '질투하는', '불안한', '기쁜', '황홀한' 등이 있다. 아이들은 자신의 감정이 어떤 건지 알게 되면 이러한 말을 사용해서 그 감정을 표현할 수 있다. 감정의 미묘한 차이를 나타내는 특정 어휘를 사용하면 "화가 나." 혹은 "기뻐."라고 단순히 표현하는 것보다 훨씬 더 효과적이다.

아이들은 이따금씩 누군가가 자신에 대해 안 좋은 말을 하거나 자신을 바보로 만드는 일을 경험하기도 한다. 이럴 때 아이는 감정이 격해질 수 있는데, 이 감정을 다루는 여러 방법이 있다는 것을 알아야 한다. 감정에 대응하는 다양한 방법을 아이들과 함께 탐색해서 아이가 아무 생각 없이 자동적으로 반응하지 않도록 도와주어야 한다. 이런 상황에서 감정을 다스리기란 대부분의 아이들에게 어려운 일이다. 하지만 아이들은 이 기술을 배울 수 있다. 또래 친구들에 대응하는 여러 가지 방법에 대해 다음 장에서 알아보겠다.

즐거운 일을 나중에 하는 능력 또한 아이가 정서적으로 건강할 수 있는 기술이다. 연구에 따르면 즐거운 일을 먼저 하고 싶은 충동을 참지 못하는 아이는 살아가는 내내 어려움을 겪는다고 한다. 어린 아이들은 "엄마가 지금 하고 있는 일 끝나면 바로 도와줄게." 혹은 "용돈을 모을 때까지 기다려." 같은 간단한 말로 이 기술을 배울 수 있다. 즐거운 일을 나중에 하는 능력이 있는 아이는 "지금 바로 하고 싶어!"라고 요구하는 대신, 먼저 생각하고 인내하는 법을 알게 된다.

<아이와 함께할 수 있는 활동들>

1. 아이가 감정이 상하거나 분노하거나 화가 나거나 복수심에 불타오를 때 자동적으로 보이는 반응에 대해 아이와 이야기를 나눈다. 다른 사람에게 대응하기 전에 자신의 감정을 다스리는 효과적인 방법을 터득할 수 있게 돕는다.

2. 아이가 몹시 화가 났거나 좌절했을 때, 그러한 적대적인 감정으로 열기구를 채우는 상상을 하게 한다. 그러고는 이 열기구를 넓은 들판으로 가지고 가서 공중으로 놓아주는 상상을 하게 한다. 그러면 아이는 자신의 문제도 바람과 함께 날아가는 듯이 느낄 것이다.

3. 아이가 어떤 상황에서 가장 화가 나고 감정을 통제할 수 없는 지점까지 이르는지 들어본다. 이 몰아치는 감정에 대처하는 여러 가지 방법을 아이가 찾을 수 있게 도와준다.

4. 어린 아이가 자신의 감정을 표현하는 것을 돕기 위해 아이에게 얼굴을 그린 후 자신이 경험한 감정으로 이름을 짓게 한다.

〜 아이와 귀중한 시간 보내기

우리가 아이와 나누는 이야기는 대부분 지시를 내리고 주의를 주고 무언가를 상기시키는 내용이다. 우리는 아이에게 최고를 바라기 때문에 항상 가르치고 충고하고 바로잡으려는 유혹에 빠진다. 그래서 아이에게만 전념하는 시간, 다른 일에 방해 받지 않고 아이와 보낼 수 있는 시간이 중요하다. 우리는 이 시간을 '귀중한 시간'이라고 부른다. 아이들도 부모가 할 일이 많다는 것을 알기 때문에 부모가 시간을 내어 아이에게만 전념한다면, 아이는 자기 자신을 중요하고 가치 있는 존재라고 강하게 느낄 것이다. 이 시간에 부모는 아이의 이야기에 귀를 기울여야 하고, 아이는 자신에게 일어난 중요한 일들을 이야기할 수 있어야 한다.

아이들과 나누는 대화는 주거니 받거니 하며 이어져야 한다. 질의 응답 시간으로 전락해서는 안 된다. 아주 흔한 일부터 이야기하기 시작한다. 그러면 머지않아 아이는 자신이 실제로 관심 있는 이야기를 들려줄 것이다. 이것은 주로 아이와 눈을 맞추지 않을 때 일어난다. 특히 남자아이들의 경우가 그러한데, 부모와 아이가 어떤 과제를 수행하고 있을 때, 부모가 저녁 식사를 준비하고 아이가 주위에 있을 때, 잠자리에 들기 전 불을 끄고 잘 자라는 인사를 할 때, 남자아이들은 자신의 이야기를 더 쉽게 꺼낸다. 부모가 운전을 하거나 잡담을 할 때도 아이가 속마음을 이야기하기 좋은 때다. 어떤 엄마는 운전을 할 때 아이가 중요한 문제를 이야기하기 시작하면 대화를 계속하기 위해 돌아가는 길을 택한다고 한다.

여기서 핵심은 부모가 아이의 감정과 속마음에 귀를 기울이고, 아이가 실제로 하고 싶어 했던 말을 제대로 이해했는지 점검해야 한다는 것이다. 아이들의 주된 우려는 오해 받는 것이다. 청소년들은 대부분 부모가 자신을 이해하지 못한다고 믿는다. 자기가 전달하고자 하는 이야기를 부모가 진심으로 이해했다고 느끼면, 상황은 보통 훨씬 더 차분해지고 이성적이 된다. 아이를 이해하고 아이가 자신의 의사를 정확히 표현하도록 돕는 일은 부모가 얼마나 아이의 개인적인 감정을 알아차리고 해석하고 인정하느냐에 달려 있다. 이렇게 할 수 있는 부모는 아이가 어려운 상황에 잘 대처하게 도울 수 있다. 다음 사항을 기억하려고 노력하면, 아이의 이야기를 더 효과적으로 들을 수 있다.

— 옳고 그름을 판단하지 않고 듣는다.
— 아이에게 해야 할 일을 말하지 않는다.
— 아이에게 어떻게 느껴야 하는지를 강요하지 말고 아이가 실제로 느끼고 있는 대로 받아들인다.
— "정말로 좌절한 것 같구나." 혹은 "아무도 너를 신경 쓰지 않는다고 생각하는 것처럼 들린다."와 같은 말로 아이의 감정을 인정하고, 아이가 표현한 감정을 이해했다는 사실을 아이에게 알려 준다.

한 부모 가정이거나 맞벌이 부부라서 아이와 긴 시간을 보낼 수 없고 아이가 학교에서 돌아왔을 때 집에서 아이를 맞을 수 없는 경우에 녹음테이프가 해결 방안이 될 수 있다. 테이프에 아이에게 할 말을 녹음해 부엌 조리대 위에 올려놓고 아이가 듣게 하면 아이는 자신이 해야 할 일을 잊어버리지 않을 것이다. 이렇게 하면 아이와 훌륭히 소통할 수 있고 아이 옆에 있는 효과를 낼 수도 있다. 이런 메시지

녹음은 부모가 아이와 함께할 수 없는 시간에 생긴 즐거운 일이나 골치 아픈 일을 나눌 수 있는 하나의 방법이다. 휴대전화로 대화하는 것도 또 다른 효과적인 방법이다.

아이에게 학교에서 있었던 일을 물어보면 가장 전형적으로 대답하는 말이 "아무 일도 없었어요."다. 교사인 한 친구는 '아무 이야기나 하기'라는 제목으로 가정통신문을 보냈는데, 교실에서 일어난 모든 일을 학부모들과 나누기 위해서였다. 또, 혼자 아이를 키우는 어떤 부모는 저녁 식탁에서 이렇게 직접 물어보았다고 한다. "오늘 있었던 일 가운데 가장 좋은 것과 가장 나쁜 것이 무엇이니?" 이렇게 해서 부모와 아이는 서로에게 일어난 일을 모두 공유하게 되었다.

아이가 여러 명이라면 그 아이들이 부모의 관심을 얻으려 경쟁하게 하지 말아야 한다. 대신에 아이 한 명 한 명과 많은 시간을 보내고, 당신과 아이 단 둘이서 여러 가지 일을 해야 한다. 아이들 개개인과 주기적으로 시간을 보낼 수 있게 계획을 잘 세워서 아이가 하고 싶은 말이 생겼을 경우 지금 바로는 할 수 없지만 돌아오는 자신의 시간에 말할 수 있다는 것을 아이가 알아야 한다.

<아이와 함께할 수 있는 활동들>

1. 아이만을 위한 특별한 시간을 준비한다면 그 시간
   에 무엇을 가장 하고 싶은지 아이에게 물어본다.

2. 아이에게 조건 없는 사랑을 표현하려고 시도하는
   여러 가지 방법 가운데, 어떤 방법이 가장 좋고 어
   떤 방법이 가장 의미 있는지 아이에게 물어본다.

3. 아이가 자신의 내적 자아를 탐색하여, 자신의 안에
   있는 완벽하고 친절하며 사려 깊은 사람과 만나게
   도와준다.

4. 아이가 어리다면 함께 산책을 한다. 주위에 귀를
   기울이며 걷는 것은 차분히 사색하는 가장 좋은
   방법이다. 어린 아이는 조용히 걸으면서 주위에서
   들리는 많은 소리를 경험하게 된다.

〉〉〉

자의식을 건강하고 현실적으로 형성하는 일은 긍정적인 정신 건강에 필수적인 요건이다. 아이가 자신에 대해 잘 알고, 자신의 강점과 약점을 파악하며, 자신이 가치 있는 사람이라고 굳게 믿고, 내부의 힘이 강하면 삶을 행복하게 영위하고 적응을 잘한다. 아이를 이런 사람으로 키우려면 부모는 자녀를 조건 없이 사랑하고 긍정적으로 반응하며 마음에서 우러나오는 관심을 보이고 아이가 자신을 이해할 수 있게 도와야 한다. 무엇보다도 부모는 자녀의 고유함을 존중하고, 자녀가 성공한 후의 모습이 아니라 현재 모습 그대로를 좋아한다는 마음을 보여 주어야 한다.

5장

세 번째 열쇠 : 소속감 기르기

"다른 사람과 진심으로 교류할 때 자신의 내부에서는 거대하고 새로운 영역이 생겨난다."

— 브라이언 스워머

〉〉〉

소속감이나 유대감은 오랫동안 인간의 기본적인 욕구라고 생각되었다. 이 감정들은 어떤 집단 구성원들이 자기 자신을 그 집단의 일원으로 받아들인다고 느낄 때 생긴다. 아이들은 나누고, 차례를 지키고, 다른 사람의 행복에 기여하고, 다른 사람을 받아들이거나 사회정의감을 갖기 위해 강한 소속감이 필요하다.

소속감의 중요성

우리는 자연스럽게 친구나 다른 사람이 우리 자신을 인정하고 받아 주기를 바라고, 우리를 받아 준 집단의 한 구성원으로 느끼고 싶어 한다. 이러한 욕구는 대여섯 살 정도 되면 분명해지고, 청소년기가 되면 점점 강해진다.

소속감이 부족하거나 사회에서 인정받지 못한다고 생각하는 사람들의 특징은 아이든 어른이든 그들의 행동에 잘 드러난다. 소속감이 부족한 사람들은 대개 다른 사람과 만나는 것을 피하고, 지나치게 적극적이거나 공격적인 행동을 보인다. 어떤 아이들은 선천적으로 부끄러움을 타지만, 친하지 않은 사람들과 함께 있을 때 불안을 느껴 부끄러워하는 경우도 종종 있다. 사회에서 인정받지 못한다고 느끼는 사람들은, 이따금씩 뽐내거나 떠벌리거나 다른 사람들을 괴롭히는 행동을 한다. 어떤 아이들은 다른 사람이 자신에게 상처를 주거나 자신을 거부할 기회가 생기기 전에 먼저 그들을 멀리함으로써 인정받지 못한 자신의 감정을 표현한다. 이 아이들은 다른 사람이 싫어하는 행동을 하면 거절당하기 쉽다는 것을 알기에 자신이 친구가 없는 이유를 그렇게 합리화한다.

아이들이 청소년 시기가 되면, 행동 동기의 90% 정도가 친구들 눈에 중요하게 보이고 싶은 바람 때문이다. 이를 위해 극단적인 방법을 사용하는 아이들도 많다. 나이에 비해 키가 작고 빨간 곱슬머리인 조지는 교실에서 익살을 부리고 계속 으스대면서 친구들에게 인정을 받으려고 애썼다. 신시아도 친구들에게 인정받고 싶은 욕구가 있어, 어른인 양 행동하면서 자신의 욕구를 충족하려고 노력했다. 신시아는 친구들 앞에서 담배를 폈고, 도발적인 옷을 입었으며, 남자아이들의 관심을 끌려고 화장을 했다. 두 아이 모두 소속감이 부족하거나 친구들에게 인정받지 못한 것을 이런 식으로 보상 받으려고 노력하는 것이다.

연구에 따르면, 청소년 시기의 여자아이에게는 남자아이에게 인기 있는 것과 매력적으로 보이는 것이 자긍심을 결정하는 가장 중요한 두 가지 요소라고 한다. 여자아이들은 더 매력적으로 보이기 위해 치장하고 옷을 고르는 데 몇 시간을 보낸다. 남자아이에게는 여자아이에게 인기 있는 것과 남자 친구들 사이에서 운동을 잘하는 사람으로 인식되는 것이 중요한 요소라고 한다. 열두 살에서 열여섯 살 사이의 남자아이들은 잘 발달한 근육을 자랑스러워하고 다른 아이들과 힘과 기술을 겨루는 것을 즐긴다. 청소년들은 또 소속감을 느끼기 위해 또래 패거리에 가담하기도 한다. 자긍심이 없는 청소년들은 패거리에 가담해서 개인적으로는 얻지 못했던 힘과 지지, 소속감을 얻고자 하는 것이다.

부모는 가정에서 아이를 충분히 인정해 주고 강한 소속감을 주거나, 아이가 사교 기술을 효과적으로 터득할 수 있게 도와주어 친구들에게 인정받고 싶어 하는 아이의 욕구를 줄일 수 있다. 자신이 가족의 한 구성원이라고 느끼고 다른 사람들과 편하게 지낼 수 있는 아이는 친구에게 인정받고 싶은 욕구가 강하지 않다.

〰 가족의 역할

가족 구성원들이 서로 존중하는 마음으로 대한다면 가정에서 소속감의 토대가 마련될 수 있다. 가정에서 아이의 생각과 의견을 소중히 여겨야 한다. 아이의 사생활을 지켜주고 아이가 자신을 가족 내에서 소중한 구성원이라고 믿을 수 있게 의식적으로 노력해야 한다. 아이는 자신이 가족에 기여하는 바가 있고 다른 가족 구성원들은 자신의 행복에 기여한다고 믿어야 한다. 가정은 아이가 사회라는 그룹의 구성원이 되는 첫 번째 경험의 장이다.

아이들은 가족 활동을 함께 계획하면서 자신이 가족의 중요한 구성원이라고 느낄 수 있다. 가족들과 함께 놀고 일하면서 아이는 친밀감을 형성한다. 다음은 가족이 함께할 수 있는 몇 가지 활동이다.

- 가족 소풍 계획하기
- 함께 휴가 보내기
- 캠핑 가기
- 스포츠나 음악회 관람하기
- 게임 하기
- 서로 책 읽어 주기
- 가족 문제를 함께 토론하고 해결하기
- 함께 노래 부르기
- 학교 과제나 가정에서 일어나는 일을 서로 도와주기
- 가족 행사를 위해 함께 노력하기

아이가 조부모, 숙모, 삼촌, 사촌 등의 친척과 보낼 수 있는 시간을 마련한다. 그래야 대가족 구성원들과 가까워지고 소속감을 키울 수 있으며 가족의 역사도 잘 알게 된다. 아이는 자신의 가족과 가족의 문화유산을 자랑스러워 할 때 소속감과 자의식을 형성하게 된다. 아이와 가족의 역사를 이야기하고, 어떻게 이곳에 살게 되었는지 설명한다. 가계도를 그리면서 계보를 따라가 보거나, 당신이 어렸을 때나 청소년이었을 때 찍은 사진을 함께 보거나, 가족 이야기를 들려줄 수도 있다. 아이들은 부모나 조부모의 어렸을 적 이야기를 좋아한다. 특히 그들이 사고를 저지른 이야기나 잘못된 행동을 한 이야기는 더 좋아한다!

자신이 알고 있는 가족 문화와 그 문화의 전통을 아이에게 들려준다. 하루를 정해 가족의 문화와 전통을 기념한다. 그 날에는 가족들이 모두 모여 음악을 듣거나 영화를 보고 특별 음식을 먹거나 그 문화와 관련이 있는 친척이나 친구들과 이야기를 나눈다. 가족은 대부분 여러 문화가 섞여 있기 때문에 매달 다른 문화를 기념하길 원할지도 모른다. 가족의 문화를 기념하면 아이는 지역에 상관없이 가족의 문화를 자랑스러워 하고 서로 연결되는 느낌을 갖게 된다.

가족이 모여 함께 식사를 하는 것도 가족의 유대감을 강화하는 또 다른 방법이 될 수 있다. 불행히도 부모의 근무 시간과 아이들의 야구나 축구 경기, 교회 모임 등의 행사 때문에 가족이 함께 식사하는 일이 그렇게 쉽지만은 않다. 그러나 가족들과 함께 식사를 하면서 자란 아이는 그렇지 못한 환경에서 자란 아이보다 소속감이 더 강하다. 그리고 이 시간을 통해 아이는 효과적인 듣기 기술을 습득할 수 있다. 다른 가족들이 자신의 경험이나 관심사를 이야기할 때 아이는 듣는 연습을 하기 때문이다. 가족들이 함께 식사를 하면 모든 가족에게 특별한 관심을 기울이면서 한 아이에게 특히 더 집중할 수 있다. 아이에 대한 긍정적인 이야기나 인정받을 만한 행동 등 좋은 이야기를 나누면 된다.

아이에게 의미 있는 가족 전통을 만든다. 생일이나 특별한 날을 기념하는 일은 우리가 생각하는 것보다 아이에게 더 큰 의미가 있다. 아이는 해마다 똑같은 생일 케이크를 원하거나 가족끼리 휴가를 보내기 위해 똑같은 장소로 가기를 원하기도 한다. 로버트와 그의 아내 낸시는 해마다 추수감사절이 되면 별장을 빌려 온 가족이 함께 휴일을 보냈다. 그러던 어느 추수감사절에 로버트와 낸시는 둘이서만 여행을 갔다. 아이들은 이제 다 자라서 자기들끼리 휴일을 보낼 수 있었다. 추수감사절에 부모와 함께 지냈던 일이 아이들에게 매우 소중했기에 아이들은 스스로 돈을 모아 별장을 하나 빌려 그 전통을 지켰다고 한다.

마릴린에게도 역시 추수감사절에 대한 소중한 기억이 있다. 마릴린이 초등학교 교장이 되던 해의 일이었다. 그 당시 너무 바빴던 마릴린은 추수감사절 저녁 식사를 위한 파이와 음식을 직접 만드는 대신 사기로 마음먹었다고 한다. 하지만 그 당시 네 살이었던 손녀 사라와 이야기를 나눈 후에는 그렇게 할 수가 없었다. "할머니, 할머니, 저는 정말 신나요! 우리 또 예쁜 나뭇잎들을 찾아서 식탁을 장식할 수 있는 거죠? 파이 만들 때 반죽 미는 걸 도울게요!" 사라의 말을 들은 마릴린은 손녀가 만들고 있는 것이 파이 이상의 것이라는 사실을 깨달았다. 사라가 만든 건 전통과 추억이었던 것이다. 후에 마릴린은 '추억 바구니'를 만들어, 해변으로 여행 갔을 때 주워 온 조개껍데기, 산책하다 가져 온 특별한 돌, 가장 좋아하는 옷에서 떼어 낸 단추와 같은 물건들로 그 바구니를 가득 채웠다. 마릴린의 손자손녀들은 여전히 이 추억 바구니를 채우고 있다.

아이는 가족 행사에 참여하면서 다른 사회적 상황을 편안하게 받아들이는 데 필요한 사회성을 길러 여러 사람들과 친분을 쌓고 지낼 수 있다.

〈아이와 함께할 수 있는 활동들〉

1. 휴일에 할 수 있는 특별한 전통을 만든다. 뜨거운 사과주를 마시거나 쿠키를 먹으면서 가족들과 함께 크리스마스트리를 장식할 수 있고, 밸런타인데이를 맞이해서 가족 모두에게 카드를 쓸 수도 있다.

2. 특별한 날을 정해 가족의 문화와 전통을 기념한다. 조상들이 어디에 살았는지 이야기를 나누고 사진을 보여 준다. 조상들이 살던 지역을 지도에서 찾아본다. 전통 음식을 준비하거나 음악을 연주하거나 비디오를 보면서 아이들과 함께 문화를 공유한다.

3. 가족과 함께 즐길 수 있는 일을 한다. 볼링을 치거나, 자전거를 타고, 등산을 가거나, 보트를 탄다. 캠핑을 갈 수도 있고, 게임을 할 수도 있다. 가족과 함께할 수 있는 특별한 이벤트를 계획한다. 동물원에 가기, 호숫가에서 하루 보내기, 볼링 치기, 스포츠 행사에 참여하기, 가족과 함께 등산하기, 캠핑 가기 등이 있다.

4. 아이가 흥미로워 하는 일에 대해 이야기를 나눈다. 아이와 매일 놀아 준다.

5. 피자나 파이 등 생일 파티 메뉴를 아이가 고르게 한다.

"이 그림은 자신의 '대' 가족이라고 래리가 그러던데."

아이들은 형제자매들끼리의 관계에 따라 자신에 대해 생각하는 점이 달라진다. 부모는 큰 아이와 작은 아이를 다르게 대하는 경향이 있다. 큰 아이에게 관심을 더 많이 주고 기대도 더 많이 한다. 맏이는 형제자매 가운데 나이가 가장 많다는 이유로, 어쩌면 가장 크다는 이유로, 중요한 시기에 가장 먼저 도달한다는 이유로 대개는 이점을 많이 누린다. 연구에 의하면, 맏이들은 부모뿐 아니라 나이 어린 동생들에게서도 관심을 많이 받아 그만큼 이익을 많이 얻는다고 한다. 그래서 맏이들이 동생들보다 자존감이 더 높고 경쟁심도 더 강하다는 사실이 놀랍지 않다. 이런 경향은 아이의 성별과 관계가 없다. 다음은 맏이들에 대한 흥미로운 통계다.

— 처음 우주로 나간 우주 비행사 23명 가운데 21명이 맏이다.

— 머큐리 프로젝트(1959~1963년에 실행된 인류를 안전하게 우주로 보내기 위한 미국의 최초 우주 탐사 프로젝트—옮긴이)의 우주비행사 일곱 명 모두 맏이다.

— 미국 대통령의 반 이상이 맏이다.

— 미국 명사록인 '후즈 후(Who's Who in America)', 미국의 과학자 인명록인 '미국의 과학자(American Men and Women of Science)', '로즈 장학금'에 맏이가 많이 거론된다.

맏이가 유전적으로 이점이 있어서 이러한 현상이 일어난다는 설명은 합리적이지 않다. 차라리, 부모가 맏이에게 거는 기대가 높기 때문이라는 이유가 더 타당할 것이다. 게다가 맏이는 어른들의 관심도 많이 받는다. 이 두 요소만이 아이의 모습이 달라지는 이유를 설명할 수 있다.

아이가 둘뿐인 가정에서, 둘째가 태어나면 첫째에게 쏠리던 관심이 갑자기 둘째에게 이동한다. 이때 큰 아이는 분노하고 질투할 수 있다. 맏이들은 형이나 언니로서 아기를 돌보는 역할을 수행하면서 이러한 감정을 대개 극복한다. 이러한 상황에서 동생들은 관심을 아주 많이 받고 '아기'로 대우를 받으면서 아무런 책임도 맡지 않아 버릇이 없어지기도 한다. 그래서 결과적으로는 동생이 손위 형제보다 자존감이 좀처럼 높지 않다.

가장 불운한 아이는 주로 세 명 이상의 형제들 사이에 끼인 '가운데 아이'다. 이 아이들은 동생이라는 이유로 맏이가 하는 일을 하지 못하고, 손위라는 이유로 '아기' 보다 관심을 덜 받는다. 그래서 사이에 낀 중간 아이들은 흔히 자존감이 낮고 살아가면서 이 피해에 대해 보상을 받으려고 한다.

그렇다면 부모인 당신은 어떻게 해야 하는가? 형제자매와 태어난 순서가 아이의 태도나 발달에 영향을 준다는 사실을 알았을 것이다. 그러므로 이제 당신은 아이들이 겪는 불리한 점을 보상하기 위해 의식적으로 노력할 수 있다.

〰️ 형제자매 간 경쟁 다루기

아이들은 부모의 관심을 받으려면 경쟁을 해야 한다고 여길 때, 다른 형제자매에게 부모가 관심을 쏟아 화가 날 때 서로 경쟁한다. 부모는 아이들이 모두 서로 다른 의미로 특별한 존재라는 사실을 알려 주어야 한다. 또 아이들 한 명 한 명과 똑같은 시간을 보내 아이들 모두에게 관심이 있다는 것을 보여 주어야 한다. 가족이 함께 게임을 하거나 여행을 가거나 집안일을 하면 가족 유대감도 강해지고 형제자매 간의 경쟁도 줄어든다.

가족이 서로 효과적으로 지내는 한 가지 방법은 가족 분위기를 평화롭게 만들어 가족 간 경쟁과 분노를 줄이는 것이다. 아이들이 형제자매나 다른 가족을 놀리거나 괴롭히지 않고 도와주게 격려해야 한다. "우리는 모두 한 가족이란다. 그러니 우리는 서로 사랑하고 도와야 해. 이것이 가족으로서 우리가 해야 할 모든 일이란다!"라고 간단히 말함으로써 가정의 가치관과 기준을 세우고 형제간 갈등을 줄

일 수 있다.(다른 형제자매의 피아노 연주회나 공연에 참석해야 하는 이유를 설명할 때도 도움이 된다!)

아이들이 이따금씩 서로 신경을 건드리거나 심지어 싸우기까지 하는 것은 자연스러운 일이다. 아이들이 서로 갈등을 겪을 때마다 누구의 잘못인지 밝히거나 해결책을 제시할 수는 없지만 문제를 해결하는 방법을 가르칠 수는 있다. 아이들이 갈등을 겪을 때 서로 고자질하거나 부모에게 해결해 달라고 요청하지 않고, 아이들 스스로 해결하는 방법을 가르쳐야 한다. 갈등은 꼭 승패를 나누어 해결할 필요가 없고, 대신에 양쪽이 모두 만족하고 갈등이 더 확대되지 않는 방법으로 해결해야 한다는 관점을 아이가 받아들이게 격려한다. 아이가 자신이 겪는 갈등을 스스로 해결책을 찾아볼 도전의 기회로 삼을 수 있게 도와야 한다. 아이가 특정 문제를 평화로운 방법으로 해결하지 못하면 그 문제를 고심해 보고 해결책을 찾기 위한 가족회의를 열 수도 있다.

아이가 다른 형제자매와 경쟁하는 일을 줄이기 위해서는 부모의 가슴 속에 아이들이 모두 소중하게 자리 잡고 있다는 것을 알아야 한다. 아이들이 이 사실을 느끼기 위해서는 최소한 일주일에 한 번씩 다른 형제자매의 방해 없이 부모를 독차지할 수 있는 시간을 보내야 한다. 게임을 좋아하는 아이라면 아이와 함께 특별한 게임을 하고, 야외 활동을 좋아하는 아이라면 바깥에서 시간을 보내면 된다. 아이들은 각각 자신이 고유한 개체로 존중 받고 있고 부모의 눈에 중요하게 비춰진다고 느낄 필요가 있다.

〈아이와 함께할 수 있는 활동들〉

1. 아이들이 서로 화가 나 있을 때에는 모든 아이들에 게 순서대로 자신의 감정과 이유를 표현할 기회를 준다. 이때 아이들은 다른 사람을 비난하지 말고 자신의 감정을 표현해야 하고, 다른 아이가 이야기 할 때는 집중해서 잘 들어야 한다.

2. 다른 가족에게서 특히 형제자매에게서 받은 도움 가운데 어떤 것이 좋았는지 말하게 한다. 그리고 다른 가족에게 그 도움을 줄 수 있도록 노력하게 한다.

3. 아이들이 순서를 지키면서 게임을 하게 하거나 쿠 키 만들기, 연극과 같은 행사를 함께한다.

고유한 개체이자 집단의 구성원 되기

아이가 고유한 개체인 동시에 집단의 한 구성원이 되면서 생기는 문제를 이해하게 도와야 한다. 아이는 학교에서 개인적으로 행동할 수 없고 자신이 원하는 것을 원하는 시간에 항상 할 수 없다. 집단 구성원으로서 집단의 규칙을 지키고 다른 구성원을 배려하는 법을 배워야 한다. 순서를 지키고 다른 사람을 돕는 방법도 배울 필요가 있다.

고유한 개체가 되는 일과 집단의 구성원이 되는 일 사이에서 균형을 맞추기 위해 노력해야 한다는 것은 어떤 아이들에게는 이해하기 어려울 수도 있다. 때때로 자신의 욕구가 다른 사람의 욕구 혹은 권리와 갈등을 빚기도 한다. 집단의 더 큰 욕구를 위해 자신의 욕구를 포기해야 할 때도 있다. 아이가 이런 상황에 대처하는 방법을 알고 있다면 학교생활을 잘 할 수 있는 중요한 사회적 기술을 터득하는 것이다. 자녀가 고유한 개체이면서 동시에 가족의 소중한 구성원이라는 점을 가르쳐야 한다. 집단의 한 부분이 되는 일은 개인으로 살아가는 일과는 별개의 기술과 행동이 필요하다. 모든 사회 상황에서는 기대되는 행동 수칙이 있다. 아이가 이 점을 이해한다면 정해진 규칙이나 행동 수칙을 따르지 않았을 때 문제가 생기거나 다른 사람들에게서 소외되거나 거부된다는 것을 깨닫게 된다. 또래들이 위험하거나 금지된 행동을 할 때 아이가 자신의 도덕관을 지켜 그 일에 가담하지 않을 수 있게 격려해야 한다. 아이들이 술을 마시거나 담배를 피우고 공공건물을 훼손하는 시기가 온다. 아이가 자신의 가치관을 고수하고 또래들의 행동을 따라하지 않는 것은 아이가 터득해야 할 중요한 사회적 기술이다.

대인 관계 능력 기르기

대인 관계 능력을 기르면 아이는 사회나 집단 내에서 효과적으로 기능할 수 있고 소속감도 강해진다. 다른 사람의 말을 주의 깊게 듣는 방법을 배우는 일은 매우 중요한 사회적 기술을 터득하는 일이다. 이야기를 할 때 자기 순서를 기다리는 일, 다른 사람이 말할 때 주의 깊게 듣는 일, 토론시간을 독점하지 않고 참여하는 일을 배우는 데 어떤 아이들은 몇 년이 걸리기도 한다. 이러한 능력을 가정에서 터득한 아이는 학교생활에 잘 적응할 수 있다. 아이는 또 다른 사람의 말을 편견 없이 경청하는 방법을 배워야 한다. 이것은 문화나 국적이 다른 사람을 이해하고 친분을 쌓을 때 특히 중요한 능력이다. 아이는 다른 사람의 말을 집중해서 듣거나 이해하지 않고 판단하기 쉬운데, 이는 매우 위험한 일이다.

다른 사람의 감정에 공감하고 그들을 도와주는 법을 배우려면 다른 관점으로 상황을 보는 능력이 있어야 한다. 다른 사람의 감정을 이해하는 능력이 있는 사람은 서로 도와야 하는 상황에서 일을 더 잘한다. 사람들은 모두 주어진 상황에 자신이 지각한 것과 느낀 것을 대입한다. 자신이 지각한 것과 감정을 표현하고 다른 사람이 지각한 것과 감정을 해석하는 능력은 아이들이 배워야 할 소중한 기술이다. '나' 메시지와 피드백을 명확하게 주는 방법을 배우면 다른 사람과 의사소통을 하는 데 도움이 된다. 다른 사람이 말한 내용을 정확히 이해했는지 확인하기 위한 수단으로 "나는 당신이 ……라고 말하는 것을 들었다."라고 말하면 상대방은 자신이 말한 내용을 확인할 수 있고 그 내용을 더 명확히 설명할 기회를 얻게 된다. 아이에게 이 기술을 가르치는 가장 쉬운 방법은 아이와 함께 이야기책을 읽을 때, 등장인물들의 감정이 어떻다고 생각하는지, 이야기 속에 담겨 있는 문제를 해결하는 좋은 방법이나 대안이 무엇이라고 생각하는지 아이에게 가끔씩 묻는 것이다. 또 아이가, 이야기 속 상황에서 필요한 것이 무엇인지, 자신이 그 상황에 처했다면 어떻게 도와줄 수 있는지 예상할 수 있는 기술을 터득하게 도울 수 있다. 문학은 아이들이 다양한 관점으로 사물을 볼 수 있게 도와주는 소중한 재료다.

아이가 가정에서 배울 수 있는 또 다른 중요한 사회적 기술은 다른 사람의 행복에 기여하는 법이다. 가족과 더불어 살아가면서 아이는 다른 사람에게 존중과 관심을 표하는 방법, 자신이 처한 상황에서 도움을 주는 방법을 배운다. 그러나 이때 당신이 매우 중요한 본이 된다! 사탕을 동생과 나누어 먹고 싶지 않은 딸에게서 사탕 봉지를 빼앗아 버리는 아빠처럼 행동하지 마라. 아빠는 사탕 봉지를 빼앗으며 "좀 나눠 먹어라!"라고 소리쳤다. 아빠는 딸이 나누는 사람이 되길 원하겠지만, 이런 모습은 별 도움이 되지 않았을 것이다. 딸은 나누는 행위에 대해 긍정적인 느낌보다 분하고, 화나고, 무력해지는 걸 느꼈을 것이며 무례한 태도를 보일 수도 있다. 이러한 상황에 처한다면, 아이에게 바라는 존중하고 배려하는 모습을 보이면서 아이를 참을성 있게 대하려고 노력해야 한다.

아이의 대인관계 능력을 더 키우려면 아이가 단체경기나 청소년 단체, 교회 활동, 이웃들의 모임에 참여하게 한다. 아이는 이러한 활동에 참여하면서 단체 생활에서 필요한 기술을 적용할 기회를 얻고 더 나아가 자신이 속한 집단에 공헌하는 구성원이 되는 법을 배운다.

<아이와 함께할 수 있는 활동들>

1. 각자 전화기를 들고 대화를 하면서 아이에게 당신의 말을 따라하게 한다.

2. 아이가 다른 사람을 더 이해하고 알 수 있도록 도와줄, 아이에게 통찰력을 줄 누군가와 대화할 때 쓸 질문 목록을 작성한다.

3. 몸짓언어를 주제로 해서 사람들이 몸짓언어로 감정을 어떻게 표현하는지 아이와 토론한다. 아이가 자신의 감정을 몸짓언어로 표현하게 한다.

4. 아이가 다른 사람을 접대하는 법을 배우게 한다. 아이는 친구가 집에 놀러 왔을 때 친구에게 과자를 주거나 친구가 가장 좋아하는 장난감을 가지고 놀게 허락하여 친구를 편안하게 할 수 있다.

가족회의를 효과적으로 사용하기

가족이 모두 모여 행사를 계획하고, 문제를 토론하고, 개인 관심사를 이야기하는 일은 가족 문제를 해결하고 갈등을 줄이는 효과적인 방법이다. 그러기 위해 가족 구성원은 가족회의에 모두 참여해야 하고, 다른 가족의 의견을 전적으로 존중해야 한다. 자신의 고민을 이야기할 때, 가족 구성원 각각이 관심과 존중을 받고 있다는 느낌이 들게 하는 것이 중요하다. 어떤 가족은 소금통이나 인형 등을 서로 건네는데, 이때 물건을 가지고 있는 사람만 말할 자격을 얻는다. 가족회의는 가족들의 친밀감, 협동심, 소속감을 강화시킨다.

가족회의는 형식이 없어도 되고, 정해진 시간에 가족 구성원이 토론하길 원하는 항목을 안건으로 진행하는 등 약간의 형식을 갖추어도 된다. 가족회의에서는 다수결로 문제를 해결하지 말고 가족들의 의견을 일치시켜 결정을 내려야 한다. 그래야 가족 모두 그 결정에 따르기가 쉽다. 야유회나 다른 가족 행사를 계획하는 일은 가족회의의 안건으로 다루어야 한다. 가족회의는 또한 서로 칭찬하고 다른 가족의 노력에 고마움을 표할 좋은 시간이다.

어린 아이들은 집 밖에 나가면 공격적으로 행동하거나 자신의 감정을 상하게 하는 사람들을 만나게 될 것이다. 아이는 부모의 개입 없이 스스로 문제를 해결하는 법을 배워야 한다. 우리는 아이들이 싸우는 것을 정말로 원하지 않지만, 그렇다고 아이들이 자신의 감정을 억눌러야 하는 규칙을 세우는 것도 건강한 방법은 아니다. 절대 싸우면 안 된다고 배우면서 자란 아이는 학교에서 또래를 괴롭히는 아이들에게 수동적으로 당하게 된다. 그러므로 아이에게 "절대 싸우지 마!"라고 지시하기보다 아이가 사용할 수 있는 전략을 몇 가지 개발하게 도와야 한다. 싸움은 최후의 수단이어야 한다.

아이가 배워야 할 중요한 교훈은 상황이 어떻든지 간에 그 상황에 대처하는 방법은 여러 가지라는 점이다. 행동으로 옮기기 전에 스스로 '냉각기'를 가져야 한다. 아이가 감정에 북받쳐 있을 때는 아이 곁에서 멀리 떨어져 상황에 개입하지 않을 필요가 있다. 또 다른 방법은 아이가 자신의 마음을 다치게 한 사람에게 자신의 감정을 솔직하게 말하면서 직접 부딪히는 것이다. 그러면 상대방이 자신의 입장이 되어 보게 할 수 있고, 갈등을 해결하는 가능한 방법을 찾기 위해 노력할 수 있다. 아이는 자신이 우연히 상처 받았다는 사실을 발견할지도 모른다. 반대로 아이가 문제를 일으키는 행동을 했다면 효과적으로 사과하는 방법을 배워야 한다.

아이에게 협상의 가치와 양쪽이 다 만족하는 의견 조율 방법을 가르쳐야 한다. 이것은 지도자로서 갖추어야 할 소중한 기술이고, 누군가의 입장을 다른 사람에게 요구하거나 부담 지우는 것보다 더 효과적일 수 있다. 마지막으로 아이는 모든 결과를 떠안고 문제를 스스로 해결할 것인지, 상황을 중재해 줄 사람을 찾을 것인지를 선택해야 한다.

아이들은 청소년기가 되면, 친구들끼리 매우 긴밀한 유대관계를 형성하여 자신들만의 특권을 만들고 배타적인 분위기를 자아낸다. 그래서 다른 친구가 자신들의 무리에 들어오고 싶어 할 때 그 친구의 욕구를 이용하기도 한다. 이렇게 무리를 짓고 있는 아이들은 이 무리에 속하지 않은 아이들이 소외당하고 자신을 가치 없다고 느끼게 하면서 스스로 만족한다. 소외된 아이들은 주로 친구를 사귀는 데 어려움을 겪거나 자신감과 자존감이 덜 발달한 아이들이다. 여자아이들은 외모와 물질적인 면으로 서로를 평가하고 심술궂은 말과 행동을 해서 친구를 종종 괴롭힌다. 남자아이들도 비슷하게 행동하지만 주 관심사는 운동 기술과 신체조건, 외모다. 아이들에게는 친구에게 인정받고 싶고 친구들 무리에 합류하고 싶은 욕구가 있기 때문에 그 무리가 자신의 인생에서 지극히 중요해 보일 수도 있다.

아이가 이러한 어려움을 겪고 있다면, 부모가 그 상황에 개입하지 않는 것이 아이를 위해 할 수 있는 가장 좋은 방법이다. 아이의 친구나 친구 부모에게 연락하는 대신 아이의 이야기를 들어 주고 아이가 자신이 처한 상황을 부모에게 말할 수 있는 분위기를 조성한다. 당연히 아이와 이야기를 나누고 도움을 주어야 하지만, 아이가 스스로 해결책을 찾도록 놔두는 일도 중요하다. 옳고 정당한 일이 무엇인지 아이와 이야기한다. 다른 활동에 참여하고 새로운 것에 관심을 기울이며 새로운 친구를 사귀는 방법이 아이에게 도움이 될 것이다. 새로운 친구를 사귀는 방법 이외에 다른 사람에게 끌려 다니지 않는 방법을 가르치는 것 또한 소중한 학습 경험이 된다.

십 대 아이들은 대부분 불량한 행동을 하는 상급생에게서 괴롭힘이나 놀림을 당한 경험이 있다. 어느 순간이 되면 아이들은 불량한 학생에게 직접 맞서야 한다. 로버트의 손자인 프랭크는 고등학교 1학년 학생인데, 상급생이 복도에서 마주칠 때마다 뒤통수를 때리는 괴로움을 겪은 적이 있다. 참다못한 프랭크는 마침내 이 아이에게 대응할 전략을 하나 생각해 냈다. 그 아이가 프랭크를 또 때리자 갑자기 몸을 돌려 자기를 괴롭힌 아이를 바라보며 똑바로 걸어가면서 이렇게 말했다. "이제 그만해." 자신을 괴롭혔던 아이가 슬금슬금 뒷걸음치기 시작하자 프랭크는 앞으로 나아가서 그 아이 얼굴 바로 앞에 섰다. 그러고는 말했다. "더 이상은 참지 않을 거야. 그러니 이제 그만둬!" 프랭크를 괴롭혔던 아이는 깜짝 놀라서 다시는 그를 못살게 굴지 않았다. 이 아이들은 괴롭힘을 당한 아이가 울거나 비참해지는 것을 보면서 즐거워한다. 괴롭힘을 당한 아이가 자신에게 똑바로 맞서 대응하면 즐겁지 않기 때문에 괴롭힐 다른 아이를 찾아 나

선다.

자녀가 계속해서 불량 청소년에게 괴롭힘을 당하거나 신체적으로 위협을 받아 안전이 걱정된다면, 아이의 선생님이나 교장선생님과 상담을 해서 상황이 더 악화되는 것을 막고 아이가 신체적으로 상해를 입지 않게 조치를 취해야 한다.

아이가 행동으로 옮기기 전에 잠시 멈추어 다양한 선택을 고려하는 법을 배우면, 아이는 자신을 조절하는 능력이나 소중한 사회적 기술도 습득하게 된다. 아이는 상황을 충분히 고려해 자신의 목표를 달성할 최선의 전략을 찾아내야 한다. 이러한 기술을 가장 효과적으로 가르치는 방법은 부모가 감정을 다스리면서 자제하고 절제하는 모습을 보여 주고 아이의 문제를 직접 해결해 주고 싶은 유혹에서 벗어나는 것이다. 아이는 자신의 문제를 스스로 해결하면서 문제를 해결할 수 있는 기술을 강화할 수 있고 자신에 대한 자신감도 키울 수 있다.

〈아이와 함께할 수 있는 활동들〉

1. 아이가 다른 사람을 위해 할 수 있는 일을 생각하
   게 하고 그 행동을 실행할 수 있게 분위기를 조성
   한다. 저녁 식사를 할 때 가끔씩 아이가 그 날 어떤
   착한 행동을 했는지 물어보고 그 행동을 매일 할
   수 있게 격려한다.

2. 아이가 반 친구들에게서 '무시하는 말'을 들었을
   경우에 대처할 수 있는 반응을 적게 한다. 이때 아
   이는 유머를 사용할 수도 있고, "네가 나를 잘 모
   르는구나." 또는 "너의 생각을 알려줘서 고마워."라
   고 말할 수도 있다.

3. 앞으로 1년 동안 아이가 부딪힐 수 있는 갈등 상황
   을 이야기하게 하고, 그 상황에서 어떻게 말할 것
   이지, 그 상황을 어떻게 대처할 것인지 이야기해
   본다.

4. 아이가 자신의 감정을 표현할 수 있게 도와주고,
   여러 가지 다른 상황에 처한 친구에게 뭐라고 말
   할 것인지 적어 보게 한다.

또래 집단의 강요 대처하기

아이가 청소년기에 들어서면 변화가 많이 일어난다. 신체적 변화
가 일어날 뿐만 아니라 불안하고 감정 기복이 심해지며 짜증을 잘 내
고 반항적이 되며 자의식이 강해지고 또래 집단에게서 압력을 받는
다. 어린 아이가 또래와 어울리고 싶고 그 친구들을 닮고 싶어 하는
것은 당연하다. 당신의 자녀도 이 시기가 되면 또래 집단과 같아지

려는 압박감을 경험하기 쉽다. 기준이나 가치관이 다른 아이와 어울리기 시작하면 그 친구의 강요로 아이는 위험한 상황에 처할 수 있다. 이러한 상황이 발생하기 전에 아이를 잘 교육해서 아이가 또래 집단의 윤리 기준이나 행동을 따르지 않고 자기 자신의 윤리 기준이나 행동을 따라 고유한 개체로서 행동할 수 있게 해야 한다.

이제 가족 구성원이 모두 따라야 하는 가족 규칙이나 행동 기준을 강화해야 할 때이다. 그리고 가족들이 중요하게 여기는 가치관에 대해 이야기를 나누어 아이가 또래 집단과 함께 있을 때 자신의 행동을 결정할 수 있는 기준들도 알게 해야 한다. 그러면 아이는 이 기준과 가치관으로 자신과 자신의 행동을 평가할 수 있고, 마음을 열어 부모와 대화할 수 있을 것이다.

아이가 가족의 가치관을 새겨보는 일은 중요하다. 담배를 피우는 일, 술 마시는 일, 자신의 관심사가 아니거나 가족의 가치관에 반대되는 일을 같이하자는 유혹을 받을 때 특히 중요하다. 또한 이 시기에 아이는 거절하는 기술을 습득해야 한다. 아이가 "아니, 나는 그런 행동을 하고 싶지 않아."라고 말할 수 있으려면 가정에서 역할극을 하면서 연습하고, 효과적으로 "아니."라고 말하는 방법을 배워야 한다. 때로는 잘못된 일을 피하기 위해 부모를 이유로 들어 "아니."라고 말하는 것도 한 방법이다. 아직은 "나는 그것을 하고 싶지 않아."라고 말할 정도로 충분히 강하지 않다면, "미안하지만, 우리 부모님이 허락하시지 않을 거야."라고 말해서 곤경을 면할 수도 있다.

아이의 친구도 가족으로 생각해야 한다. 특히 아이가 청소년일 때는 더욱 그러하다. 아이의 친구에게 가족의 일원이 된 것이 어떤 의미인지 보여 주어라. 아이가 선택한 친구들, 특히 아이에게 부정적인 영향을 줄지도 모르는 친구들과 친해지려고 노력해야 한다. 양심이 있는 친구라면 가족의 일원이 되어 자주 만나고 친한 친구로 대접을 받으면서 당신의 아이를 비도덕적이거나 위험한 행동으로 유혹하지는 못할 것이다.

부모가 가정에서 아이가 소속감을 강하게 느낄 수 있게 노력하면, 아이는 소속감의 결핍을 보상받기 위해 또래들에게 인정받을 만한 극단적인 행동을 하려고 하지 않는다. 가정에서 사랑과 지원을 받고 가족의 한 구성원으로 가족들에게 도움을 주는 아이는 다른 사회 집단에 쉽게 어울리고 또래 집단의 압박에도 잘 저항한다.

아이의 안전에 관심을 기울이고 아이의 활동을 약간 통제하고 싶어 하는 것은 당연하다. 그러나 아이는 부모가 자신을 믿어 주길 바란다. 아이가 통제 받고 있다고 느끼지 않으면서 아이가 있는 곳과 하는 일을 부모가 알 수 있는 방법을 찾기 위해 아이와 협상해야 한다. 아이가 다른 집에 머물거나 파티에 갈 경우 그곳에 아이들을 돌볼 어른이 있는지 확인해야 한다. 필요하다고 느끼면 정해진 시간에 전화를 해서 계속 연락을 취할 수 있다. 아이는 당신의 전화를 받으면 당황하고 때로는 분개할지도 모른다. 하지만 부모가 자신을 사랑하고 자신의 안전에 관심이 있기 때문이란 것을 알면 이해하고 잘 받아들이게 된다.

<아이와 함께할 수 있는 활동들>

1. 아이가 친구들의 특징 가운데 가장 중요하게 생각하는 것이 무엇인지 물어본다. 친구들이 그 특징을 보이는 정도를 평가해 보게 한다.

2. 가족 구성원들이 속한 집단과 그 안에서 집단 구성원으로 해야 하는 행동들에 대해 이야기를 나눈다.

3. 자신의 가치관과 친구의 가치관이 달라지기 쉬운 상황, 어쩌면 친구와 맞서게 되는 상황을 묘사해 보라고 한다. 그러한 상황에서 아이가 어떻게 행동하고 무슨 말을 할지 물어본다.

아이가 자신을 지원해 줄 사람을 찾도록 돕기

친구나 멘토, 도움을 주고 길을 안내해 줄 어른은 아이에게 크나큰 재산이다. 멘토 역할을 하는 어른은 아이가 범죄와 폭력을 포함한 일탈 행동을 단념하는 주요한 요인이 된다고 입증되었다. 멘토는 아이에게 매우 큰 이점을 가져다준다. 아이가 정말로 존경할 만한 사람, 아이와 따로 친분을 쌓으면서 조언과 도움을 받을 수 있는 사람이 있는지 아이와 함께 찾아본다.

아이는 어른뿐만 아니라 자신의 관심사와 가치관, 판단을 공유할 친한 친구를 사귀어야 한다. 당신은 아이가 긍정적인 영향을 받을 수 있는 친구를 사귈 수 있게 분위기를 조성할 수 있다. 아이의 친구를 집으로 초대해 친분을 쌓고 당신의 가치관을 알려 준다. 가끔은 아이의 친한 친구들을 가족 구성원으로 포함시켜 당신의 자녀를 도와주게 하고 당신의 기준이나 가치관을 알게 한다. 게임을 하거나, 영화를 보러 가거나, 야유회를 갈 때 아이의 친구들을 초대한다.

다른 사람을 돕도록 격려하기

아이들은 다른 사람을 위해 일하거나 그들이 행복한 삶을 살도록 도와준 후 느낄 수 있는 만족감을 경험해야 한다. 좋은 일에 시간과 노력을 들였을 때 자기 자신을 더 좋게 느끼고 더 가치 있는 사람으로 생각하게 된다. 아이에게 다른 사람의 욕구를 민감하게 받아들이는 법을 가르쳐서 아이의 공감 능력을 키워 주어야 한다. 이를 위해 이야기책이나 텔레비전에 등장하는 인물들과 그 인물들이 느끼는 감정을 함께 이야기해 본다. 아이가 친구들과 함께 있을 때 용기 있게 행동하고, 다른 사람을 대신하여 정의를 실행할 수 있게 격려한다. 다른 사람을 괴롭히거나 놀리고 차별하지 못하게 함으로써 아이가 정의감을 갖게 한다.

아이의 자존감을 형성하는 효과적인 방법은 아이가 다른 사람들이 자신을 소중하게 여긴다고 느끼게 하는 것이다. 가족들은 서로 도울 수 있다. 집안일을 함께하고, 가족의 일을 함께 책임지고, 목표를 달성하거나 습관을 바꾸기 위해 다른 가족이 어떤 도움을 필요로 하는지 가끔씩 물어본다. 아이는 자신이 다른 사람에게 도움을 주고 있다고 느낄 때 자신이 중요하다고 여긴다. 그래서 아이가 집안일을 함께하고 다른 사람을 돕는 방법을 배우는 일이 중요하다.

미취학 아동들은 집안일을 도우면서 자존감이 생길 수 있다. 아이는 자라면서 점점 더 중요한 방법으로 가족들을 도와준다. 가족뿐만 아니라 다른 사람들을 도우면서 자신의 가치를 느낄 수도 있다. 아이와 함께 질병이나 장애로 바깥출입을 못하는 사람들을 도와주거나 봉사 활동을 한다. 이러한 활동을 하면서 부모는 아이에게 좋은 본보기를 보여 줄 수 있고, 아이도 자신이 다른 사람에게 도움이 될 수 있다고 느끼게 된다. 아이는 다른 사람을 도우면서 자신이 인정받았다고 느끼고 스스로 가치 있는 존재라고 생각하며, 사회의 한 구성원으로 받아들여지고 참여했다고 느끼게 된다. 지역 공동체의 일을 함께하면서 당신은 멘토 역할을 수행할 수 있고 본보기를 보일 수 있으며, 가족의 유대감도 더 강해진다.

봉사 활동에 참여하면서 아이는 사회적 기능뿐 아니라 베푸는 일의 가치도 배운다. 아이가 얻는 감정은 게임을 하거나 만화를 보거나 친구와 노는 일과 같이 단순히 즐거움만을 추구하는 활동보다 훨씬 더 중요하다. 아이는 이러한 활동을 통해 자기 자신의 가치를 느낄 수 있기 때문이다.

자기 자신의 욕구를 충족시키기 위해 일을 하는 사람보다 다른 사람의 욕구를 충족시키기 위해 일을 하는 사람이 내적 만족도가 더 높다. 다른 사람의 행복에 도움이 될 때 사람들은 유대감을 형성하고, 성숙하며, 많은 분야에서 중요한 기술을 개발한다. 이들은 다른 사람의 삶의 질을 향상시키는 활동에 관심을 모은다. 다른 사람들에게 자신이 필요하다고 느끼고 그들이 잘 살 수 있게 도와주는 일은 교사, 의사, 간호사, 경찰, 성직자들에게 동기를 부여하는 주요한 힘이다. 아이가 이 분야에 종사하든 그렇지 않든 간에 봉사 활동의 즐거움을 경험하는 일은 중요하다. 아이들이 다른 사람의 삶의 질을 향상시키는 활동을 중요하게 생각하도록 격려해야 한다.

부모가 아이를 위해 모든 것을 해 준다면, 아이는 자기 자신을 부적절하고 중요하지 않은 존재로 여기기 쉽고 자신이 처한 상황에 좀처럼 만족하지 못할 것이다. 아이의 관심이 자기 자신 이외의 사람들과 그 사람들의 행복에 맞추어졌을 때 비로소 아이는 생산적으로 삶을 영위하는 데 필요한, 자기 자신의 존재에 대한 존엄성과 자존감이 생긴다. 또 자신의 에너지를 바깥으로 내뿜어 '문젯거리'들이 사라지게 함으로써 자신에 대한 부정적인 감정을 품지 않게 된다.

>>>

아이는 다른 사람들의 눈에 중요하게 비치고 인정을 받기 위해 애를 많이 쓴다. 그러나 가족에 대한 소속감이 강하면 또래에게 인정받기 위해 극단적으로 행동하지 않는다. 그래서 가족들이 함께 시간을 보내는 일이 매우 중요하다. 아이가 가족들이 추구하는 가치를 알고, 가족회의에 참여하며, 함께 결정을 내리는 경험을 하게 되면 또래들 사이에서 일어나는 갈등이나 또래 집단의 압력에 잘 대처할 수 있다. 또 다른 사람을 돕는 일의 가치를 경험하면 자신의 가치나 소속감을 더 단단히 하게 된다.

6장

네 번째 열쇠 : 목적의식 고취하기

"목표가 있으면 목적이 생긴다. 목적이 있으면 믿음이 생긴다. 믿음
이 있으면 용기가 생긴다. 용기가 있으면 열정이 생긴다. 열정이 있으면
에너지가 생긴다. 에너지가 있으면 생명이 생긴다. 생명이 있으면 곤경
과 장애를 뛰어 넘을 수 있다."

— 밥 리처드

〉〉〉

'목적 있는 육아'를 위해 육아에서 원하는 결과를 분명히 해야 하
는 것처럼 아이도 자신의 삶에서 목적을 분명히 정해야 한다. 아이
는 자신의 삶이 중요하다는 점과 지금 하고 있는 일이 자신이 성취하
고 싶은 것 혹은 되고 싶은 것과 관련이 있다는 점을 느낄 필요가 있
다. 동기, 확신, 투지, 인내, 진실성, 윤리적 가치와 같은 성격 특성은
모두 목적의식이 있어야 길러질 수 있다.

우리는 대부분 아이들이 호기심과 배우고 성취하고자 하는 욕구
를 동기로 행동하기를 바란다. 아이들이 인간의 고차원적인 욕구와

가치를 위해 노력하고, 자신이 추구하는 성장의 유형을 스스로 결정하기를 바란다. 근본적인 가치관을 근거로 옳고 그름을 확실히 구분해서 진실 되게 행동하고 살아가기를 바란다. 또 대부분의 부모들은 아이들이 다른 사람과 비교해서 자신의 가치를 측정하기보다 내적 만족감을 즐기고, 의미 있고 충만한 삶을 이루기를 바란다.

목적의식을 동기로 행동하려면 아이들은 안전감, 긍정적인 자기 개념이나 정체성, 소속감을 먼저 형성해야 한다. 그러면 동기의 내적 요인이 자연스럽게 따라와 아이가 다른 사람에게 비치는 자신의 인상을 걱정하지 않고 당면 과업에 집중하게 된다. 안전하지 않다고 느끼거나 다른 사람에게 거부당한 적이 있거나 자신을 형편없는 사람으로 생각하는 아이들은 이러한 부정적인 감정을 보상 받으려는 동기가 생겨 다른 사람들에게 인정받는 일에 집중한다.

불행히도 사회라는 집단 안에서 살아가는 아이들은 자신과 남을 비교하게 된다. 운동도 잘해야 하고, 매력적으로 보이기도 해야 하고, 돈도 많이 벌어야 하고, 최신 기술도 습득해야 한다. 다른 사람들보다 더 뛰어나야 한다고 생각하는 사람들은 자만심이 생기기 쉽고 자신의 가치를 잘못 인식하기 쉽다. 연구에 따르면 이러한 사람들은 남들보다 스트레스를 더 받고 약물이나 술에 의존하거나 식이 장애 때문에 괴로움을 겪기 쉽다고 한다. 자존감을 키우기 위해서는 자신의 인생에 대한 책임을 지고 긍정적인 관계를 형성하며 자신의 발전을 위해 노력하는 일이 중요하다. 어느 분야에서 발전하고 싶은지, 어떤 기술을 개발하고 싶은지를 확인하고, 그 목표를 이루기 위해 집중해야 한다.

많은 아이가 청소년기에 목적의식을 잃어버린다. "지루해." 또는 "학교는 너무 지겨워."와 같은 말을 종종 한다. 학생들은 가야 할 방향이 없거나 자신의 삶에서 중요한 것이 무엇인지 알지 못하면 동기가 생기지 않고 전력을 다해 노력하기도 어렵다. 이런 학생들은 쉽게 산만해지고 오랫동안 에너지를 낭비한다. 부모나 선생님에게서 열심히 공부하라는 소리를 들으면 분개하거나 반항한다. 이 학생들 가운데 많은 수가 성공하기 위해 애쓰는 일은 노력이 너무 많이 필요하다고 생각하고 이내 포기한다. 이상한 일은 그들이 성공했을 때조차도 자신의 노력이나 능력 때문에 성공했다고 믿기보다는 선생님들이 자신을 좋아했거나 단지 운이 좋았기 때문이라고 믿는다는 것이다. 그래서 이 학생들에게는 내적 만족감이라는 동기 요인이 좀처럼 보이지 않는다.

따라서 목적의식이 없는 아이들이 약물이나 알코올 남용, 십 대 청소년 임신, 범죄와 폭력, 학교 중퇴와 같은 일탈 행동에 더 쉽게 가담하는 것은 이상한 일이 아니다. 자살을 시도하는 아이에게 삶은 아무런 의미가 없고 목적은 더더군다나 없다. 반면에 되고 싶은 것 혹은 하고 싶은 일이 뚜렷한 아이들은 일탈 행동에 가담하는 일이 적다.

이러한 사실은 경찰들이 로버트가 교육감으로 일하고 있는 학교 구역을 조사한 후 분명해졌다. 경찰들은 마약을 손쉽게 구할 수 있는 이 지역에서 약물을 남용하는 학생들이 거의 없는 이유를 조사했다. 많은 학생이 인터뷰에서 이렇게 대답했다. "마약을 어디에서 구할 수 있는지 알고 있어요. 하지만 내 인생에는 마약에 빠져드는 일보다 더 중요한 일들이 많거든요." 마약 문화에 일찍이 등을 돌린 이 학생에게는 미래에 대한 개인적인 비전이 있기에 마약에 빠져드는 일은 가치가 없는 것이다. 이 학생들은 잠시 '기분이 좋아지기' 위해 마약을 사용하면 자신의 꿈을 이룰 수 있는 기회가 파괴되기 쉽다는 것을 잘 알고 있다.

목적의식이 있는 아이들은 자신이 무엇을 하기 위해 노력해야 하고, 왜 그것을 해야 하며, 장거리 목표에 그 일이 어떻게 들어맞을지를 의식적으로 생각한다. 그리고 자신의 에너지를 분명하게 집중한다. 이 아이들은 목적의식을 갖고 자신의 일을 수행하기 때문에 성공하기가 더 쉽다. 자신의 목표를 정해서 그 목표를 스스로 이룬다. 그 결과 학업을 통해 만족과 즐거움을 느끼고 미래를 긍정적으로 바라본다. 아이들이 동기를 갖는 일은 재미를 추구하는 일일 수 있다. 혹은 무엇인가를 탐험하거나 이루려는 일일 수도 있고, 형성하거나 이해하거나 탐구하는 일일 수도 있으며, 무엇인가에 기여하는 일일 수도 있다. 그러나 이 아이들이 동기화되는 원천은 자신에 대한 다른 사람들의 판단과 같은 외부 요인이 아니라 자신의 내적 요인에 있다.

어떤 아이들은 삶에 대한 목적을 지닌 채 태어난 것처럼 보이기도 한다. 이 아이들은 처음부터 자신이 원하는 것을 알고 그것을 하기 시작한다. 의사나 음악가가 되기를 항상 원했던 아이가 자신의 에너지와 시간, 학습을 그 목표를 이루는 데 온통 쏟았다는 이야기를 들어봤을 것이다. 혹은 부모가 아이를 도울 수도 있다. 아이가 어떤 활동을 할 때마다 자신의 목적과 의도를 자각할 수 있게 훈련하여 앞서 말한 아이들과 같은 집중력을 길러 줄 수 있다.

〈아이와 함께할 수 있는 활동들〉

1. 아이가 어떤 활동을 시작하기 전에 목적이 무엇인 지, 그 활동을 통해 무엇을 배우고 싶은지 물어본 다. 아이가 활동을 마쳤을 때 처음에 세운 목적을 달성했는지 생각해 보게 한다.

2. 아이가 영웅으로 밝혀지는 이야기를 당신이 직접 만들어 본다. 아이도 자신이 중심이 되는 이야기를 만들어 보게 한다.

3. 갖추고 싶은 특성, 다른 사람에게 비치고 싶은 모 습, 세상을 위해 하고 싶은 공헌에 대해 아이가 품 고 있는 꿈을 들어본다.

믿을 만한 연구에 따르면, 아이에 대해 기대를 높이 갖는 것이 아이가 학업에서 목표를 세워 성취를 이루는 데 중요하다고 한다. 아이가 동기가 부족하고 자기 능력 이하로 성적을 내는 이유 가운데 하나가 아이에게 기대를 명확하게 전달하지 않았기 때문이라는 연구 결과가 있다. 부모가 자녀에게 기대를 높이 가질 때 그 기대가 현실적이라면 아이는 대개 그 기대에 미치기 위해 노력한다. 아이의 나이와 능력, 그리고 아이가 실제로 성취할 수 있는 정도로 기대치를 설정한다. 아이가 타고난 능력이 없는데도 스타 운동선수나 성적이 매우 우수한 학생이 되기를 기대해서는 안 된다. 당신이 친구나 친척들의 자녀 혹은 손위 형제자매에게 기대했던 것에 근거해서 아이에 대한 기대치를 정해서도 안 된다. 아이의 능력 이상으로 기대를 하면 아이는 좌절하고 실패하고 동기를 잃게 된다. 당신이 아이에 대해 느끼는 대로 기대를 하면 가장 현실성이 있을 것이다. 아이가 학교에서 어려움을 겪고 있거나 중요하게 생각하는 특정 분야에서 어려움을 겪고 있을 때 현실적인 기대는 특히 중요하다.

기대치는 아이에게 품고 있는 꿈, 희망, 오랜 시간 후의 목표에 근거해서 정한다. 당신이 품고 있는 이러한 꿈, 희망, 목표를 아이에게 알려 주어 아이가 자신의 능력에 대해 부모가 어떻게 생각하는지 아는 것이 중요하다. 부모가 아이에게 거는 기대는 아이의 학교생활에 대한 기대와 음악적 수준, 습득할 수 있는 운동 기술에 대한 부모의 믿음과 관련이 있다. 또 아이가 어떤 종류의 사람이 되기를 원하는지와 관련이 있을 수도 있다. 그래서 아이에게 가장 중요하다고 생각되는 자질을 결정하는 일이 중요하다.

아이와 함께 기대 수준을 정할 때 협상할 수 있는 여지를 남겨 두어야 한다. 아이가 부모의 의견에 동의하는 일이 중요하다. 또한 기대를 말할 때 특정한 용어나 특정한 성취 수준으로 말하지 않고 일반적으로 말하는 것이 도움이 된다. 일반적으로 말하는 방법은 아이가 발전하기를 바라는 분야를 이야기하는 것이다. 예를 들어 아이에게 독서 수준 향상이나 수학 계산 속도 향상을 기대한다면, 정확한 수준을 명시하지 않고 독서나 계산 속도라는 분야만 말할 수 있다.

효과적으로 기대를 표현하는 방법은 아이의 도전의식을 자극하는 것이다. 예를 들어 이렇게 말할 수 있다. "이번 주에는 받아쓰기 시험에서 네 단어 더 맞출 수 있을 것 같지 않니?" 혹은 "한 시간 말고

30분 만에 이 숙제를 끝마칠 수 있을지 한번 보자." 혹은 "이 과목에서 점수가 오르는 것을 보고 싶구나."라고 말이다. 이렇게 말하면 아이는 도전할 기회를 얻고 그 안에서 재량을 발휘해 나름대로 성취 수준을 정할 수도 있다. 도전은 실패에 대한 두려움을 줄이고 성취에 대한 욕구를 자극한다. 도전은 또 부모가 기대치를 너무 높이 잡았을 때 수정하기에 더 용이하다.

기억하라! 아이가 스스로 동기를 부여하는 일은 장기적으로 봐야 하는 목표이고 아이가 중요하다고 여기는 분야에 대해 기대치를 정할 때 아이도 함께 참여해야 한다. 그래서 그 분야에서 성과를 올릴 수 있는 방법에 대한 토론을 아이가 시작하게 하는 것이 적절하다. 아이가 자의식을 형성하는 것을 도울 때는 반드시 아이의 관심 분야와 적성을 살펴야 한다. 또 부모와 자녀 모두 현실적이고 적절하다고 느끼는 기대치를 정하기 위해 노력해야 한다. 아이의 말을 경청하라. 아이의 생각을 신중히 고려하라. 그리고 아이가 미래를 위해 품고 있는 소망과 꿈이 무엇인지 물어보라.

∼ 아이의 관심 분야와 안전지대 확장하기

아이들은 새로운 경험을 할 때 동기 부여가 잘 된다. 아이들에게 낯선 주제나 사물을 탐험할 새로운 기회, 새로운 취미, 새로운 게임을 소개한다. 새로운 기술을 배우고 새로운 경험을 탐험하고 새로운 주제에 관해 호기심을 자극 받는 일은 모두 동기 수준을 높이는 효과적인 방법이다. 먼저 정서적으로 안전함을 느끼면서 모험에 도전해

볼 분위기, 시도 자체에 초점이 맞추어지는 분위기를 만들어야 한다. 이 말은 아이가 성공하지 못했다 하더라도 조롱하면 안 된다는 것을 의미한다. 당신의 열정과 관심을 나누어 주어 아이의 관심 분야와 재능을 확장시키는 일을 시작해야 한다. 가능하다면 당신이 추구하는 일에 아이들을 참여시키고 그 일이 당신에게 중요한 이유를 아이와 함께 이야기한다.

아이들의 미적 감각과 예술 및 음악을 감상하는 능력을 키운다. 아름답거나 평화로운 모습에 당신이 감탄한 광경이나 장면을 보여 준다. 로버트는 자신이 나비, 꽃, 단풍, 일몰, 경치와 같은 자연을 감상하고 자연에 대해 강한 경이감을 갖고 있는 것은 할머니 덕택이라고 말한다. 할머니는 로버트가 어렸을 때 자연에 대한 경이감을 항상 말해주었다고 한다. 할머니는 경이감을 표현하는 일에 굉장히 열정적이어서 시까지 썼다. 할머니의 열정과 경이감은 전염성이 있어서 로버트에게까지 영향을 미쳤다. 아이와 함께 콘서트 장이나 미술 전시회에 가라. 아이는 이러한 경험을 통해 악기를 배우거나 그림을 그리고 일을 계속하게 된다. 로버트는 아홉 살 때 처음으로 교향악단 연주회를 보고 악기를 배우고 싶은 마음이 들었던 것을 기억한다. 그리고 지금도 여전히 악기 연주를 즐긴다.

아이가 지루해 하거나 침체되어 있을 때 아이의 관심 분야와 안전하게 느끼는 영역을 넓히기 위해 할 수 있는 몇 가지 일이 있다.

— 동물에 대한 관심을 자극하기 위해 동물원에 데리고 간다.
— 공장이나 사무실 등 업무 현장을 방문한다.
— 새로운 주제에 대한 정보로 아이를 자극한다.

― 역사적인 장소에 간다.

― 흥미로운 직업에 종사하는 사람과 대화를 나눈다.

― 예술제나 음악회에 참가한다.

― 새로운 놀이를 개발한다.

― 텔레비전에서 방영하는 동물이나 다른 나라에 관한 방송과 같
  은 교육적인 프로그램을 보여 준다.

아이가 작업할 만한 여러 가지 다른 재료를 제공해 준다. 예를 들어 연장, 요리 재료, 새로운 컴퓨터 프로그램, 미술 용품, 뜨개질 재료, 읽을 만한 새로운 잡지나 책 등이 있다. 아이에게 새로운 관심거리나 취미가 생기면 새로운 기술을 배울 기회가 늘어난다. 이러한 관심거리 중에는 금방 시드는 것도 있지만, 아이가 새로운 기술을 배우고 관심거리를 늘리며 지식을 쌓을 수 있는 것도 있다. 부모와 아이가 함께 배우고 새로운 경험을 시도하면 아이에게 좋은 모델이 될 수 있다.

때때로 부모들은 자신이 비용을 지불해야 하는 피아노와 같은 악기 수업이나 유도나 스케이트 수업, 아이가 배우고 싶어 하는 다른 관심거리가 투자할 만한 가치가 있는지 궁금해 한다. 한 가지 소개할 원칙은 가계의 수입과 지출을 맞추기 위해 아이와 약속을 하는 것이다. 아이의 용돈으로 수업료를 지불하거나, 한 달이나 6주 정도 주어진 기간 동안 계속해서 배워야 한다는 약속을 할 수 있다. 기간을 정해 아이가 당신을 돕도록 요구할 수도 있다. 약속한 기간이 지나

면 앞으로 계속 투자할 만한 가치가 있는지 결정한다. 새로운 노력을 시도하는 아이에게 반응을 보이기 위해 시간과 돈을 들이는 것은 그럴 만한 가치가 있다.

우리에게는 모두 안전지대가 있다. 그곳에서 우리는 우리가 바라는 것을 알고 편안하게 역할을 수행한다. 불행히도 어떤 사람들은 이 안전지대를 결코 확장하지 못한다. 따라서 이 사람들은 변화나 새로운 상황에 직면할 때마다 스트레스가 상당히 증가한다. 삶에 관한 한 가지 사실은 우리의 미래는 변화로 가득 찰 것이라는 점이다. 아이들이 새로운 상황을 시험해 보도록 격려해서 변화에 익숙해지게 해야 한다.

— 아이들이 위험을 무릅쓰고 새로운 무언가를 배우게 격려한다.

— 아이들이 새로운 기술을 한 가지씩 개발하게 한다.

— 아이들이 여러 사람 앞에서 말할 기회를 갖게 격려한다.

— 아이들이 다른 문화에서 온 사람들과 이야기를 나누게 한다.

— 아이들에게 새로운 음식을 소개한다.

— 새로운 장소에 데리고 간다.

— 아이와 함께 새로운 언어를 배우려고 노력한다.

아이가 위험을 무릅쓰거나 새로운 경험을 시도할 용기를 냈을 때, 성공 여부를 떠나 아이의 용기를 반드시 인정해 주어야 한다. 여러 가지 다양한 상황을 접해 본 아이는 익숙하지 않은 역할을 수행해야 하는 또 다른 상황에서도 편하게 느끼기 쉽다.

아이의 관심 분야를 넓힘으로써 아이는 무언가를 배우거나 새로운 친구를 사귈 기회가 열려 있는 환경에서 자극을 받을 수 있다. 그리고 무엇보다 중요한 것은, 아이들의 일반적인 동기 수준을 높일 수 있다.

〈아이와 함께할 수 있는 활동들〉

1. 아이가 적어도 한 달에 한 번씩은 다른 종류의 책을 읽거나 새로운 기술을 습득하거나 새로운 관심 분야를 조사하거나 다른 집단의 사람들을 만나고 다른 종류의 음식을 먹어 보고 새로운 친구를 찾아보게 격려한다.

2. 아이가 배우고 싶고 당신도 도와줄 수 있는 기술이나 재능을 아이가 발견하게 한다. 그러고 나서 이것을 시작할 수 있는 최선의 방법을 계획한다.

3. 아이에게 성공한 사람들을 소개한다. 사회에 크게 공헌한 사람들의 이야기를 들려준다. 도서관에서 전기를 찾아 아이와 함께 읽거나 아이가 스스로 읽게 한다. 위인들이 성공하거나 위대해질 수 있었던 특성을 이야기해 본다.

인생의 잣대가 될 가치관 형성하기

아이들의 동기는 부모가 원하는 유형의 사람이 되려는 바람에서 나온다. 따라서 당신이 가장 중요하다고 믿는 가치관과 개인적 특성을 아이에게 명확히 알려 주어야 한다. 이러한 개인적인 특성에는 정직, 다른 사람에 대한 걱정과 배려, 손윗사람에 대한 존경, 신뢰성, 자신과 다른 사람에 대한 관용, 주도성, 자연에 대한 사랑, 주변 상황에 대한 민감성, 애국심 등이 속한다.

당신이 자랄 때 중요하게 생각한 가치관과 현재 가장 소중하게 여기는 가치관을 아이에게 이야기해 준다. 당신은 어떤 가치관에 따라 살아가는가? 물론 가치관에 따라 행동하는 모습을 직접 보여 주고 '말한 것을 실천하는 일'이 가장 중요하다. 아이들은 생각해 볼 것도 없이 위선을 바로 알아낸다!

더 어린 아이들에게는 당신이 중요하게 생각하는 특성을 지닌 주인공들이 등장하는 이야기책을 읽어 주는 것이 좋다. 또 다른 방법으로는 아이가 진심으로 존경할 만한 역할 모델이나 모범이 되는 사람을 찾아보게 하는 것이다. 불행히도 아이들이 영웅으로 생각하는 사람들 가운데는 존경할 만한 특성이 전혀 없는 사람이 많다. 예를 들어 어떤 운동선수는 너무 자기중심적이고 자신의 생각이나 감정을 제대로 표현하지 못해 역할 모델로 적절하지 않다. 또 마약을 하거나 배우자를 학대해서 결국엔 감옥에 간 축구 영웅이나, 텔레비전에서 대부분 부모들이 딸에게 허락하지 않을 그런 종류의 옷을 광고하는 록스타 등도 역할 모델로 별로 좋지 못한 예다. 그러나 운동선수들이 보여 주는 투지, 용기, 자신의 일에 대한 몰두는 존경할 만하다. 아이에게 자신이 가장 좋아하는 영웅을 선택하게 하고, 어떤 특성 때문에 그 인물을 좋아하는지 물어본다. 자기 자신은 그 특성을 지녔다고 생각하는지 물어본다. 어떤 특성을 갖추고 싶은지도 물어본다. 2001년 9월 11일 이후로 아이들은 소방관이나 경찰관이나 군인을 종종 말하는데, 그 까닭은 이들이 보여 준 용기 때문이다. 때로는 아빠, 엄마를 자신의 영웅이라고 말하기도 하고 조부모라고 대답하는 경우도 꽤 있다!

신속한 회복력은 아이와 어른이 모두 존중할 만한 특성 가운데 하나다. 신속한 회복력이란 역경을 극복하고 어려움과 환경에 굴하지 않는 능력을 말한다. 아이들이 이 능력을 소중히 여기도록 하기 위해 소아마비를 극복하고 육상선수가 된 윌마 루돌프나 암을 이겨 내고 사이클 선수로 성공한 랜스 암스트롱같이 역경을 이겨 내고 영웅이 된 인물들의 이야기를 읽어 주어라. 영화 〈불의 전차*Chariots of Fire*〉도 자극을 줄 수 있는데, 이 영화는 올림픽 육상 금메달리스트인 두 영국 선수에 대한 이야기다. 한 사람은 평화에 대한 신의 메시지를 전파하려는 욕구에 의해 동기 부여가 되었고, 다른 사람은 반유대주의와 싸우려는 자신의 욕구에 의해 동기 부여가 되었다.

많은 부모가 자녀에게 이상을 향한 헌신과 열정을 바란다. 아이는 부모의 행동을 보고 가장 잘 배우기 때문에 당신이 대의명분을 위해 혹은 취미나 관심을 위해, 다른 사람을 돕기 위해 열정을 보여 줄 때 아이에게 그러한 가치관을 가장 잘 전달할 수 있다. 아이들은 관심 있는 분야를 열정적으로 느끼고 관련 활동에 완전히 몰입할 수 있어야 한다. 견해가 확고한 대의명분에 대해 아이들과 이야기를 나누고 그 대의명분이 당신에게 왜 중요한지 아이들이 이해할 수 있게 설명한다. 그러면 아이들도 자신의 이상에 대해 입장을 강하게 굳히고 그 이상을 위해 전념할 수 있을 것이다.

아이가 최신판 비디오게임, 최신 유행하는 신발이나 옷, 최근 출시된 새로운 장난감과 같은 물건을 소유하고 싶은 욕망에 집착하는 것을 걱정하는가? 많은 가정에서 이러한 문제를 공통적으로 겪는다. 아이가 돈 문제에 대한 책임감을 기르고 즐거운 일을 나중으로 미룰 수 있는 능력을 기를 만한 한 가지 방법은 아이를 데리고 가서 당장이나 또는 앞으로도 살 의사가 없는 물건을 둘러보는 것이다. 예를 들어 아이를 데리고 최근에 나온 텔레비전이나 새로운 레저용 자동차를 보러 간다. 지금은 이 물건을 살 돈이 충분하지 않아 살 수는 없지만, 물건의 가격을 확인하고 그것을 사려면 앞으로 돈을 얼마나 모아야 할지 따져 보는 중이라고 설명한다. 이런 모습을 본 아이는 우리가 원하는 것을 모두 살 수는 없지만 그저 구경하고 앞으로 살 꿈을 꾸는 것은 괜찮다는 것을 알게 된다.

〈아이와 함께할 수 있는 활동들〉

1. 텔레비전이나 영화를 본 후 방금 본 인물들 가운데 존경할 만한 사람의 특성에 대해 이야기한다. 훌륭한 역할 모델이 될 만한 인물을 고르고, 그 사람처럼 될 수 있는 방법에 대해 아이의 이야기를 들어 본다.

2. 좋은 평판을 듣는 것이 왜 중요한지 이야기한다. 좋은 평판을 들으면 어떤 점이 좋은지 토론한다. 그리고 그 평판이 얼마나 빨리 무너질 수 있는지도 이야기해 본다.

3. 아이가 삶의 잣대로 삼고 싶은 특정한 가치관을 정하게 한다. 그 가치관이 왜 중요하다고 생각하는지 물어본다. 당신의 가치관을 알려 주고 그 가치관이 어떻게 생기게 되었는지 이야기해 준다.

아이들은 대부분 세상에 어떻게 적응해야 할지 그리고 무엇을 하며 살아야 할지 궁금해 한다. 어떤 아이들은 외로움을 느끼지만, 자기와 자신보다 큰 그 어떤 것과의 관계는 보지 못한다. 이것은 우울하고 충격적인 일이다. 인간은 선천적으로 정신적인 것을 추구한다. 정신적인 것이 꼭 종교적인 것을 의미하지는 않는다. 이것은 자기 자신보다 위대한 어떤 것, 삶에 의미와 목적을 부여하는 그 어떤 것과 자기 자신을 적극적으로 동일시하는 행위다. 자신을 정신적인 그것에 연결하고 믿음을 가지면 아이는 자신이 소중한 존재임을 깨닫게 되고 누군가가 자신을 믿어 준다고 느끼게 된다. 아이들은 자신이 신성한 힘과 정신적으로 연결되어 있다고 느낄 때 더 편안하고 행복하다. 그 신성한 힘은 신, 여신, 영혼, 태초의 힘, 우주의 힘, 고차원적 힘 등 어떤 형태라도 괜찮다.

이러한 정신적인 그것은 근원적이고 우리 안에 존재하는 창조력이라는 개념에 기반을 두는데, 이 힘은 우리 자신을 포함한 우리 삶전체에 스며들어 있고, 이 힘을 통해 우리는 자연과 우주 전체에 연결된다. 아이에게 이렇게 말할 수 있다. 우주에는 전체를 아우르는 종합 계획이 있는데 너희들이 그 계획의 일부라고. 아이들은 자신이 보는 모든 사물에서 아름다움을 봐야 한다. 그리고 모든 사람들에게 내재되어 있는 선함을 봐야 한다. 세계는 선하고 긍정적이고 소중한 것이라고 생각해야 한다. 작가이자 현대종교 연구소인 베네트비전의 사무국장인 조안 치티스터는 이렇게 표현했다. "우리는 우리가 형성한 정신적인 것을 필터로 세상을 바라보고, 정신적인 것을 한계로 삼고 살아간다.”

정신적인 그것의 씨앗은 아이가 어렸을 때 심어져서 아이가 성숙함에 따라 점점 발전한다. 당신의 믿음을 아이와 토론함으로써 아이가 정신적인 것을 느끼게 도울 수 있다. 아이와 함께 기도를 하거나 예배를 드리고, 음악에서 즐거움을 찾고, 아이가 기도하고 명상하는 것을 돕고, 아이가 생산적인 삶을 살고, 계획이나 목적을 달성하도록 돕는 것으로 아이의 정신적 관계를 향상할 수 있다. 이러한 정신적 연결은 다른 사람의 이익을 위해 애쓰는 사람들을 도움으로써 느낄 수 있는 만족감을 경험하면 더 깊어질 수 있다. 다른 사람들의 행복을 함께 걱정하고 그 사람들, 특히 자신보다 도움이 더 필요한 사람들이 더 나은 삶을 살도록 돕는 일에 동참함으로써 아이들은 이러한 목적의식을 갖게 된다.

미래에 대한 꿈 세우기

아이와 미래에 대한 이야기를 나눈다. 이것은 아이의 동기를 강화시켜 준다. 아이가 어른이 되면 세상의 어떤 점이 달라지고 어떤 점이 비슷할지 토론한다. 많은 아이가 미래에 대해 잘못 생각하고 있거나 전혀 생각하지 않는다. 미래가 어떻게 변할 것 같은지 물어보면 우주선이나 공상 세계를 떠올리는 아이들이 많다. 아이와 함께 미래에 대한 다양한 시나리오를 생각해 보라. 당신이 살아오면서 겪은 변화를 이야기해 주고 아이가 학교를 졸업할 때까지 일어날 수 있는 변화에 대해 추측하게 한다. 변하지 않고 그대로일 것 같은 것에 대해서도 물론 이야기를 나누어 아이가 살아갈 미래가 오늘날의 모습과 근본적으로는 비슷할 거라는 점을 이해하게 해야 한다. 아이가 대학에 가는 일이나 미래 교육의 중요성에 대해 당신이 생각하는 점을 아이에게 알려 주어야 한다. 아이에 대한 비전을 크게 품어 아이가 성취하는 일을 강렬히 원하게 하라! 아이가 커서 어떤 역할을 수행하기를 바라는지 표현해야 한다. 아이가 지니고 있는 강점을 알려 주고 이러한 강점을 어른이 되었을 때 어떻게 효과적으로 사용할 수 있을지 토론한다. 아이가 초등학교에 다닐 때 아이를 데리고 대학교에 가보라. 대학교를 실제로 보는 것은 아이에게 강한 동기가 될 수 있다.

아이는 앞서 언급한 현재 하고 싶은 일을 참고 즐거운 일을 나중에 하는 능력을 기르면서 미래를 생각하는 일을 시작할 수 있다. 아이가 당장 눈앞에 놓인 욕구에 덜 집중하고 멀리 내다보는 일에 더 관심을 둘 수 있게 도와야 한다. 정말로 가치 있는 일을 위해 돈을 절약하거나 자신이 되고 싶은 사람과 하고 싶은 일에 대해 야심을 품어야 한다. 아이가 스스로 할 수 있다고 생각하는 공헌, 발견하거나 개발하고 싶은 것, 해결할 수 있다고 믿는 문제에 대해 생각하도록 격려한다.

아이가 자신의 삶을 스스로 통제할 수 있다고 믿어야 한다. 자신이 살아가는 세계에서 사회 활동가가 하는 일을 해 보게 격려한다. 동네에서 습관적으로 쓰레기를 줍는 것처럼 간단한 일이어도 괜찮다. 학교에서 학생회 활동에 참여하거나 교장 선생님에게 건의하거나 시장에게 편지를 쓰거나 칭찬 받을 만한 일을 하게 격려한다. 아이에게 역할 모델이 되어 주거나 변화를 일으킨 사람들을 알려 준다. 미국의 인류학자인 마거릿 미드의 말을 상기시킨다. "사려 깊고 헌신적이라면 시민, 몇 사람만 모여도 세상을 바꿀 수 있다. 정말로 이것이 지금까지 세상을 바꾼 유일한 방법이다."

아이는 아주 이른 나이에도 자신이 무엇을 이루고 싶은지 생각할 수 있다. 유치원에 다니는 아이와 블록으로 무엇을 짓고 싶은지 또는 무엇을 그릴 계획인지 이야기를 나누어 보라. 그리고 계속해서 아이가 결과에 만족하는지 더 잘하기 위해 다음에는 어떻게 할 것인지 물어보라. 일반적으로 아이가 어릴수록 목표가 작고 목표를 이루는 데 걸리는 시간이 짧다. 아이는 자라면서 더 멀리 내다보고 목표를 세워, 지금 해야 할 일과 하지 말아야 할 일을 명확하게 하는 습관을 길러야 한다. 배우고 싶은 기술과 변하고 싶은 모습, 스스로 하고 싶은 일들을 알아야 한다. 당신이 스스로 세운 목표나 꿈을 아이에게 들려줘라. 그러면 아이는 스스로 목표를 세우는 일이 자연스러운 일이라는 것을 이해하게 된다.

아이가 중요한 목표를 정했다면 그 목표를 이루는 데 전념하는 것이 중요하다. 글씨를 쓸 수 있는 아이라면 자신의 목표를 종이에 쓰게 해서 당신이 필요하다고 생각할 때 가끔씩 아이에게 그 목표를 말해 주는 것이 도움이 된다. 목표를 이루는 데 필요한 것이 무엇인지 이야기를 나누고, 기준을 세우며 목표 달성 여부를 평가하는 방법을 결정하는 일이 중요하다. 목표를 이룰 때까지 또는 당신과 아이가 모두 목표를 수정하거나 새로 정해야 한다는 데 동의할 때까지 아이는 목표를 달성하기 위해 노력해야 한다. 목표를 달성할 날짜를 정해 두는 것도 좋은 방법이다.

아이와 함께 목표를 세울 때 부모는 아이가 목표를 달성하는 데 필요한 도움을 주어야 할 책임이 있다. 아이가 부모에게 어떤 역할과 도움을 원하는지 분명히 말하게 한다.

아이의 능력에 믿음과 신뢰 보여 주기

아이가 목표를 이룰 수 있다고 당신이 믿고 있는 것을 아이에게 먼저 확신시키지 않으면 아이는, 특히 자신감이 부족한 아이는 자신이 목표를 이룰 능력이 없다고 믿기 쉽다. 우리는 다른 사람이 단지 믿어 준 것만으로 불가능하게 느꼈던 목표를 달성한 경험이 많이 있다. 어떤 아이는 방 청소와 같은 일을 너무나 엄청나고 불가능한 일의 영역으로 여기는 듯하다. 당신이 아이의 능력을 믿고 아이가 당신의 믿음을 알 때, 아이는 정해진 목표를 달성하기 위해 노력을 더 기울인다. 특히 아이가 어려운 과제를 할 때는 아이가 목표를 이룰 수 있다고 확신할 때까지 당신이 더 지지하고 안심시켜야 할 필요가 있다. 대부분, 아이가 성공할 능력이 있다고 당신이 믿는 한 아이는 계속 노력한다.

어떤 경우에는 멘토가 아이에게 자신감을 줄 수 있다. 열일곱 살 소녀인 카렌의 경우가 그러한 예다. 만약 길에서 카렌을 봤다면 당신은 그녀를 경계 대상으로 여겼을 것이다. 머리카락은 녹색으로 물들이고, 양 팔에는 문신을 하고, 얼굴에는 링과 보석으로 피어싱을 한 카렌은 거리에서 거의 생활했고 밤에는 엄마와 함께 시애틀 시내에 있는 낡은 고물 자동차에서 잠을 잤다. 그러나 카렌에게는 자신을 믿어 주는 엄마와 멘토 역할을 해 주는 고등학교 선생님이 있었다. 엄마가 카렌이 악기를 연주할 수 있게 격려했고 카렌은 학교 오케스트라에서 바이올린을 배웠다. 카렌이 대학에 갈 형편이 되지 않아 학교를 그만두려고 했을 때, 선생님은 그녀를 믿었기에 학교를 계속 다녀서 대학교 장학금을 신청하자고 말했다. 카렌은 마침내 고등학교를 졸업했고 하버드 대학에서 4년 전액 장학금을 받게 되어 많은 사람을 놀라게 했다. 이것은 모두 카렌을 믿어 준 두 사람 덕분이다!

많은 어른들은 단지 다른 사람의 격려를 받는 것만으로 고무되어 명성과 부를 얻는다. 그러므로 아이를 위한 비전을 크게 품으면 아이에게 힘을 북돋아 주어 아이가 자신이 될 수 있는 최고가 되기 위해 노력하도록 격려할 수 있다.

"이것도 어디 아래 붙여 놓아라."

〈아이와 함께할 수 있는 활동들〉

1. 아이에게 나중에 커서 살고 싶은 집을 그리게 하고 그 집 안을 어떻게 꾸미고 싶은지 이야기하게 한다.

2. 아이의 삶과 미래의 일에 영향을 미칠지도 모르는 발명품과 현재 탐험에 대해 아이와 함께 탐색한다. 미래 성공을 위해 필요한 기술의 종류에 대해 이야기한다.

3. 아이가 목표를 이루기 위해 노력하기 시작할 때, 아이가 부모에게 어떤 도움을 바라는지 그리고 아이가 목표를 이루는 과정에서 부모가 어떤 역할을 수행하기를 원하는지에 대해 아이와 함께 꼭 점검한다.

>>>

아이에 대한 기대를 정한 후 아이에 대한 당신의 희망과 꿈을 알려 준다. 아이는 자신의 미래에 대해 곰곰이 생각해서, 공부를 잘해야 하는 이유와 자신이 원하는 사람이 되기 위해 노력해야 하는 이유, 자신이 하는 모든 일에 동기를 부여해야 하는 이유를 알아야 한다. 아이에게 거는 기대를 명확히 하고, 가족이 함께 추구해야 할 가치를 확고히 하고, 아이가 자신에 대해 자신감을 갖게 하며, 의미 있는 **목표**를 추구하도록 격려해야 한다. 그리고 나서 아이가 목표를 달성하기 위해 노력하도록 도와주면 아이는 목적의식을 확고히 하고 자신이 추구하는 목표에 동기를 부여하게 된다.

7장

다섯 번째 열쇠 : 개인 역량 인식하기

"크게 성공하는 방법은 셀 수 없이 많지만, 자신의 잠재력을 최대한 발휘하는 방법은 그 어떤 것이라도 개개인을 존중하고 우수해지기 위해 노력하며 평범한 것을 거부하는 것에 기반을 두어야 한다."

— 벅 로저스

〉〉〉

다섯 번째 열쇠는 '자신의 능력을 인식' 하는 것이다. 자신의 능력을 인식하는 일은 자신감, 회복력, 독립심을 위해 중요하다. 자신의 능력을 알고 있는 아이들은 살면서 어떤 일이 생기더라도 해결할 수 있다고 자신한다. 이 자신감은 자기 자신에게 힘이 있고, 필요한 기술을 습득하고 있으며, 해결해야 할 문제나 걱정거리, 도전할 일 등에 필요한 자원을 얻는 법을 알고 있다는 믿음이다. 이러한 믿음은 아이들이 다양하게 경험하고 성공을 해 봐야 생기는 것으로 '자신의 잠재력에 대한 조용한 자신감' 이라고 정의 내릴 수 있다. 다시 말하면 아이가 모든 문제에 대해 반드시 해답을 알아야 할 필요가 있는 것이 아니라 지금은 자신에게 단점이 있지만 결국에는 성공할 수 있다고 자기 자신을 믿는다는 의미이다.

아이들이 자연스럽게 자신의 능력을 개발할 수 있는 상황은 아이가 스스로 세운 목표에 도달하도록 도와주는 것이다. 이러한 상황에서 아이들은 문제 해결 능력, 결정을 내리는 능력, 자원을 활용하는 방법, 성장을 평가하는 능력, 성공을 결정하는 능력을 키우게 된다.

긍정적이고 생산적인 태도 형성하기

아이들은 자신에게 일어난 문제를 해결하는 방법에 대한 선택권이 항상 자신에게 있다는 사실을 배워야 한다. 아이들은 비참하고 불행해지는 것을 선택해서 포기할 수도 있고, 행복해지기를 선택해서 자신이 처한 상황에서 최선을 다할 수도 있다. 아이가 자신이 처한 환경에 긍정적으로 접근하는 방법을 선택하면 아이는 더 행복해질 수 있고 더 건강해질 수 있다. 의학 전문가들은 긍정적인 사람이 스트레스를 덜 받고 질병에 걸릴 확률도 적으며, 다른 어떤 의학적 위험 인자보다 '긍정적인 자질'이 건강 상태를 더 잘 예측할 수 있는 요소라고 말한다. 리 안 워맥의 노래 중에 이런 가사가 있다. "선택할 수 있을 때 나는 당신이 춤추는 것을 선택하길 바랍니다."

아이가 꿈을 이루거나 목표를 달성하기 위해 노력할 때 처음에는 성공하지 못할 것처럼 보인다. 아이는 패배하거나 실패할 경우에 대처하는 방법을 배워야 한다. 자녀가 어떤 목표를 향해 노력할 때 이것은 실패나 성공으로 나눌 수 있는 문제가 아니다. 어느 누구도 실패를 좋아하지는 않는다. 하지만, 아이에게 '실패'를 바라보는 건강한 방법을 가르칠 수는 있다. 설령 아이가 완벽하게 성공하지 못했다 하더라도 노력 자체가 주는 수많은 이점을 가르쳐 주어야 한다. 노력하는 과정에서 아이는 새로운 기술을 습득하고, 문제에 접근하는 새로운 방법을 터득하며 새로운 친구를 사귀고 새로운 자원에 대한 지식을 얻게 되며 예상치 못했던 것을 달성할 수도 있다.

아이가 자신이 성장하고 있다는 것을 생각할 수 있게 하라. 예를 들어 자신의 노력을 성공이나 실패의 관점이 아니라 경험이 풍부해지고 통찰력이 향상된다는 관점으로 본다면 아이는 다음번이나 그 다음번에는 성공하기 위해 집중할 수 있다. 인생에서 가장 성공한 사람들은 다른 사람들보다 더 많은 실패를 겪었다는 사실은 이미 오래전에 입증되었다. 스포츠에서도, 사업에서도 그리고 인생에서도 이 말은 사실이다. 성공하기 위해서는 계속해서 노력해야 한다.

목표를 향해 나아가는 과정은 요트에도 비유할 수 있다. 요트는 항해하면서 90% 이상을 예상한 항로에서 벗어나지만 매번 항로를 다시 바로잡는다. 그 까닭은 선장이 가야 할 방향을 알고 있기 때문이다. 아이가 이루고자 하는 것이 무엇인지 기억할 수 있게 도와주고 성공할 때까지 계속 노력하도록 격려해야 한다. 이렇게 함으로써 아이들은 끈기를 기를 수 있다.

부모로서 해야 할 가장 중요한 일은 아이에게 좌절과 실망에 대처하는 모습을 보여 주는 일이다. 어떤 일에 좌절했을 때 화를 참지 못하는 모습을 보이는 부모들은 종종 자신이 아이에게 본보기가 되고 있다는 사실을 잊는다. 당신은 이러한 상황에서 부정적인 본보기보다 긍정적인 본보기를 보여 주고 싶을 것이다. 당신이 무엇을 위해 노력하고 있는지, 그것을 위해 어떻게 할 것인지, 일이 잘 되지 않을 경우 어떻게 대처할 것인지를 아이에게 알려 주어라. 이러한 방법은 아이의 행동에 대한 중요한 본보기가 될 것이고, 당신이 그 어떤 것을 말하는 것보다 아이에게 더 큰 감동을 줄 것이다.

"교장 선생님께서 전화 걸지 않을 명단에 우리 엄마 이름을 넣어 주시겠어요?"

'소산 구조 이론' 에 기여한 공로로 노벨 화학상을 받은 일리야 프리고진은 다른 동물은 물론이고 미생물도 스트레스를 받으면 더 고등한 생명체로 자신을 재조직한다는 사실을 증명하였다. 그러므로 아이들이 스트레스를 많이 받을 때, 실제로는 새로운 기술과 관점 또는 통찰력을 배우고 있는 것이고 다시 그러한 상황에 처하면 스트레스가 훨씬 줄어들 것이다. 아이가 학교에 처음 입학해서 한동안 스트레스가 얼마나 심했었는지 생각하게 하라. 아이는 이제 학교에 가는 일을 당연하게 받아들일 것이다. 이러한 현상은 처음에 스트레스가 심한 다른 상황에도 똑같이 적용될 수 있다.

실수는 일어나게 그냥 두어야 한다. 아이는 실수와 실패를 하며 배운다. 실수와 실패는 아이가 성장하고 현명해지는 기회가 된다.

〈아이와 함께할 수 있는 활동들〉

1. 오늘은 어떤 일이 잘되었고 내일은 어떤 일이 일어나기를 바라는지 아이와 이야기를 나누면서 하루를 마감하는 습관을 들인다.

2. 아이들이 행동하고 반응하고 생각하고 느끼는 현명한 방법을 배우면, '현명하게 행동하기' 목록을 만들고 계속해서 적어 나가게 한다. 학교에서 혹은 책에서 혹은 다른 사람에게서 배우거나, 자신의 통찰력으로 스스로 찾아낸 중요한 생각들도 포함시킨다.

3. 아이의 방이나 냉장고에 자극을 주는 인용문이나 격언을 붙여 아이가 계속 기억하게 한다.

4. 아이가 어려운 과제를 수행하면서 시도하는 과정에서 무엇을 배웠는지 기록하게 하여 이러한 경험을 통해 배우고 성장할 수 있게 한다.

선택 사항과 대안을 아이와 함께 탐색하기

아이가 목표를 세울 때 부모가 할 수 있는 첫 번째 일 가운데 하나는 아이가 해결하고 싶은 문제나 목표를 분명히 하도록 도와주는 일이다. 아이가 상황을 어떻게 인식하고 있는지, 무엇을 바꾸어야 하는지, 앞으로 어떤 난관과 장애물이 나타날 것 같은지 아이에게 물어본다. 아이가 문제에 접근할 수 있는 가능한 방법이나 대안들을 나열해 본다. 다양한 가능성과 미치는 영향을 모두 고려해 본 후 한 가지 방법을 선택하라고 한다. 아이는 이 방법으로 문제를 해결할 수 있다고 믿는다. 그리고 그 해결방법에 대해 만족해야 한다. 목표는 측정하기 어려운 것일 수도 있다. 예를 들어 아이가 더 나은 사람이 되도록 도와줄 수 있는 개인적인 특성을 개발하는 일이 목표일 수 있다. 이러한 목표는 결코 완벽하게 성취될 수 없고 계속해서 노력해야 하는 일이지만, 같은 과정을 적용할 수 있다.

많은 아이들과 이 과정을 이용해서 작업을 하면서 아이들이 접근하는 방식이 어른들과 다르다는 점에 놀랐다. 어떤 경우 아이들은 혼자 문제를 해결하기보다 친구와 함께 해결하고 싶어 했고, 또 어떤 경우에는 문제를 해결하는 데 필요한 특정 기술이 자신에게는 없다고 믿었다. 실제로 지니고 있는 기술조차도 자신에게 없다고 믿었다. 이것이 바로 방법 선택이 아이의 몫이 되어야 하는 이유다.

어떤 노력을 들이든지 간에 성공을 하려면 자원을 효과적으로 사용해야 한다. 필요한 자원을 구하려면 어디로 가야 하는지 목표를 달성하기 위해서는 어떤 자원을 이용해야 하는지를 가르치면 아이는 유능해진다. 아이가 도움이 필요한 분야를 정하면, 정보를 얻을 수 있는 방법과 도서관이나 인터넷에서 방대한 참고자료를 사용하는 방법을 가르친다. 사전이나 연감, 백과사전, 도서관의 검색 시스템의 효과적인 사용법, 인터넷에서 정보를 찾는 법을 알아두면 큰 도움이 된다.

아이가 더 활발해지는 일이나 친구를 더 많이 사귀는 일과 같은 개인의 자질을 개발하는 일에 노력을 기울이기로 결정한다면 아이에게 길을 안내하고 도움을 줄 멘토나 친척, 친구를 소개해 주어라. 다른 사람을 관찰하는 일만으로도 소중한 정보를 얻을 수 있다. 아이는 또 스스로 책을 보거나 존경할 만한 다른 어른들에게서 의견이나 조언을 구함으로써 대답을 찾을지도 모른다. 문제를 해결하는 방법은 여러 가지라는 사실을 아이가 깨닫는 것이 중요하다.

연구에 따르면 부모 이외의 다른 멘토는 아이에게 큰 자산이 되고 긍정적인 영향을 미친다고 한다. 특히 청소년들에게 그러하다. 아이는 청소년 시기에 부모에게 성숙한 모습을 보이고 싶어 한다. 그래서 아이는 자신의 걱정거리를 부모에게 알리고 싶어 하지 않는다. 그러나 다른 어른에게는 의견이나 조언을 구할지도 모른다. 그러므로 아이에게 다른 어른을 소개해 주어 아이가 자신이 겪고 있는 여러 가지 문제에 대한 조언이나 도움을 구할 수 있게 하는 것이 도움이 된다.

아이가 독립적으로 문제를 해결하도록 돕기

자신의 능력을 인식하기 위해 아이는 혼자서 문제를 해결하는 방법, 스스로 결정을 내리는 방법, 실수로부터 배움을 얻는 방법을 터득해야 한다. 당신에게는 아이가 해답을 찾으려고 혼자 고군분투하는 모습을 보는 것보다 문제해결을 돕는 것이 대개는 더 쉬운 일일 것이다. 그러나 부모나 다른 사람에게 의존하는 아이는 자신의 능력을 인식하지 못하고 오히려 무력함을 느끼고 분개한다. 아이를 위해 변명하고 아이를 어려움에서 구해 내며 아이가 혼자 해결해야 하는 문제에 개입한다면, 그건 실수다. 그러면 아이는 다음과 같은 메시지를 내면화 한다. "너는 너 스스로 문제를 해결하지 못해. 너는 너를 도와줄 어른이 필요해." 결과적으로는 많은 어린이들이 계속해서 무책임하게 행동하고 권위 있는 어른에 대해 분개하며 자신이 부적절한 사람이라고 느낀다. 때로는 아이가 혼자 고군분투하게 놔두는 것이 스스로 문제를 해결하는 데 중요한 도움이 될 수 있다.

아이는 자라면서 선택을 적절히 하기 위해 문제 해결이나 결정을 내리는 과정을 배워야 할 필요가 있다. 계획을 세우고 문제를 해결하기 위해 다음과 같은 과정을 사용하도록 도와준다.

1. 문제나 질문을 정확히 밝힌다.
2. 가능한 선택 사항을 목록으로 작성한다.
3. 기간에 상관없이 모든 선택 사항에 대한 가능한 결과를 마음속에 그려 본다(단기적, 장기적).
4. 두 가지 질문을 고려해 본다.
   — 가장 친한 친구가 이러한 상황에 처한다면 어떻게 하라고 조언하겠는가?

— 내가 되고 싶은 그 사람이라면 무엇을 선택하겠는가?

5. 결정을 하고 결과에 대해 책임을 진다.

이와 같은 과정을 따름으로써 당신은 아이가 혼자 문제를 해결하고 결정을 내리는 능력을 기르도록 도울 수 있다.

〈아이와 함께할 수 있는 활동들〉

1. 아이에게 문제를 해결하는 다양한 방법을 가르친다. 문제를 협상이나 거래 또는 타협으로 해결할 수 있다. 일을 할 때 순서를 정해서 할 수도 있고 동시에 할 수도 있다. 텔레비전 시청이나 게임, 집안일, 전화기 사용, 사생활 침입에 관한 갈등을 예로 사용한다.

2. 아이가 최근 경험한 것 가운데 한 가지를 예로 들어 '무엇, 왜, 어떻게' 과정을 적용해 본다.

3. 유아도 스스로 선택하게 하고 선택의 결과를 경험하게 한다. 아이에게 원인과 결과에 대해 설명해 준다.

판단 능력 개발하기

아이는 판단 기술을 사용하는 방법에 대해 안내와 훈련을 받아야 한다. 아이가 결정을 내릴 때 열 살 정도까지는 부모의 영향을 받지만 그 이후에는 다른 요인이 등장한다. 청소년기 중반까지 아이는 친구들이나 잡지, 영화, 라디오, 텔레비전 등에서 수많은 메시지를 전달받는다. 하지만 아이가 이 모든 메시지에 관심이 있지는 않다. 그러므로 아이에게 책임감 있는 생활이나 건강한 생활을 위한 일에는 "예."라고 말하고, 자신이 오랫동안 관심을 기울일 만한 일이 아닐 경우에는 "아니오."라고 말하는 법을 가르쳐야 한다.

　판단을 잘하기 위해서는 결정하는 데 근거로 삼을 만한 가치관이나 지침이 있어야 한다. 아이는 사회에서 일반적으로 받아들이는 가치관뿐만 아니라 부모가 결정을 내릴 때 사용하는 가치관을 이해하고 배워야 한다. 다른 사람을 대접하는 방법과 자신이 대접 받고 싶은 방법을 배워야 한다. 더 자라면 정의의 개념과 도덕적으로 옳은 일을 이해해야 한다. 아이가 이러한 개념을 이해하기 시작할 때 당신은 이렇게 물어봐야 한다. "이 경우에 어떻게 해야 '옳은' 일일까?" "네가 이것을 믿게 만드는 일은 옳은 일일까?"

　'옳은' 일이 무엇인지에 대해 잔소리하거나 가르치거나 지시하거나 설교하거나 심지어 명령하는 것을 피해야 한다. 하지만 아이가 자신의 입장과 기준이 되는 일을 충분히 생각하도록 도와야 한다. 일반적으로 상황에는 한 가지 이상의 해답이 있고 한 가지 이상의 입장이 있다. 당신이 해야 할 일은 아이가 자신의 입장을 생각하고 그것을 정당화하는 방법을 배우게 돕는 것이다.

　아이는 또래 집단이 내린 결정에 따라 자신도 결정을 하는 경우가 종종 있다. 불행히도 아이가 이렇게 결정을 내리면 처참한 상황을 맞이할 수도 있다. 또래 집단은 어떤 기준이나 가치관에 비추어 평가하지도 않고서 자신의 또래 친구들에게 해야 할 행동을 말한다. 또 어떤 경우에는 자신은 하지 않을 행동을 친구에게 하라고 부추기고는 결과가 어떻게 되는지 그저 바라보기만 한다. 흔한 예로 창문에 돌을 던지라고 친구를 부추기는 경우를 들 수 있다. 친구를 부추겨 놓고 이렇게 말하는 아이도 있다. "나는 돌을 던지지 않았어요."

　실제 상황뿐만 아니라 가상으로 만든 상황에 대해서도 아이와 대화를 나눠본다. 그러면 실제로 상황이 벌어지기 전에 판단하는 연습을 할 수 있다. 어떤 경우에는 역할극을 한 후 결과가 어떻게 되고 입장이 어떻게 될지 아이와 토론하는 것이 훨씬 도움이 된다. 아이가 결정을 분석하고 일어날 수 있는 결과를 충분히 생각하는 일에 익숙해지면, 부모와 아이 모두 스스로 내린 결정에 더 자신감을 갖게 될 것이다.

　아이가 적절한 결정을 하도록 도울 수 있는 한 가지 방법이 '무엇—왜—어떻게'라고 부르는 과정이다. 아이가 다음 질문에 대답하도록 도와주면서 성공과 실패에 대해 이야기를 나눈다.

1. 방금 겪은 경험을 설명해 보세요.

2. 그 경험에서 무엇이 중요한지 말해 보세요. 무슨 일이 일어났습니까? 어떻게 느꼈나요? 그리고 무엇을 배웠나요?

3. 왜 이 일이 일어났다고 생각하나요? 무엇 때문에 일이 이렇게 되었나요? 일이 이렇게 되는데 어떤 일을 했고 어떤 일을 하지 않았습니까?

4. 다음에 이런 상황이 또 벌어지면 어떻게 대처하고 싶습니까? 지금과 어떻게 다르게 할 수 있나요? 결과가 어떨 것이라고 생각하나요? 다음번에는 어떤 선택을 하겠습니까?

이렇게 하면 부모는 아이의 경험을 이용하여 아이를 가르칠 수 있고 아이도 자신의 경험을 통해 배운다. 그래서 아이는 자신에게 일어난 일, 그 일이 일어나게 한 자신의 행동, 다음에는 어떻게 대처할 것인지를 분석하는 연습을 할 수 있다. 아이는 자신의 실수 또는 소위 실패라고 부르는 것에서 배움을 얻을 수 있다. 자신이 내린 결정에 대해 책임을 져야 한다는 점 또한 강조할 수 있다.

〈아이와 함께할 수 있는 활동들〉

1. 아이에게 학교에서 부딪힐 가능성이 있는 어려운 상황을 생각해 보라고 한다. 이러한 상황으로는 친구 사귀기, 다른 사람과 어울리기, 친한 친구의 유혹에 넘어가기, 자신의 인생에 대해 결정 내리기 등과 같은 경우가 있을 수 있다. 이러한 상황에서 결정을 올바르게 하기 위해 어떻게 해야 하는지, 어떤 기준으로 결정을 내릴 것인지, 누구에게 조언을 구할 것인지에 대해 이야기를 나눈다.

2. 아이가 소망이나 욕구와 가치관, 가장 좋은 해결책 사이에서 갈등을 겪을 때, 어떻게 접근해야 하는지 이야기를 나눈다. 아이가 최근에 자부심을 느낀 결정에 대해 함께 이야기한다.

3. 결정을 내리는 데 사용할 수 있는 다양한 기준들에 대해 토론한다. 이러한 기준에는 다양한 가르침, 성경, 자신의 개인적인 가치관, 부모의 조언이나 가치관, 법이나 규칙, 친구들의 조언, 옳은 것에 대한 내적 직관력, 친구들의 행동 등 여러 가지가 있다.

4. 아이가 사려 깊지 못한 행동의 결과를 생각해 보게 도와주는 것만큼이나 관대하고 사려 깊은 행동의 결과에 대해 생각하도록 도와주는 것도 중요하다.

🌸 아이의 선택과 발전 지켜보기

부모의 역할은 아이가 타당하고 건강한 선택을 할 수 있는 능력을 개발하도록 도와주는 것이지 방향을 지시하는 것이 아니다. 아이가 결정을 내리면 너무 늦기 전에 아이가 올바른 방향으로 가고 있는지 확인하는 것이 대개는 현명하다. 예를 들어 아이가 친구와 함께 숙제를 하겠다거나 거실 바닥에서 숙제를 하겠다고 결정할 수도 있다. 그러나 아이가 숙제를 이런 식으로 하면 빨리 할 수 없는 것이 분명하다. 그래서 이런 경우에는 아이에게 다른 선택을 고려해 보라고 제안하는 것이 좋을 수도 있다.

아이는 종종 자신의 일이 얼마나 진척되었는지를 측정하거나 처음에 의도한 대로 일이 이루어졌는지를 알아내는 데 도움이 필요하다. 아이가 일을 시작하기 전에 스스로 기준을 정할 수 있다면 괜찮지만 대개는 자신의 일이 진척되었는지를 결정해 줄 어른의 관찰이나 피드백이 필요하다. 아이는 자신이 정말로 이루고 싶었던 것을 적어 봄으로써 일이 이루어진 정도를 파악할 수 있다. 그러고 나서 어떤 장애물이 예상되고 어떤 적응이 필요한지도 적어 보게 한다. 일이 완료되면 적은 내용과 실제로 이룬 것을 비교하게 한다.

부모와 아이가 일이 얼마나 진척되었는지를 파악할 수 있는 기준이나 방법은 다음 두 가지 면에서 중요하다.

1. 일이 얼마나 진척되고 있는지 계속해서 알 수 있다.
2. 기준은 동기를 유발하는 요인으로 작용할 수 있다.

기준은 부모와 아이가 일의 진척을 파악할 수 있는 한 가지 방법이다. 기준이 있으면 아이가 발전하는 정도를 알 수 있고 아이에게 동기를 부여할 수도 있다. 아이는 자신이 달성한 단계를 기록해서 자신의 발전 정도를 측정할 수 있을 때 다음 단계로 나아갈 동기가 더 생기는 듯하다. 예를 들어 수학에서는 덧셈이나 뺄셈, 곱셈을 여러 단계로 나누어서 아이가 한 번에 한 단계씩 밟아 나가게 할 수 있다. 다른 기준으로는 매 분기 나오는 성적표를 이용하거나 시험 결과를 기록하고 지켜보거나 발전된 정도를 기록하기 위해 일정 기간 동안 수행한 일을 포트폴리오로 작성하는 방법 등이 있다. 그러나 대부분의 경우에 아이들은 당신의 관찰과 피드백에 의존하게 될지도 모른다.

"물론 재미있어. 하지만 성취감을 느끼지 못하겠어."

🍥 아이를 계속해서 지지하고 격려하기

아이들은 대부분 매우 열정적으로 목표를 이루기 위해 애쓰지만 좌절을 경험하거나 일이 제대로 진행되지 않을 때는 시들해진다. 아이들이 시들해지는 것을 막기 위해 부모로서 해야 할 중요한 역할은 아이들을 격려하는 것이다. 격려가 얼마나 중요한지 보여 주기 위해 유명한 수영 선수인 플로렌스 채드윅의 이야기를 들려줄 수 있다. 수년 전 플로렌스 채드윅은 카탈리나 섬에서 로스앤젤레스 해안까지 34킬로미터 거리를 수영으로 횡단하려고 했다. 14시간 동안 수영을 하면서 가오리에게 두 번이나 찔렸고 안개가 너무 짙어 앞이 보이지 않았다. 포기하기로 결심을 하고는 보트에 타고 있던 사람들에게 자신을 끌어올려 달라고 했다. 그 때 이들은 해안까지 목표 거리였던 34킬로미터 중 불과 800여 미터만을 남겨둔 곳에 있었다. 플로렌스 채드윅은 그 당시 자신이 어느 지점에 있었는지 알았더라면 성공할 수 있었을 거라고 말했다.

목표를 향해 얼마나 멀리 왔고 목표를 이루려면 얼마나 조금 남았는지를 아이가 알아야 할 때가 있다. 아이가 이루고 있는 발전을 나타내기 위해 아이가 도달한 기준을 사용한다. 아이를 이렇게 격려하면 아이는 어려움 속에서 참아내는 능력을 기를 수 있다. 이 능력은 어른들이 지니고 있는 중요한 기술이다.

아이가 좌절이나 실망, 위기를 경험할 때가 아이의 감정을 인정하고 부모의 사랑과 지지를 강조할 수 있는 좋은 시기다. 감동을 주는 인용문이나 포스터를 아이 방 주위에 붙여서 아이를 격려한다. 위기의 순간이 지나가면 그 경험에서 무엇을 배웠는지 또는 그 일로 어떤 이로운 점이 생길지 아이와 함께 토론한다. 이러한 경험은 다시 노력을 하거나 앞으로 경험할 수도 있는 좌절이나 실패를 극복하는 데 도움이 되는 지식이 될 수도 있다.

<아이와 함께할 수 있는 활동들>

1. 아이가 배우고 있는 기술이나 예전에는 할 수 없었지만 지금은 할 수 있는 일들을 목록으로 만들고 내용을 계속 추가한다.

2. 아이의 생일이 다가오면 지난 1년 동안 아이가 이룬 발전이나 성취, 아이가 성장한 방법들을 모두 기록한다. 그리고 그 목록을 아이에게 선물로 주거나 방에 붙인다.

3. 아이가 그동안 이루어 낸 중요한 일들을 표시해서 연대표를 만들게 한다. 그리고 앞으로 이루고 싶은 것들도 연대표에 표시하게 한다.

성공 축하하기

아이가 시작한 일을 완수하는 순간, 이 마법의 순간은 가장 중요한 시간이 되어야 한다. 아이가 혼자서 옷을 입거나 모형을 완성하거나 구구단을 외우거나 책을 읽거나 축구 경기에서 득점을 한 순간이 그런 경우이다. 아이는 성공을 했을 때 느낀 그 전율을 마음속에 간직해야 한다. 아이가 성공했을 때 느낀 기분을 다른 가족들에게 이야기할 기회가 있고 가족들이 아이의 감정을 지지해 주면, 아이는 더 큰 것을 향해 나아갈 동기를 얻게 된다. 그러나 아이의 업적을 하찮게 여기거나 무시하면 아이는 노력할 마음을 잃게 된다.

어른과 마찬가지로 아이들도 대부분, 종류에 상관없이 보상을 받으면 동기가 더 강화된다. 보상을 사용하는 한 가지 방법은 아이가 설정한 목표와 관련해 보상을 하는 것이다. 어린 아이들은 체크리스트나 표 위에 별이나 스티커, 또는 인정을 의미하는 다른 표시를 받고 싶어 한다. 체크리스트를 완성하거나 별을 정해진 수대로 다 모으면 아이에게 저녁 식사 메뉴나 자신이 보고 싶은 영화를 고르는 특권을 주거나 함께 특별한 시간을 보낸다. 아이들은 모두 이런 특별한 기회를 소중히 생각한다. 아이와 할 수 있는 특별한 일에는 케이크 만들기, 영화 보러 가기, 팝콘 만들기, 외식하기, 공원에서 하루 보내기, 야구하기, 나무 집 짓기, 캠핑 가기 등 여러 가지가 있다. 이런 특별한 활동을 통해 부모는 아이와 함께 즐거운 시간을 보낼 기회가 생기고 아이는 가장 큰 보상을 받게 된다. 이 신나는 이벤트는 아이가 노력한 결과로 얻어진 것이기 때문에 아이는 이 이벤트를 더 특별하게 여긴다.

동기를 유발하는 요인으로는 보상이나 다른 사람을 행복하게 만드는 데서 오는 기쁨, 경쟁의 전율, 자기 발전을 위한 도전, 일을 잘 마무리한 후 느끼는 만족감 이외에도 여러 가지 다른 형태가 있다. 아이는 자라면서 물질적 보상보다는 만족감이나 자신의 성장에 대한 인식을 통해 동기가 유발되어야 한다.

성공하는 순간은 마법과 같다. 한 가지에서 성공하는 순간 당신이 만들어 가고 있는 다른 일들도 강화되기 때문이다. 아이는 자신이 성공했다고 여기면 더 안전하게 느낀다. 성공을 경험한 후 자기 자신에 대해 다르게 생각하고, 성공한 방법을 살펴봄으로써 스스로 더 높은 목표를 세운다. 훨씬 더 높은 목표를 이루기 위해 아이가 배운 내용을 이용하게 되면, 이 순환은 저절로 반복되고 내적 동기는 점점 자라기 시작한다. 이러한 사실을 염두에 두면 부모는 아이를 지시하고 바로잡고 몰아붙이는 대신, 격려하고 지도하고 지지하는 역할을 맡게 된다.

성공을 충분히 경험해 본 아이들은 문제를 해결하고 목표를 달성하기 위해 선택할 수 있는 전략들을 폭넓게 획득하기 시작한다. 이 아이들은 자원이 풍부해지고 내적 동기가 더 강화되며 독립심이 강해진다. 아이에게 내재되어 있는 이 상태를 개발하는 것이 당신이 세운 중요한 목표 가운데 하나가 되어야 한다. 이것이 육아에서 느낄 수 있는 즐거움 가운데 하나다!

>>>

능력은 자신의 실력보다 어려운 목표나 일을 수행할 때 향상된다. 이는 하루아침에 이루어지지 않는다. 부모는 아이가 이 과정을 거치는 동안 계속해서 도와야 한다. 자신의 능력을 최대한 발휘할 수 있게 지원하고, 아이가 직접 선택한 결과가 어떠한지 지켜보게 하며, 계속해서 지지하고, 스스로 세운 목표를 평가하는 데 도움을 줄 수 있는 반응을 보여야 한다. 마지막으로 아이의 성공을 축하해야 한다. 여기서 부모가 이루어야 하는 목표는 아이가 자기 이미지를 긍정적으로 더 확고히 굳히고 스스로 동기를 유발할 수 있는 능력을 갖게 하는 것이다.

8장

특별한 도움이 필요한 아이들 도와주기

독특한 아이들

독특한 아이들에게 이 시를 바칩니다.
항상 좋은 점수를 받지는 못하는 아이들,
다른 아이보다 귀가 두 배나 크고
여러 날 동안 계속해서 코가 자라는 아이들……
독특한 아이들에게 이 시를 바칩니다.
제정신이 아니라거나 어리석다는 소리를 듣는 아이들,
잘 어울리지 못하는 아이들,
배짱과 투지로 다른 북소리에 맞추어 춤을 추는 아이들……
독특한 아이들에게 이 시를 바칩니다.
말썽꾸러기 같은 구석이 있는 아이들,
이 아이들은 계속해서 자라고 있기 때문에
역사에서 볼 수 있듯이
자신들의 독특함으로 고유한 존재가 될 것입니다.

— 저자 무명

〉〉〉

아이들은 모두 독특하다. 한 아이에게 사용한 육아 방법이 다른
아이에게는 적절하지 않다. 형제자매끼리도 육아 방법은 서로 다르

다. 아이가 독특한 문제를 겪어 자신의 잠재력을 발휘하지 못하는 경우도 종종 있다. 어떤 문제가 발생했을 때 부모가 자신의 통제력을 벗어난 상황이라는 것을 인식하면 이 문제를 보상하는 조처를 취할 수 있다. 문제들은 대부분 대처할 수 있고, 아이를 사랑하고 인정하는 환경이라면 얼마든지 극복할 수 있기 때문이다.

〰 기질·성격

부모들은 대부분 아이의 성격이 태어날 때부터 정해져 있다고 말한다. 아이가 둘 이상 있는 부모들은 그 아이들이 서로 얼마나 다른지 말해 준다. 어떤 아이는 태어날 때부터 늘 밝고 낙천적이다. 하지만 또 다른 아이는 일관성이 없고 변덕스럽다. 하루는 잠자리에서 미소를 머금고 일어나 당신을 껴안아 주고 다음 날에는 당신을 노려보면서 변덕을 부리기 때문에 당신은 아이가 어떤 태도를 보일지 계속해서 추측하게 된다. 어린 아이들을 연구한 결과 일찍, 즉 태어난 지얼마 되지 않았을 때부터 아이는 자신의 감정을 표현한다는 사실이 밝혀지고 있다. 캘리포니아 대학교 샌프란시스코 캠퍼스에 소아과교수로 있는 로렌스 딜러에 따르면, 이러한 경향 때문에 부모는 아이의 행동상의 문제가 완전히 정착되기 전에 그 문제를 해결할 수 있다고 말한다. 딜러는 우리가 아이의 성격에 맞는 육아 방법을 선택해서부모와 아이 모두를 위해 상황을 향상시킬 수 있다고 믿는다.

1950년대에 스텔라 체스와 알렉산더 토머스 팀은 기질을 평가할수 있는 요소로 다음 아홉 가지를 꼽았다.

- 활동 수준

- 집중 범위

- 적응력

- 집중력

- 산만한 정도

- 기분

- 감각 한계점

- 도전에 대한 반응

- 기능에 대한 예측 가능성

체스와 토머스에 따르면 이러한 행동은 한 달이면 식별이 가능하다고 한다. 이 연구가 처음 발표되었을 때는 고려할 가치가 없다며 무시당했지만 오늘날에는 전문가들에게서 타당성을 인정받고 있다. 행동주의 과학자들은 오늘날 60%가 넘는 아기들이 다루기 쉬운 기질을 보이고, 나머지 아기들은 대부분 침울하거나 반항적이어서 다루기 까다로운 범주에 속하는 기질을 보인다고 말한다. 이 과학자들은 '까다로운' 아이들 가운데 80%가 방해 받지 않고 자신의 기질대로 행동하고 반항적이며 흥분을 지나치게 잘할 뿐만 아니라, ADHD(주의력결핍 과잉행동장애)를 일으킬 위험이 크다고 믿는다. 나머지 20%는 대부분 여자아이들로, 이 아이들은 내성적이고 공포감이나 우울증, 충동을 일으킬 위험이 크다고 한다. 물론 까다로운 그룹에 속하는 아이들이 모두 이러한 과정을 거치는 것은 아니다.

기질은 아이의 행동 유형으로 드러난다. 우리가 아이의 기질을 이해하지 못하면 아이에게는 지극히 평범한 상황이거나 감정인 것을 자기 자신이나 아이에게 잘못이 있어서 그렇다고 생각할 수 있다. 반면에 아이의 기질을 이해하면 이러한 상황과 감정을 다룰 효과적인 전략을 계획할 수 있다. 우리는 아이의 에너지 수준과 적응력이 부분적으로는 부모에게서 물려받았다는 것을 안다. 또 이 둘은 환경과 육아 방식 모두에서 영향을 받을 수 있다는 것도 안다.

　예방의 열쇠는 육아를 효과적으로 하는 것과 어떤 아이에게는 효과적인 방법이 다른 아이에게는 그렇지 않을 수도 있다는 것을 깨닫는 데 있다. 예를 들어 아이가 새로운 경험을 하지 않으려고 한다면 이 아이는 새로운 개념을 천천히 접하고 새로운 경험을 점차적으로 해야 한다. '~한다면 무슨 일이 일어날까' 라는 질문에 두려움을 느끼는 아이는 여러 상황에 대해 '~면 무슨 일이 일어날까' 에 대한 대답을 예상해 보고 앞으로 일어날 가능성이 있는 일을 처리하는 방법에 대해 이야기를 나누어 자기 자신은 안전하고 준비가 되어 있다고 느껴야 한다. 기질은 아이가 무언가를 배우는 방법과도 관련이 있다. 적극적이고 빨리 적응을 하는 기질을 지닌 아이는 무언가를 직접 해 보고 연습을 하면서 더 많이 배우고, 조용하고 천천히 적응하는 아이는 무언가를 관찰하고 머릿속에서 실행해 보면서 더 많이 배운다. 아이의 성격과 기질은 고유하고 아이가 지닌 개성의 한 부분이다. 어떤 성격과 기질은 다른 성격과 기질보다 다루기가 훨씬 어렵기는 하지만, 아이의 성격과 기질을 일단 이해하기만

하면 아이의 욕구에 맞는 방식으로 아이를 키움으로써 어려움을 극복할 수 있다.

〜 성 차별 문제

남자아이들은 대부분 어릴 때부터 여자아이들과 다르게 놀고 다르게 행동한다. 그렇기 때문에 부모들이 성별 차이가 선천적이고 생물학적이라고 믿는 것은 당연하다. 과거 많은 연구가들은 성별 차이의 원인이 유전적 요인 또는 환경적 요인, 둘 중 하나라고 주장했다. 믿음의 추가 교육과 천성 사이를 오갔다. 오늘날에는, 과학자들이 일반적으로 한쪽 성에 국한된 행동이 유전과 환경의 혼합이라는 데 동의한다.

남자아이와 여자아이가 보여 주는 행동의 차이점은 보는 사람의 생각에 따라 많이 달라진다. 텔레비전은 특히 고정된 인식을 강화한다. 부모도 역시 그러한데, 특히 아버지가 아이에게 한쪽 성에 국한된 장난감을 주어 아이의 성 역할을 강화하는 경향이 있다. 부모들은 딸에게 말을 더 많이 하고 자율성을 덜 주며 다른 사람과 교류할 때 도와주는 역할을 맡아야 한다고 조언한다. 반면에 아들에게는 어떤 감정은 표현해도 되지만 무서움과 같은 감정은 표현하지 말아야 한다고 말한다.

학교에 다닐 때 남자아이들은 여성스럽다고 여겨지는 감정은 억눌러야 한다는 생각을 자주 한다. 또 또래 집단의 강요를 따라야 하고 그들과 '잘 어울려야' 한다는 억압을 느끼며 다른 사람의 기대를 만족시키는 데 얽매여 있다. 이 아이들은 너무 여성적이라거나 너무 '따분하다'는 이유로 친구들에게 괴롭힘을 당하기도 한다. 반면에 여자아이들은 똑똑해지거나 유명해지는 것 사이에서 선택을 해야 한다고 믿는다. 미국여대생협회의 연구에 따르면 여자아이들은 '소리를 내지 않는' 사람이 되어 자신의 의견과 생각을 표현하지 않는 쪽을 선택하고, 영리하다는 꼬리표가 붙는 것을 두려워해 교실에서 '올바른 대답'을 하지 않는 경우가 종종 있다고 한다. 여자아이들의 정체성은, 적어도 백인 문화에서는 그들의 외모와 관련이 있다. 그 결과로 십 대 여자아이들은 흔히 식이 장애를 겪는다.

부모는 무엇을 할 수 있을까? 전문가들은 부모가 아이에게 고정관념을 뛰어넘을 수 있는 다양한 경험을 제공해야 한다고 주장한다. 유아기 발달을 연구하는, 브래들리 대학 센터의 공동 소장인 클레어 에타우는 다음과 같은 중요한 점을 간파하고 있다. "아이에게 모든 종류의 활동에 참가할 수 있는 기회가 주어지면 아이는 자신이 잘하는 것과 좋아하는 것을 선택할 자유를 얻게 될 것이다."

남자아이를 키울 때는 감정이 생기는 것은 당연한 일이라는 믿음을 입증해 주고 아이가 신뢰하는 사람들에게 자신의 감정을 표현할 수 있게 분위기를 조성해 주어야 한다. 아이의 이야기를 잘 들어주고, 아이의 마음에 공감하며, 성에 관한 고정관념과 사회적 기대의 딜레마를 설명해 준다. 남자아이들이 겪고 있을지도 모르는 스트레스와 과중한 짐을 알아채야 한다. 당신의 아들이 관심 있는 일을 하도록 분위기를 조성하고 관심사가 같은 집단이나 개인을 찾는 일을 도와준다.

여자아이를 키울 때는 긍정적인 여자 역할 모델을 보여 주어야 한다. 여자아이를 둔 부모는 아이가 가능한 한 빨리 자신의 정체성과 관심 분야를 찾게 도와주어야 한다. 정체성은 우리가 누구인지에 관한 것이지 우리가 보여 주고 싶은 모습에 관한 것이 아니라는 점과 신체 건강이 신체 이미지보다 더 중요하다는 점을 강조해야 한다. 여자도 직업을 가질 수 있고 자신의 삶을 스스로 선택할 수 있으며 여러 역할들을 균형 있게 즐길 수 있다는 점을 입증해 주어야 한다. 여자아이는 자기주장을 강하게 하는 것이 공격적인 행동이 아니라는 점을 알아야 한다. 지능은 가치 있는 것이고 이 지능을 잘 사용하면 힘이 생긴다는 생각을 받아들여 자신의 삶을 스스로 조절할 수 있게 격려 받아야 한다. 아이들의 생각과 신념을 신중히 듣고, 결정을 내릴 때 아이들도 참여시켜야 한다.

전문가들은 부모가 아이에게 성별로 고정되어 있는 행동과 활동을 강요하지 말아야 하고, 대신에 아이의 본능을 믿고 아이가 지금 하고 있는 일을 도와주어야 한다고 말한다. 무엇보다 중요한 것은 부모가 아이의 모델과 멘토가 되어야 한다는 점이다.

〰 주의력결핍 과잉행동장애(ADHD)

아이들은 모두 한 번 혹은 그 이상, 집중하는 데 어려움을 겪는다. 하지만 이러한 현상이 오랫동안 지속되면 아이는 주의력결핍장애(ADD)가 있는 것일지도 모른다. 또 아이가 꼼지락거리지 않고 얌전히 앉아 있는 것을 어려워한다면 ADHD가 있을지도 모른다. 이 장애가 있는 아이는 집중하고, 활동 정도를 조절하고, 행동을 억제하는 능력에 이상이 있어 부주의와 과잉행동, 충동적 행동과 같은 증상을 보인다. ADHD는 아이들과 청소년들에게 가장 흔히 나타나는 학습장애 가운데 하나로 발생빈도가 점점 늘고 있다.

연구에 따르면 남자아이들이 여자아이들에 비해 두세 배 정도 더 이 증상을 보인다. ADHD는 유치원생 또는 초등학교 학생들에게서 눈에 띄게 보이는 증상으로 청소년 시기까지 계속되는 경우가 빈번하고 때에 따라서는 어른이 되어서도 사라지지 않는다. ADHD를 진단할 특정한 테스트는 없다. 신체검사와 다양한 심리테스트, 일상생활에서 식별할 수 있는 행동들을 검토하여 진단을 내린다. 아이가 ADD 또는 ADHD인 것 같다면 의사들이 제공한 식별 가능한 행동 체크리스트를 사용해 볼 수 있다. 아래 나열된 목록은 식별 가능한 행동들로 학생이 이러한 행동을 하면 교사들은 걱정을 하게 된다.

— 손이나 발을 꼼지락거리거나 앉은 자리에서 몸을 꿈틀거린다.
— 가만히 앉아 있지 못한다.
— 집단 활동에서 자신의 차례를 기다리지 못한다.
— 질문이 끝나기도 전에 대답을 불쑥 내뱉는 일이 종종 있다.
— 다른 사람의 말을 잘 듣지 않는다: 지시 사항을 따르는 데 어려움이 있다.
— 쉽게 산만해진다.
— 조용히 놀지 못한다.
— 자주 말을 지나치게 많이 한다: 다른 사람이 말하는데 끼어든다.

— 집이나 학교에서 활동하는 데 필요한 물건을 자주 잃어버린다.

— 결과를 생각하지 않고 행동한다.

재능이 있는 아이 혹은 성숙하지 못한 아이 혹은 재능은 있으면서 성숙하지는 못한 아이도 이 가운데 많은 행동을 보인다는 점을 꼭 주목해야 한다.

그러나 자녀가 ADD나 ADHD로 진단을 받게 되면 의사와 학교 선생님에게 이야기하고 아이를 돕기 위해 그들과 함께 기꺼이 노력할 것이라는 점을 밝혀야 한다. 약물이 꼭 필요한 해결책은 아니다. 자녀를 돕고 당신의 삶을 덜 부담스럽게 하기 위해 여러분이 할 일은 많다.

— 정보를 많이 접해야 한다. ADD나 ADHD에 대한 책을 읽고 인터넷을 이용한다.

— 함께 상의할 수 있는 협력 단체에 참여한다.

— ADD나 ADHD를 겪고 있는 아이들의 행동 관리에 관한 육아 수업을 듣는다.

— 아이가 집중하는 것을 어려워한다는 사실을 받아들인다.

— 아이를 야단치고 잔소리하고 끊임없이 상기시키지 않으려고 노력한다.

— 아이가 신체 활동을 할 수 있는 분위기를 조성한다. 아이는 에너지를 발산할 필요가 있다.

— 집에서 보내는 시간을 짜임새 있게 계획해서 일관되게 실행해야 한다.

— 격려하고 도와준다.

— 아이가 지금 겪고 있는 장애를 설명해 주어 '아이의 잘못'이 아니라는 것을 이해하게 한다.

— 아이의 장점에 초점을 맞춘다.

— 아이가 잘할 수 있는 활동에 참여할 수 있게 한다.

— 좋은 대가든 나쁜 대가든 자연스럽고 타당한 방법을 선택해서 아이의 책임감을 기른다.

— 아이의 생활을 일관성 있고 짜임새 있게 계획한다. 잘 짜인 일상과 규칙은 부모와 아이에게 도움이 된다.

— 집중을 방해하는 것을 최소화한다. 아이가 공부하거나 혼자 있을 수 있는 조용하고 산만하지 않은 장소를 제공한다.

아이가 어려워하거나 싫어하는 일을 위해 다른 방법을 찾아본다. 글쓰기 숙제는 대개 아이들이 가장 어려워하는 과제다. 이 경우 아이들은 컴퓨터를 이용해서 도움을 받을 수 있다. 아이에게 하고 싶은 말을 공책이나 벽에 써 놓으면 말로 잔소리를 하지 않아도 된다.

🌿 학습 장애

학습 장애가 있는 아이를 교육할 때는 특별한 도움을 주어야 한다. 부모들도 이 아이들을 대할 때는 특별한 도움을 준다. 이 아이들은 지능이 보통 수준이거나 보통보다 높고 어떤 경우에는 영재이기도 하다. 그러나 어떤 분야에서는 자신의 연령과 능력 수준만큼 이루어 내지 못한다. 이 차이는 적어도 초등학교 고학년까지는 진단되지 않지만 고학년이 되면 꽤 확연히 드러나 테스트를 받아 보라는 이야기를 듣게 된다.

미국의 전장애아동교육법(PL94-142)에서는 학습 장애가 있는 아이를 이렇게 규정한다. 말하든 쓰든 언어를 이해하거나 사용하는 것과 관련된 기본적인 정신 과정에 하나 또는 그 이상의 장애가 있는 아이들이다. 이 아이들은 듣기, 생각하기, 말하기, 읽기, 쓰기, 맞춤법, 수학 계산 능력에 문제가 있다.

그리고 계속해서 이렇게 쓰여 있다. '아이가 다음과 같은 모습을 보이면 특정 학습 장애가 있다고 결정할 수 있다. (1) 아이의 연령과 능력 수준에 맞게 학습 경험을 제공했는데 한 가지 이상의 영역에서 자신의 연령과 능력 수준에 맞는 성취를 보이지 못할 때 (2) 아이가 한 가지 이상의 영역에서 성취 정도와 지적 능력 사이에 차이를 보일 때'

부모는 아이가 학습 장애로 언급되거나 성취 수준에서 차이가 인식되지 않으면 아이가 열심히 노력하지 않아서 성취 수준이 낮은 것이라고 종종 믿는다. 학습 장애가 있는 아이는 주어진 숙제의 종류나 양에 압도되기 때문에 숙제를 해야 하는 시간을 두려워한다. 아이가 기억력에 장애가 있다면 선생님이 내준 숙제를 완성하는 데 필요한 내용을 기억하지 못할 것이다. 이 경우에 아이는 청각처리능력이나 외부의 소음을 차단하는 능력에 문제가 있는 것이다. 따라서 이러한 아이, 집중하는 능력이 없는 아이에게 교실은 혼돈의 장소가 된다. 이 아이들을 위해 부모는 무엇을 할 수 있을까?

먼저, 아이를 관찰하고 아이의 이야기를 듣는다. 아이가 한 가지 이상의 영역에서 차이를 보이면 아이의 담임선생님에게 말해야 한다. 담임선생님은 당신의 의견에 동의할 수도 있고 동의하지 않을 수도 있다. 하지만 이제 선생님은 아이의 학습에서 문제가 될지도 모르는 일에 방심하지 않고 주의를 기울이게 될 것이다. 담임선생님은 학교 상담선생님에게 아이를 관찰해 달라고 부탁하거나 작년 담임선생님과 상의할 수 있다. 대부분 학교에서 다음으로 취하는 단계는 부모, 교사, 교내 상담자, 교외 전문 상담자, 가끔은 교장선생님을 포함한 해당 학교의 학생 상담 인력에게 도움을 요청하는 일이다. 이들은 아이의 강점과 약점을 기록하고 아이가 유의미한 차이를 보이는지 결정하기 위한 테스트를 시행할 것이다. 테스트에서 얻은 정보는 부모와 교사가 아이의 강점을 다루고 약점을 조절하는 데 매우 귀중하게 쓰일 것이다.

자녀가 자신의 강점과 약점을 이해하도록 돕는 일은 중요하다. 어떤 일은 부모에게도 어렵고 어떤 영역은 모든 사람들이 비슷하게 어려워 한다는 점을 아이에게 말해 준다. 아이에게 테스트 결과를 설명해 준다. 학습 장애가 무엇이고 이것 때문에 학습에서 어떤 어려움을 겪게 되는지 설명한다. 아이가 자신이 겪은 어려움에 이유가 있었다는 것을 이해하면 아이는 아마도 안도하게 될 것이고 그 어려움을 만회하는 방법을 배우게 될 것이다. 어려움을 겪는 것이 정신지체를 의미하는 것이 아니라는 점을 아이에게 확신시켜야 한다. 전문 상담자는 부모와 학급 담임에게 아이와 함께 공부할 수 있는 방법을 알려 줄 수 있다. 집에서 아이를 도울 수 있는 게임의 종류와 하는 방법을 알려 주기도 한다. 이 방법은 지시를 내리기 전에 눈을 맞춘 다든지, 한 번에 한 가지 지시만 한다든지, 기억 게임을 하다든지 하는 간단한 것들이다.

또 부모는 아이가 자신이 겪고 있는 학습 장애 때문에 놀림이나 괴롭힘을 당하지 않을 것이라고 느끼게 도와야 한다. 아이와 두려움에 대한 이야기를 나눌 수도 있다. 아이의 감정을 인정해야지 그 감정의 중요성을 경시해서는 안 된다. 어떤 일이 일어날 수 있는지 아이와 이야기를 나누고, 일이 잘 되지 않아 괴로울 때 무슨 말을 하고 어떻게 행동할 것인지 아이가 계획을 세우도록 돕는다.("음, 나에겐 어려운 일이야." 또는 "그래, 다른 일은 더 잘할 수 있어." 하며 웃어 버리거나 상황을 받아들이고 자리를 뜰 수 있다.)

난독증과 같은 학습 장애를 겪어 가족과 선생님마저 둔하다거나 멍청하다고 생각한 사람들이 이 장애를 극복해서 유명해지고 성공한 이야기를 다룬 훌륭한 전기가 도서관에 가면 많이 있다. 우리는 알베르트 아인슈타인, 톰 크루즈, 우피 골드버그, 윈스턴 처칠과 같은 사람들에 대한 평가를 들으면 웃음이 난다. 아이들이 이러한 사람들의 실패와 투쟁, 성공 이야기를 읽으면 자신의 어려움을 극복하는 데 도움을 받을지도 모른다.

부모가 기억해야 할 중요한 것은 아이의 강점에 집중해야 한다는 점이다. 학습 장애가 있는 아이는 어떤 영역에서 배우는 일이 매우 어렵기 때문에 자신이 '멍청하다'거나 무능하다고 느끼기 시작한다. 아이가 그러한 감정을 표현하면 부모는 다음과 같이 말하면서 아이의 감정에 반대할 수 있다. "너에게는 어려운 일이란 것을 나도 알아. 좀 더 쉽게 할 수 있는 방법을 찾느라 노력 중이란 것도 알고. 선생님하고 나는 너를 돕고 싶단다. 너는 컴퓨터를 매우 잘 다루잖니. 글쓰기 숙제를 컴퓨터로 할 수 있는지 한번 보자. 아니면, 동생이 수학 문제 푸는 것을 도와줘 보렴. 그러면 성공의 맛을 느낄 수 있을 거야." 성공은 정말 성공을 낳는다. 책임감을 키우기 위한 기회뿐만 아니라 아이가 잘하는 영역에서 능력을 키울 수 있는 기회를 만들어라. 아이가 개발하고 싶은 기술이나 구체적인 목표에 집중할 수 있게 격려해야 한다. 그래서 아이가 그 분야에서 성장한 자신의 모습에 대해 좋은 감정을 느낄 수 있어야 한다. 아이는 자신의 능력을 인식하고 자존감을 키우기 위해 성공을 경험해야 한다.

문제를 일으키는 청소년

예전에 한두 번 충격적인 일을 겪은 아이들은 다루기 힘든 행동을 잘한다. 이러한 행동은 부모가 이혼을 했거나 따로 사는 경우, 가족 가운데 누군가가 죽은 경우, 부모나 형제를 잃은 경우, 새엄마나 새아빠가 생긴 경우, 생명을 위협하는 질병을 앓았거나 학대를 받은 경우 흔히 나타난다. 어떤 아이들은 이러한 종류의 충격을 겪은 후 식이 장애를 일으키거나 자신을 파괴하는 행동을 저지른다. 또 어떤 아이들은 다른 사람들에게 폭력을 가하거나 짜증을 내고 성질을 부리거나 반항을 하며 사회 활동을 거부한다. 이러한 행동은 아이가

자신이 느끼는 내적 스트레스를 다스리지 못해서 주로 발생한다. 어떤 청소년들은 술을 마시거나 마약을 복용해서 스트레스나 상처, 걱정을 없애려 한다. 또 어떤 청소년들은 자신과 비슷한 문제를 겪고 있는 친구를 찾고, 그 친구들이 성적 행동이나, 무모한 행동, 도둑질, 무단결석, 권위에 불복종하기 등을 강요하면 거부하지 못하고 따른다.

아이들이 이런 행동을 보일 때 많은 부모들이 즉각적으로 보이는 반응은 아이들을 처벌하는 것이지만, 실제로 처벌이 문제를 바로잡지는 못한다. 대신에, 부모들은 아이들이 이러한 행동을 저지르는 근본 원인에 대해 고심해야 한다. 상담사나 아동 심리학자와 상담을 해

볼 필요도 있다. 중요한 것은 지금 벌어지고 있는 일을 직시해야 한다는 것이다. 문제가 저절로 해결되거나 아이가 스스로 그러한 행동을 그만두기를 바라면서 문제를 부정하거나 불가능한 기대를 품지말아야 한다. 문제를 이해하기 위한 노력을 지금 바로 시작해야 하고, 아이와 함께 겉으로 보이는 증상이 아니라 바로 그 문제 자체를고심해야 한다. 많은 경우에, 바꿀 수 없는 과거의 사건 때문에 문제가 발생하기도 한다. 상황이 그렇다면 아이는 더 납득이 갈 만한 방법으로 갈등과 문제를 해결하기 위해 상담을 받아야 할지도 모른다.

문제를 일으키는 청소년을 다루는 일은 부모 역할을 극도로 어렵게 만든다. 자녀를 사랑하는 일은 당연하다. 심지어 아이가 괴물처럼 행동할 때조차도 말이다. 아이가 가장 흥미로워 하는 것에 조치를 취해야 하는 일은 정말 어렵다. 그러나 이것이 부모의 역할이다. 설령 아이와 일시적으로 사이가 서먹해진다 할지라도 어쩔 수 없다. 아이를 돕고 지도해 줄 기관이나 방법은 사설 기관 이외에도 학교나 교회, 사회복지 서비스, 아동 보호 서비스, 청소년 보호 기관 등 수없이 많다. 문제가 더 악화되기 쉽고 지금 당장 손쓰지 않으면 심각해진다는 것을 깨달으면 도움을 구하게 될 것이다. 그러므로 아이의 인생을 구하고 아이가 어른으로 성공하는 데 필요한 것이라면 어떤 도움이라도 요청해야 한다.

신체장애

우리가 알고 있는 가장 성공하고 자아 존중감이 높은 아이들 가운데 몇 명은 신체적 장애가 있는 아이들이다. 이 아이들의 부모들과 이야기를 나누다 보면 육아 방식에서 공통점을 발견하게 된다. 척추뼈 갈림증, 다운증후군, 간질, 투렛증후군(반복적인 근육경련과 특별한 이유 없는 발성을 특징으로 하는 신경정신성 질환—옮긴이) 등 아이들이 어떤 장애를 겪고 있든지 간에 이 아이들은 자신이 할 수 있는 모든 일에 스스로 책임지도록 격려 받고 있다. 부모들은 아이가 성취한 것에 현실적으로 접근하면서 기대 수준을 높인다. 아이들을 위한 편의 시설은 갖추어 놓지만 친구나 가족, 선생님에게 아이를 대할 때 장애가 없는 아이처럼 대해 달라고 요구하기도 한다.

오늘날에는 신체장애가 있는 아이들이 일반 교실에서 수업을 듣는 경우가 점점 더 많아지고 있다. 척추뼈 갈림증이 있는 한 아이는 화장실 가는 일을 자원해서 도와준 전문직 보조원과 버스 앞자리에 이 학생 전용좌석을 만들어 준 버스 운전사의 도움으로 초등학교를 다녔다. 학급 친구들은 이 아이의 책을 들어 주기도 했다. 학교 선생님들은 이 학생이 버스에서 내려 교실까지 오는 데 시간이 오래 걸렸기 때문에 아침에 늦는 것을 이해해 주었다. 그러나 이 학생은 가능한 한 자신이 할 수 있는 일을 스스로 하면서 자부심을 느꼈다. 다운증후군이나 간질, 투렛증후군을 겪고 있는 아이들도 일반 교실에서 수업을 듣고 있다.

모든 경우에 학교의 도움과 이해를 얻어야만 했다. 부모들은 학교에 가서 아이의 장애, 부모와 아이가 원하는 아이를 대하는 방법, 장애 때문에 일어날 수 있는 일들에 대해서 선생님들과 학급 친구들에게 이야기를 했다. 이 일에 관련된 사람들 모두에게 이 일은 주목할 만하고 도움이 되는 경험이었다.

아이가 신체장애가 있다는 이야기를 처음 들었을 때 하늘이 무너지는 줄 알았다고 부모들은 털어놓는다. 아이는 신의 기적 가운데 하나여야 한다. 아이는 완벽하기로 되어 있다. 우리는 때때로 아이를 우리 자신의 연장선이자 아빠와 엄마의 사랑의 산물로 생각한다. 어떤 부모들은 특별한 요구를 지닌 아이를 돌보기에 자신이 부족하다고 느낀다. 어떤 부모들은 아이를 불쌍하게 생각하고 사랑과 관심으로 보상하고 싶어서 아이에게 너무 많은 책임을 느낀다. 심지어 죄의식을 느끼거나 아이의 장애가, 특히 유전적인 것이라면, 자신의 잘못이라고 믿는 부모들도 있다! 어떤 경우에는 장애가 있는 아이를 돌보느라 다른 아이들이나 배우자를 소홀히 대하기도 한다. 어떤 가정에서는 이 소홀함을 참아내지 못한다. 때로는 다른 형제자매들이 '특별한' 아이가 부모의 사랑과 관심을 너무 많이 받아 분하게 여기기도 한다.

장애가 있는 아이를 성공적으로 키우고 있는 가정은 분위기가 따뜻하고 사랑이 가득하며 아이는 그 안에서 안전감을 느낀다. 그리고 아이에 대한 기대 수준이 높다. 부모는 아이를 과보호하거나 아이가 무력하고 도움 없이는 살아갈 수 없다는 인상을 주지 않으려고 조심한다. 가족들이 서로 책임을 나누고 시간을 함께 보낸다. 가족 모임이 흔하다. 부모들은 문제에 대해 상의하면서 이렇게 묻는다. "무엇을 할 계획이니?" 또는 "이 문제를 어떻게 해결할 수 있을까?" 그들은 줄넘기처럼 또래 친구들은 할 수 있지만 아이는 하지 못하는 일들과 이 일에 대한 아이의 태도로 발생할 수 있는 장애, 그리고 아이가 잘 할 수 있는 일들에 대해 이야기를 나눈다. 마릴린은 어린 시절 소아마비를 앓았을 때 한동안 걸을 수 없었다. 마릴린이 독서에 흠뻑 빠지고 인생에서 중요한 다른 것들을 이해하게 된 시점이 바로 그 때였다. 뛸 수 없던 어떤 아이는 훌륭한 음악가가 되었는데, 아이에게 연습할 충분한 시간과 어려움을 이겨 낼 의지가 있었기 때문이다. 이 아이는 체커나 체스 같은 보드 게임에서도 전문가가 되었다.

아이가 장애를 가지고 있다면 부모는 앞으로 일어날 일을 예측할 수 있게 아이를 도울 수 있다. 학교에서 또래 친구들에게 놀림을 받을 경우나 신체장애 또는 갑작스러운 병의 발작을 다루어야 하는 상황을 준비시킬 수도 있다. 이러한 상황에서 아이는 무엇을 할 수 있을까? 다른 아이들은 어떻게 할까? 아이는 자신의 두려움과 감정을 편안하게 표현할 수 있어야 한다. 그러나 부정적인 감정을 긍정적인 생각과 행동으로 바꿀 수도 있어야 한다. 우리는 체격이나 선천적인 능력을 포함한 많은 것들을 부모에게서 물려받는다. 때로는 장애를 물려받기도 한다. 그러나 가장 중요한 것은 아이가 부모에게 물려받은 요인들에 반응하는 방법이다. 어떤 아이는 자신의 신체적 특징을 '장애'로 보지만, 어떤 아이는 자신이 지닌 강점으로 보기도 한다.

또, 가족들이 모두 다른 사람을 위한 봉사 활동을 한다면, 아이는 자기 자신 안에 갇혀 있지 않고 자신의 장애를 긍정적으로 바라볼 수

있게 된다. 한 번 더 강조하고 싶은 것은, 아이가 전기를 읽는 것이
아주 유익하다는 것이다. 전기를 읽으면 아이는 다른 사람에 대해
알게 되는데, 특히 어려서 장애를 극복하고 나중에 꽤 성공해 훌륭한
결실을 맺은 사람들의 이야기를 알 수 있기 때문이다.

로버트는 로저 크로포드라는 신체장애가 있는 친구와 테니스를
쳤다. 로저 크로포드는 손이 없이 태어났다. 그의 오른쪽 팔은 팔꿈
치에서 바로 엄지손가락처럼 생긴 돌기가 나와 있었고, 왼쪽 팔꿈치
에는 엄지손가락과 다른 손가락 하나가 붙어 있었다. 한쪽 다리는
쪼그라들어 있었고 발가락은 세 개뿐이었다. 의사는 로저가 결코 걷
거나 자신을 돌볼 수 없을 거라고 말했지만 로저의 부모는 이 말을
받아들이지 않았다. 글을 쓰려면 두 팔로 연필을 잡아야 했지만 부
모는 로저가 이를 배우도록 격려했다. 부모는 또 로저가 스포츠에
참여하도록 격려했다. 고등학교 때 미식축구를 했고 대학교에서는
테니스 선수가 되어 11경기만 지고 22경기를 이겼다. 로저는 장애가
있는 테니스 선수로서 최초로 전문 강사 자격증을 따냈다. 지금은
전국 각지를 돌며 이런 메시지를 전하고 있다. "여러분과 제가 유일
하게 다른 점은 여러분은 제 장애를 볼 수 있다는 점입니다. 여러분
은 자신의 장애를 숨기려고 애쓸지도 모릅니다. 왜냐하면, 우리는 모
두 장애가 있기 때문입니다."
장애가 있는 아이는 부모가 자기 자신을 신뢰하고, 자기가 될 수
있는 것이라면 무엇이든 될 수 있다고 믿는다는 것을 알아야 한다.
부모는 아이와 한 약속을 꼭 지키고, 차분하고 예측 가능하며 일관된

방법으로 아이를 대해야 한다. 아이가 자기 자신을 책임지고, 스스로 결정하고 문제를 해결할 수 있게 격려해야 한다. 그리고 아이의 노력을 지지하기 위해 격려의 말을 전해야 한다. 무엇보다 중요한 것은 부모의 사랑은 조건이 없고 아이에게 뿌리와 날개를 줄 토대라는 점을 아이가 알게 하는 것이다.

자폐증

많은 아이들이 자폐증으로 진단 받았고, 자폐증과 밀접한 연관이 있는 아스퍼거 증후군도 미국 내에서 폭발적으로 증가하고 있다. 몇 년 전에는 아이들 2,000명 가운데 한 명만이 이러한 장애를 겪고 있는 것으로 추정되었는데 지금은 500명 가운데 한 명꼴로 추정된다. 자폐증은 두뇌에서 사람들과의 교류와 의사소통을 통제하는 영역의 성장을 방해하는 신경 질환이다. 미국 자폐 협회에 따르면, 미국에서는 백만 명 이상의 사람들이 자폐성 장애를 겪고 있다고 한다. 이제는 자폐증을 '집안 내력'이라고 믿는 사람들도 있다. 그래서 부모들은 가끔 죄책감을 느끼기도 한다. 자폐아들은 신체장애나 학습 장애가 있는 아이들에게 필요한 도움이 역시 필요하지만, 자폐증 나름의 특별한 도움이 필요하기도 하다.

자폐증을 겪고 있는 아이들은 자신만의 특별한 세계에 살고 있어서 다른 사람들과 의사소통을 하고 관계를 형성하는 일이 어려운 듯하다. 자폐증이 있는 사람 가운데 약 10%는 상대적으로 고도의 기능을 발휘하지만 나머지 사람들은 정신지체 현상을 보이고 언어발달이 심각하게 늦다. 어떤 아이들은 철자를 익히거나 악기를 연주하는 것과 같은 정교함을 요구하는 일에 뛰어나지만 세상에 발을 딛거나 다른 사람과 관계를 맺을 때는 어쩔 줄 모른다. 자폐증 증상은 주로 아이가 세 살이 되기 전에 나타난다. 고도의 기능을 발휘하지 못하는 아이는 대개 내성적이 된다. 부모가 오고 가는 것에 무관심한 듯 보이면서, 부모가 보여 주는 관심과 사랑에 저항한다. 이 아이들은 윙크나 미소와 같은 신호를 이해하지 못하고 시선을 마주치는 것을 피한다.

이 아이들은 가끔 신체적으로 공격하려고 하는데, 특히 낯선 환경에 처하거나 지나치게 흥분했을 때 그렇다. 물건을 부러뜨리거나 다른 사람을 공격하거나 자기 자신을 다치게 하는 경우도 있다. 이러한 행동은 분명 부모에게 부담스러운 짐을 지우고 감당하기 어려운 일이다. 자폐가 있는 아이의 부모는 아이와 의사소통을 할 수 없는 것이 가장 고통스럽고 어려운 점이라고 털어놓는다. 아이는 자기에게 필요한 것을 알리려고 노력하면서 좌절을 겪고, 부모는 아이의 욕구를 충족시켜 주면서 좌절을 겪는다. 어떤 자폐아는 자신의 볼을 다른 사람의 볼에 비비거나 신체 접촉을 하면서 애정을 보이지만, 애정을 표현하는 이 방법이 공격이나 거부의 표현으로 순식간에 바뀔 수도 있다. 이 점이 자식을 사랑하는 부모로서 참기 매우 어려운 일이다.

자폐를 겪고 있는 아이들 대부분이 시선 접촉을 하거나 얼굴을 바라보거나 다른 사람에게 반응을 보이는 일을 어려워하기 때문에, 자폐증은 일찍 발견될 수 있다. 이 아이들의 약 30%는 정상적으로 자라는 듯하다가 행동이 변하는 경우인데, 이 변화가 하루아침에 일어나기도 한다. 나머지 70%는 태어난 지 얼마 되지 않은 때부터 다른 사람과 어울리는 일을 어려워한다. 두뇌가 발달하는 어린 시기에 부모가 개입해서 조치를 취하면 외부 세계와 관계를 맺는 아이의 능력에 큰 차이를 만들어 낼 수도 있다. 불행히도 부모가 도움이 될 만한 자원을 찾는 일은 어렵다. 하지만 적절한 훈련과 환경을 제공하면 자폐증이 있는 아이가 정상적으로 기능을 하는 데 훨씬 더 큰 도움이 될 수 있다. 부모가 일찍 조치를 취하면 그만큼 성공할 기회가 커지기 때문에, 아이가 정상적으로 반응을 보이지 않는다고 생각되면 바로 자폐증 검사를 받게 해야 한다. 그러면 부모는 아이에게서 어떤 증상들을 눈여겨봐야 할까?

6개월 된 아이가 자폐증이 있다면 다음과 같은 증상들을 보인다.

— 부모와 대화를 하거나 놀 때 눈을 마주치지 않는다.

— 옹알이를 하지 않는다.

— 부모가 미소를 보여도 미소를 짓지 않는다.

— 다른 사람과 소리를 주고받는 일(아이가 소리를 내면 부모가 소리를 내고, 아이가 다시 소리를 내면서 소리를 서로 주고받는 일)을 하지 않는다.

— 까꿍 놀이에 반응을 보이지 않는다.

14개월 된 아이는 다음과 같은 증상을 보인다.

— 말하려는 시도를 하지 않는다.

— 손가락으로 가리키거나 손을 흔들거나 꽉 쥐는 일을 하지 않는 다.

— 이름을 불러도 아무 반응이 없다.

— 다른 사람에게 무관심하다.

— 몸을 흔들거나 팔을 휘젓는 것과 같은 행동을 계속해서 한다.

— 한 가지 물건에 집착한다.

— 감촉, 냄새, 소리 등에 지나치게 민감하다.

— 일의 규칙적인 순서를 바꾸는 것에 강하게 저항한다.

— 말을 하지 않는다.

모든 아이들이 이 증상들을 보이기는 하지만, 자폐가 있는 아이는 다른 아이들보다 더 자주 증상을 보인다는 것이 다르다.

자폐가 있는 아이들도 기술을 배울 수 있다. 하지만 이때 필요한 기술이나 사회적 행동을 여러 단계로 나누고 아이가 이 단계를 하나하나 밟아나가면 보상을 해 주는 것이 중요하다. 교육적 치료를 일찍 시작하면 자폐증 아이들도 단어를 배우고 얼굴을 구분하고 시선을 마주칠 수 있다. 이러한 기술들을 보통 아이들은 그저 다른 사람을 바라보고 흉내 내는 것으로 습득할 수 있지만 자폐 아이들은 그러지 못한다. 그러므로 적절한 사회적 행동과 다른 사람들이 기대하는 행동을 훈련하는 것이 중요하다. 가능하다면 부모는 행동 전문가와 함께 아이가 좌절과 감정을 표현하는 적절한 방법을 배우는 일을 도와야 한다. 자폐 아이들은 다른 사람의 얼굴을 바라보는 법, 목소리를 듣는 법, 다양한 표현과 목소리를 해석하는 법을 배울 때 도움이 자주 필요하다. 그림을 사용해서 사물이나 색깔, 숫자를 나타내는 적절한 단어를 가르치는 것이 도움이 될 수도 있다. 전문가들은 대부분 집중 훈련—행동 치료, 언어 치료, 물리치료, 작업 치료를 일주일에 20시간 이상 하는 것—이 아이의 기능을 향상시킬 수 있다고 생각한다.

이 아이들은 대부분 감각통합장애를 겪는다. 어떤 아이들은 시끄러운 소리나 여러 사람의 목소리를 듣는 일이 어려워서 귀를 막기도 한다. 이 아이는 방해하는 소리 없이 조용히 지시 사항을 전할 때 가장 잘 반응한다. 또 어떤 아이들은 시각적 자극이 너무 많으면 집중하지 못한다. 그래서 부모는 아이가 무엇에 민감한지 잘 알아야 하고, 아이의 환경에 자극이 너무 많지 않도록 노력해야 한다. 최근 굉장히 많은 아이들이 자폐로 진단을 받고 있기 때문에 자폐연구에 점점 더 투자를 많이 하고 있다.

〜 아스퍼거 증후군

아스퍼거 증후군은 발달 장애의 한 종류로 자폐증과 증상이 비슷하다. 이 증후군은 고기능 자폐증이라고도 불리는데, 이 장애가 있는 사람은 대개 전형적인 자폐증을 겪고 있는 사람보다 정신적으로 높은 성과를 보이기 때문이다. 때로는 영재아들이 이 증후군으로 진단을 받기도 한다. 자폐증처럼 이 증후군도 오래 지속된다. 이 증후군이 있는 사람들은 특징적으로 운동 조정력이 좋지 못하고, 관심 분야가 좁고 하루 일과를 반드시 규칙적으로 보내야 하며, '로봇처럼' 말하는 것에 집착한다. 이 장애가 있는 아이들은 전형적으로 사교 기술이 부족하고 다른 사람과 어울리는 일을 어려워하며 다른 사람의 감정에 거의 공감하지 못한다.

다른 장애를 겪고 있는 아이의 부모처럼 아스퍼거 증후군을 겪고 있는 아이의 부모도 이 장애에 대해 잘 알아야 하고 특별한 도움이 필요한 아이들을 도와주기 위해 애쓰는 개인과 단체로부터 도움을 받아야 한다.

아이가 자폐증이나 아스퍼거 증후군으로 의심이 된다면 부모는 무엇을 할 수 있을까? 우선, 자폐증 분야에 전문지식이 있는 발달 장애 소아과 의사에게 진단을 받을 수 있다. 아스퍼거 증후군은 완치될 수는 없지만, 언어 치료와 작업 치료, 행동 치료, 교육 치료, 약물 치료 등을 받으면 나아질 수는 있다. 때로는 규정식을 먹거나, 특정한 식품군을 먹지 않는 것이 도움이 되기도 한다. 다른 아이들이 자녀를 놀리지 않게 보호해야 한다. 시각적인 신호를 사용해서 아이의 특별한 관심을 증대시켜야 한다. 힘겨루기는 피해야 한다. 아이가 자신이 할 수 있는 모든 일을 책임질 수 있게 분위기를 조성해야 한다. 아이에게서 긍정적인 자질과 강점을 찾는다. 자신을 돌보는 법과 생활에 필요한 기술을 가르친다. 가장 중요한 일은 당신 자신을 소홀히 하지 않는 것이다. 필요하다면 주위에 도움을 요청하고 아이뿐 아니라 자신도 돌봐야 한다. 이 어려운 육아를 할 때 필요한 정보와 도움, 감정적 지지를 얻기 위해 손을 뻗어라. 그리고 당신이 아이를 돌보는 일이 아이에게 충분하지 않을 때, 이 사실을 인정해야 한다. 필요하다면, 당신의 특별한 아이에게 더 좋은 장소를 찾아 줄 사람들과 기관이 많이 있다. 당신도 매우 '특별한' 부모라는 사실을 알아야 한다.

〈아이와 함께할 수 있는 활동들〉

1. 어떤 아이들은 몸에 압력이 가해지면 대단히 침착해진다. 아이에게 무거운 조끼나 외투를 입혀 본다.

2. 아이가 다른 사람과 대화하지 않고 혼자서 할 수 있는 일을 배우게 돕는다. 그림을 그리거나 노래를 부르거나 악기를 연주하는 일을 배우게 한다.

3. 아이가 자신만의 세계로 숨는 대신 다른 사람과 상호작용하고 반응할 수 있는 상황을 제시한다.

이혼 가정의 아이들

이혼 가정의 아이는 특별한 도움이 필요하고 그 부모도 마찬가지다. 이혼이 꽤 흔한 일이긴 하지만 아이에게는 여전히 지대한 영향을 미친다. 어린 아이들은 부모의 이혼이 이해되지 않아 혼란을 겪고, 그 상태를 그대로 행동으로 나타내기도 한다. 아이는 종종 아빠나 엄마가 떠나는 것이 자신의 잘못 때문이라고 여긴다. 아이는 자신이 더 잘했거나 더 좋은 성적을 받았다면 이혼은 결코 일어나지 않았을 것이라고 믿는다. 아이는 부모의 이혼이 자신의 잘못이 아니라는 것을 이해해야 하고 부모가 헤어진 것에 대해 죄책감을 느끼지 않아야 한다.

부모가 이혼을 한 후 아이와 부모는 서로 헤어져 겪게 되는 슬픔의 단계를 거친다. 많은 아이들이 이제 가족은 끝이 났다고 생각한다. 아이의 생각대로 가족은 끝났다. 하지만 아이와 가족들의 관계는 지금처럼 계속된다. 부모와 가족 이외의 사람들이 가족의 형태는 변했지만 그들은 여전히 가족 구성원이라는 사실을 아이에게 이해시켜야 한다. 주위를 살펴 다양한 가족 형태를 발견해 보는 것이 도움이 될 수 있다. 아이는 이제 두 가정에 소속되어 각기 다른 규칙이 있다는 것을 알게 된다. 아이를 낳은 부모와 새로 생긴 부모가 아이의 중요한 문제에 서로 동의하고 중요한 결정을 내릴 때 공동 전선을 펼치는 것이 좋다. 아이는 종종 자신이 어디에 있어야 하는지 혼란스러워 한다. 학교 과제물이나 개인 물품을 한쪽 부모 집에 놓아둔 채 잊어버리는 일은 아이에게 심각한 문제다. 부모는 아이가 이러한 문제를 차분하고 감정의 동요 없이 해결하도록 도와야 한다. 아이 물건을 두 세트씩 장만해서 양쪽 부모 집에 각각 두고, 아이가 어느 쪽 부모 집에 있어야 할지 달력에 표시를 해 두면 도움이 된다. 학교 선생님께 양쪽 집으로 성적표를 발송해 달라고 요청할 수도 있다. 아이가 규칙적인 생활을 할 수 있도록 환경을 조성해서 스트레스를 받지 않게 하는 일이 아이의 안정된 생활에 매우 중요하고, 부모의 이혼을 받아들이게 도울 수 있다. 양쪽 부모가 아이에게 바라는 점이 무엇인지 알려주어야 한다. 부모는 앞으로 일어날 수 있는 어려운 일을 예상하고 계획을 세워 아이가 안전감을 느끼게 할 수 있다.

가족 가운데 누군가가 죽으면 의식을 차리고 애도하는 기간을 가지며 가족과 친구들이 모여 위로하고 보살펴 준다. 하지만 이혼을 하면, 특히 폭언이 오가는 험악한 분위기로 이혼을 하면 친구들과 가족들이 멀리 달아나거나 한쪽 부모 편을 든다. 부모는 자신들의 이혼과 슬픔으로 힘들어 하고 어쩌면 새로운 파트너에게 사로잡히기도 하는데, 이때가 아이에게는 부모의 관심이 가장 필요할 때라는 점을 명심해야 한다. 아이는 아마도 부모가 이혼하기 전부터 오랫동안 스트레스를 받아 왔을 것이고, 아이의 스트레스는 부모가 도장을 찍은 후에도 지속될 것이다. 아이는 부모가 이혼할지도 모른다는 것을 알고 걱정을 한다. 자신이 사랑하는 사람들이 서로 친절하지 않은 말을 내뱉는다. 아이는 자신의 상처를 덜어내기 위해 다른 누군가에게 폭언을 퍼부으면서 부모에게서 본 것 그대로 행동할지 모른다. 아이는 또 양쪽을 다니면서 부모들이 듣고 싶어 하는 말을 하거나 서로 싸움을 붙여 부모를 조종할 수도 있다.

아이들은 슬픔의 단계를 지나가게 되는데 처음에는 다음과 같이 말하며 이 상황을 부인한다. "이것은 사실이 아닐 거야." "부모님은 다시 함께 살게 될 거야." 다음 단계에서는 대개 자신의 감정과 싸우게 되는데, 이 단계에서 아이는 혼란스럽고 격한 감정에 휩싸이며 부모에게서 버림받았다고 느낀다. 이 때 아이는 자신의 감정을 표현할 수 있어야 한다. 가족 이외의 사람이나 새로 생긴 부모가 공정한 입장으로 아이의 이야기를 들어주는 역할을 종종 하는데, 이들은 아이

의 감정을 받아 주고 아이가 느끼는 감정이 그럴 수 있다고 인정해
준다.

오랜 시간이 걸릴지도 모르지만, 모든 일이 제대로 된다면, 아이
는 마지막으로 '현재의 상황과 앞으로의 상황' 을 다시 조직하고 받
아들이는 단계를 거치게 될 것이다. 이 상황에 관여하고 있는 사람
들은 모두 아이는 굉장히 연약한 존재이고 이 단계들을 반복해서 거
치게 될지도 모른다는 점을 명심해야 한다. 아이에게는 신체적으로
그리고 정서적으로 안전감을 느낄 수 있는 토대가 있어야 하는데, 부
모는 일관성과 구조화된 생활 패턴, 변함없는 보살핌으로 아이에게
이 토대를 제공할 수 있다. 그리고 아이에게 결혼에 대한 이야기를
들려줄 수 있다. 사람들은 왜 결혼을 하는지, 어떻게 변하고 실수를
저지르는지에 대해 아이와 이야기를 나눈다. 아이가 알아야 할 가장
중요한 것은 자신이 실수로 태어난 존재가 아니라는 점과 부모가 이
혼을 했다고 해서 자신을 더 이상 사랑하지 않는다거나 돌보지 않는
다는 것을 의미하지 않는다는 점이다.
　양육권이 한쪽 부모에게만 있든 양쪽 부모에게 공동으로 있든 간
에 이혼을 한 후에는 한쪽 부모가 아이를 혼자서 돌봐야 하고, 부모
로서 슬픔을 느끼고 특별한 도움이 필요한 단계를 거치게 된다. 혼
자서 아이를 양육하는 문제와 어려움에 대해 이야기를 들어 보면 양
육권이 있는 부모들은 시간이 부족한 점이 가장 큰 문제라고 말한
다. 배우자 없이 하루 종일 일하고 쇼핑하고 요리하고 청소하고 아
이들 숙제를 도와주는 일은 혼자 감당하기엔 매우 버거운 일이다.

또 양육권이 없는 상대방을 떠올리면 억울하다는 생각도 든다. 양육권이 없는 부모는 아이가 올 때까지 새처럼 자유로워 보이고, 관련된 모든 사람들은 휴가를 보내고 있는 것 같다. 양육권이 있는 부모는 굉장한 책임을 지고 있는 것이다. 아이를 양육하고 있는 부모가 정서적으로 지지를 받지 못하거나 쉴 시간을 확보하지 못한다면 혼자서 아이를 양육하는 일은 성공할 수 없다. 혼자서 아이를 키우는 많은 부모가 지치고 재정을 걱정하며 자신의 문제를 터놓고 이야기할 사람이 없다. 아이들은 양쪽 집을 다니면서 부모가 듣고 싶어 하는 말을 하거나 서로 싸움을 붙여 부모를 조종할 수도 있다. 혼자 아이를 키우는 부모는 또 매일 일어나는 일을 함께 책임지거나, 함께 결정을 내릴 사람이 전혀 없다. 어떤 부모는 외로워서 아이를 친한 친구처럼 대하고 아이와 서로 의지하는 관계를 형성하는 실수를 저지르기도 하는데, 이러한 관계는 대개 아이가 원하는 것이 아니다. 또 어떤 부모는 자신의 문제 때문에 아이가 원하는 것을 등한시하기도 한다.

한 부모 가정의 부모는 아이에게 역할 모델과 멘토가 되어 줄 자신과 성이 다른 어른이 필요하다고도 말한다. 특히 다른 쪽 부모가 아이와 매우 적은 시간을 보낼 경우 더욱 그러하다. 어떤 엄마는 다음과 같이 묻는다. "제가 어떻게 우리 아들에게 남자아이들이 기본적으로 알아야 할 것들을 가르칠 수 있을까요? 저는 아이와 캐치볼은 하지만 남자다움이 어떤 것인지 알려 줄 방법은 모르겠어요. 제가 어떻게 사춘기 때 일어나는 변화나 여자 친구와 데이트 하는 방법을 말해 줄 수 있을까요?" 이러한 경우에는 조부모나 자신과 다른 성을 가진 친구들이 그 역할을 맡아 줄 수 있다. 이들은 아이에게 특별한 친구가 되어 아이의 이야기를 들어주고 아이를 이해하면서 역할 모델과 멘토가 되어 줄 수 있다. 아이를 칭찬하고 격려하고 확신을 줄 뿐만 아니라 새로운 기술도 가르칠 수 있다.

이들은 부모에게도 같은 역할을 해 줄 수 있다. 아이에게 필요한 것이 부모인 당신에게도 똑같이 필요하다. 그러니 걱정하지 말고 자신을 돌봐 줄 친구나 다른 사람을 찾아라. 당신은 자신에게 없는 것을 아이에게 절대로 줄 수 없다. 그러니 이혼한 가정에서 살게 된 아이를 위해서 스스로 자신을 돌보고 사회적으로 정서적으로 잘 사는 모습을 보여 주어야 한다.

재혼 가정의 아이들

오늘날에는 아이들 네 명 가운데 한 명꼴로 부모가 별거나 이혼을 하고, 수백만 명의 아이가 새로운 가족 환경에 적응하는 방법을 배운다. 한쪽 부모에게 새로운 파트너가 생기거나 아이를 입양하거나 재혼으로 배우자의 아이를 책임지게 되면 복합가정이 생기고 가족 수가 늘어나게 된다. 새로운 가족의 일원이 된 아이들은 일반적으로 여러 가지 문제를 겪어 이 시기 동안 엄청난 스트레스를 받는다. 한쪽 부모나 친구, 예전 가족에서 느꼈던 친근함을 잃어버렸다고 생각하는 아이도 있고, 예전 부모와 겪었던 문제에서 벗어나게 되는 아이도 있다. 부모의 기대와 가정의 규율이 바뀐 것뿐만 아니라 새로운 관계가 오랫동안 지속되는 것 때문에 많은 아이들이 불안해 한다.

마음이 양쪽 부모에게 나뉘고, 편애 때문에 걱정하고, 버림받았다고 느끼며, 부모들의 육아 방식이 달라 많은 아이들이 고통스러워 할지도 모른다. 이 모든 문제들을 해결하기 위해 부모는 명확하고 공정하며 일관된 기준을 세워야 하고 사랑하고 배려하는 분위기를 형성해야 한다.

재혼은 그 자체로 문제가 될 수도 있다. 아이들은 자신이 감당해야 하는 새로운 요구와 기대 때문에 분개하기도 하고 질투하기도 한다. 이혼한 가정의 아이들은 가족이 예전처럼 다시 모여서 살 수 없다는 것을 마침내 확인하게 된다. 부모는 육아와 행동 기준에 대한 태도가 서로 달라서 발생하는 문제를 해결하기 위해 반드시 시간을 할애해야 한다. 그리고 새로 가족이 된 아이들과 사귀기 위해 시간을 들여야 하고, 자신이 낳은 아이들에게는 부모의 사랑이 변하지 않았다는 것을 확인시키기 위해 이 아이들하고만 시간을 보내기도 해야 한다.

그러므로 내가 낳지 않은 아이의 부모가 되는 일은 도전적인 일이다. 부모들은 가끔씩 자신들이 서로 매우 많이 사랑하기 때문에 문제가 쉽게 해결될 것이라고 생각한다. 하지만 아이가 겪는 감정적인 문제는 사랑만으로 다루어질 수 없다. 아이와 어른 모두를 위해 새로운 가정이 도움이 되도록 부모들은 둘 다 진심으로 노력해야 한다. 자신이 낳은 아이를 데리고 새로운 가정을 꾸릴 때 부모들은 복합적으로 어려운 역할을 맡는다. 이러한 '혼합가정' 은 괜찮을 수 있다. 미국 텔레비전 드라마인 〈브래디 번치*Brady Bunch*〉 속 가족의 경우, 재정적 어려움도 이혼한 배우자들 때문에 생기는 곤란도 겪지 않는다. 그러나 모든 사람이 브래디 부부처럼 참을성이 많지도 않고 현명하지도 않다.

재혼 가정에는 어려운 문제가 많이 생길 것이다. 이 문제를 가장 잘 막을 수 있는 것은 결혼으로 맺어진 집단의 결합과 사랑이다. 이 상적으로는 재혼을 하기 전에 아이들에게 '새로운' 부모를 소개하고 인정받는 것이 좋다. 불행히도 어떤 부모들은 이혼 후 데이트를 하면서 아이들에게 새엄마나 새아빠가 될 가능성이 있는 많은 어른들을 소개하기도 한다. 아이는 일시적으로 만날지도 모르는 이 사람들에게 애착을 느끼는 것을 두려워한다. 부모가 아이에게 해 줄 수 있는 최상의 것은 사랑하는 관계의 본보기를 보여 주는 것이다. 아이는 '새로 온 사람'을 처음에는 엄마나 아빠의 사랑을 빼앗아 갈 경쟁자로 보고 분노와 의심의 눈초리로 인사를 한다. 그래서 아이가 자신이 버려질 가능성이 전혀 없다는 것과 새로운 파트너와의 만남이 일시적이지 않다는 것과 부모들이 서로만을 사랑하는 것이 아니라 가족 구성원 모두를 사랑한다는 것을 아는 것이 특히 중요하다. '새로운' 부모를 좋아하고 사랑한다고 해서 낳아 준 부모를 사랑하지 않는 것은 아니다. 서로에 대해 알 필요가 있는데, 특히 일대일로 알아 가는 것이 관계를 좋게 한다.

재혼 가정에서는 형제자매끼리 항상 경쟁을 할지도 모르지만 가족 구성원으로서 서로서로 사랑하고 걱정하기도 한다. 재혼 가정에서 새로 만난 형제자매가 경쟁하는 일은 꽤 흔하고, 이 경쟁으로 부모가 "당신 아이!", "내 아이!"라고 말하는 지경에 이르면 회복할 수 없는 상처가 된다. 모든 일을 타당하고 공정하게 처리하는 것이 재혼 가정의 아이들에게 훨씬 중요한 일이다. 재혼한 가정의 부모가 육아에서 서로 다른 철학과 규율을 가지고 있다면 이 차이점을 해결해야 한다. 이것 역시 결혼 전에 해결하는 게 이상적이다. 아이를 키울 때 모든 가정에서 그러는 것처럼 재혼 가정에서도 부모의 육아 규율에 대한 철학이 일치해야 하고 육아 문제에 관해 배우자들이 서로 끊임없이 대화해야 한다. 아이가 부모에게서 일치하지 않는 메시지를 받거나 한쪽 부모를 조종해서 다른 쪽 부모와 사이가 벌어지게 만드는 일이 있어서는 안 된다. 아이가 인내와 사랑으로 가족 활동, 양가의 전통 행사, 의사 결정 과정에 참여하면 개인적으로 성장하고 가족이 행복을 유지하는 데 아주 중요한 안전감과 소속감을 키우게 될 것이다.

이러한 문제를 인식하고 이 문제들을 해결하기 위해 노력한다면 재혼 가정의 가족들은 긍정적인 보상을 받을 수 있다. 재혼을 통해 아이들의 가족은 확장된다. 그리고 살아가면서 겪게 될 어려움을 해결하기 위해 함께 노력하면서 소중한 배움의 기회를 얻게 된다. 재혼 가정에서 자란 아이들이 적응력이 뛰어난 어른이 되는 경우가 종종 있다. 이 아이들은 참는 법과 타협하는 법을 배울 수 있고 삶을 살아가는 다른 방식을 직접 경험하고 배워서 더 풍요로운 삶을 살 수 있다. 재혼 가정의 아이들은 이전에 경험하지 못한 소속감과 위안을 느낄 수도 있다.

>>>

　　아이들은 모두 특별하다. 이러한 점에서 효과적인 육아를 위한 열쇠는 아이들 각각의 차이점에 맞추는 것이다. 남자아이와 여자아이는 다르게 대해야 한다. 그러나 성별에 따른 전형적인 행동을 강요해서는 안 된다. 중요한 것은 아이가 자신의 모습을 있는 그대로 편안하게 느끼도록 돕는 것이다. 아이가 친구 문제로 어려움을 겪을 때, 아이는 그 문제를 해결하기 위한 여러 가지 방법을 스스로 모색한다. 아이에게 문제 해결책을 제시하지 말고 아이가 가장 편하게 느끼는 방법을 직접 선택하게 한다. 부모가 별거나 이혼을 한 경우, 아이는 문제의 원인이 자신이 아니라는 사실을 알아야 한다. 재혼 가정의 부모들은 자신이 낳지 않은 아이를 키울 때 남다른 어려움을 겪는다. 하지만 이런 경우에도 부모들이 아이에 대한 기대, 기준, 훈육 방식에 의견을 하나로 모은다면 문제를 줄일 수 있다.

9장

영재의 욕구 충족시키기

>>>

　영재에 대한 근거 없는 믿음이나 오해 때문에 영재아들에게 특별히 관심을 쏟을 필요가 있다는 것을 점점 인식하지 못한다. 하지만 영재아를 둔 부모라면 누구나 이 아이들은 정말로 특별한 도움이 필요하다고 말한다.

　아이가 알파벳 모양 시리얼을 순서대로 배열하기 시작하거나 알파벳 조각으로 단어를 만들기 시작할 때 당신은 아이의 지능이 높을지도 모른다고 생각한다. 〈세서미 스트리트*Sesame Street*〉에서 처음으로 스페인어를 접한 두 살짜리 아이가 들은 그대로 따라하거나, 십대 아이가 패션 잡지보다 역사 잡지를 더 좋아할 때 이 아이가 '남다르다'는 것을 알게 된다. 어떤 부모가 말하기를, 자기는 아이가 네 살 때 아이의 영재성을 알았는데, 그때 아이는 예배를 마치고 교회를 나오면서 목사의 옷소매를 잡아끌며 "목사님은 하느님과 제우스가 사이가 좋다고 생각하세요?"라고 물었다고 한다. 또 어떤 부모는 자신의 한 살짜리 아이가 헝겊책을 입에 물고 기어 오길래 책을 읽어 주었는데 그 후로 아이는 책을 탐독하고 있다고 말했다!

어떤 부모들은 자신의 자녀가 남다르다는 것은 알았지만 어쩌면 이것이 좋지 않은 일일 수도 있다고 생각했다고 한다. 이 아이들은 친구들이 흥미 있어 하는 것에는 별 흥미를 느끼지 못하는 듯했고 끊임없이 질문을 했다고 한다. 영재는 때로 다른 것은 모두 제외하고 한 가지 주제에만 매달려 몇 달 동안 고민한다. 어떤 부모는 아이가 지능이 꽤 높다는 것은 알았지만 수준이 어느 정도인지는 알지 못했다. 그러다 언제인가 엄마가 법률 시험에 대비해 공부를 하고 있는데 아직 십 대였던 아이가 연습 시험에 멋지게 통과하는 것을 보고서야 아이의 지능이 얼마나 높은지 깨달았다고 한다! 이 딸아이는 고등학교를 건너뛰고 바로 대학에 들어갈 수 있었지만 사회성을 개발하기 위해 고등학교에 진학했다고 한다!

영재의 특성

영재들은 부모에게나 교사에게나 힘든 과제다. 조앤 스무트니는 어린 영재 전문가다. 다음은 그녀가 찾은 다섯 살과 여섯 살 영재들이 흔히 보이는 몇 가지 행동들이다.

— 다양한 분야에서 호기심을 나타낸다.

— 생각이 필요한 질문을 한다.

— 어휘가 굉장히 풍부하고 복잡한 문장 구조를 사용한다.

— 독특한 방법으로 문제를 해결한다.

— 기억력이 좋다.

— 독창적인 상상력을 보인다.

— 학습 속도가 빠르고 재치와 유머가 있다.

— 관찰력이 뛰어나다.

— 흥미 있는 것에 지속적으로 관심을 보인다.

— 독서를 좋아한다.

영재들은 다음과 같은 특징도 보인다.

— 확산적 사고 능력

— 흥분을 잘함

— 통찰력

— 열정적인 관심

— 완벽주의

— 추상적 사고

— 공정성과 정당성에 대한 인식이 앞섬

— 세계 문제에 관심이 있음

— 지능이 높은 또래 친구들과 어울리는 것을 좋아함

— 원인과 결과의 미묘한 관계를 감지함

— 취미와 관심 분야가 다양하고 모으는 것을 좋아함

— 강렬함

"선생님이 여름 내내 이거 가져도 된다고 하셨어!"

영재들이 모두 이 모든 행동을 보이는 것은 분명 아니지만, 아이가 이 행동과 특징 가운데 많은 것을 꾸준히 보인다면 그 아이는 아마도 지적으로 뛰어난 아이일 것이다.

지적으로 성장할 기회 제공하기

기대 수준에 미치지 못하는 아이들이 많다. 지적 능력이 뛰어난 아이에게도 자주 일어나는 일이다. 이유는 여러 가지다. 어떤 아이들은 책이나 잡지 같은 읽을거리, 게임이나 장난감 같은 놀거리로 자극을 받지 못하는 환경에서 자란다. 또 어떤 아이들은 스트레스와 갈등이 가득하거나 학대 받는 환경에서 자란다. 연구에 따르면 이런 환경에서 자란 아이들은 자신의 잠재력을 모두 발휘하지 못하는 경우가 잦다고 한다. 부모에게서 버림받거나 사랑 받지 못한다고 느끼는 아이들은 지능 검사에서 약 30점이 낮게 나온다. 반면에 여러 가지 다양한 자료를 접하고, 자극을 주는 대화를 하고, 창의적으로 사고를 해야 하는 게임을 하고, 새로운 것을 배울 기회가 잦은 환경에서 자라면 지능 지수가 상당히 높아진다고 한다.

그러므로 부모는 아이의 창의력과 사고력을 확장시킬 수 있는 방법을 찾아야 한다. 영재 자녀에게 일반적인 칭찬보다 격려가 되는 말을 해서 아이의 생각에 활기를 불어넣어 주기 위해 노력해야 한다. 연구에 따르면 아이를 칭찬할 때 높은 지능 지수를 칭찬하는 것은 아이의 동기를 저하시키고 아이가 자신의 지능을 친구들에게 과장하게 만들기 쉽다고 한다. 아이가 도전적인 일을 해내려고 애쓸 때 그 노력과 인내를 칭찬해야 한다. 아이가 위험을 감수하고 도움을 요청할 수 있는 분위기를 조성해야 한다. 또 가정을 안전하게 여겨 가정 안에서 실수를 저지르고 새로운 역할을 시도해 볼 수 있어야 한다. 실수를 통해 배울 기회를 얻게 된다는 사실을 아이에게 상기시켜라. 부모가 아이에게 거는 기대는 매우 명확하고 현실적이어야 한다. 영재 어린이들은 완벽함을 추구하는 경향이 있어 자기 자신을 엄하게 평가한다.

〈아이와 함께할 수 있는 활동들〉

1. 영재 아이와 함께 사고가 필요한 게임을 하라. 체스, 체커, 십자말풀이, 스크래블(철자가 적힌 플라스틱 조각을 조합해 글자를 만드는 보드 게임—옮긴이), 암호문 해독 퍼즐, 철자를 섞어 놓고 단어 맞추기, 수학 관련 퍼즐 등을 할 수 있다.
2. 아이에게 물건을 하나 골라 예상치 못한 방법을 사용해서 당신에게 팔아보라고 한다.
3. 아이에게 창의력을 자극할 수 있는 장난감을 준다.

영재에게 필요한 특별한 도움

영재를 다루는 일은 노력이 많이 필요한 일이다. 영재는 특성상 특별한 도움이 필요한데, 이 특성 때문에 아이들은 자신이 살아가는 환경과 어울리는 데 종종 갈등을 겪는다.

영재들은 대부분 근본적으로 내성적이다. 그리고 이 아이들은 너무나 예민해서 상처 받기 쉽기 때문에 때로는 보호와 위로가 필요하다. 부모는 영재 자녀가 자신이 지니고 있는 영재의 특성을 이해하도록 도와야 한다. 열 살이 안 된 영재 아이들에게 가장 큰 문제는 영재가 된다는 것의 의미를 이해하지 못하는 점이다. 이것은 비밀이다! 아이는 자신이 남들과 다르다는 점을 알기는 하지만, 왜 다른지 알지 못하고 다르다는 것이 좋은 건지 나쁜 건지도 확신이 없다. 자녀가 학교에서 영재로 판별이 났다면 아이와 함께 테스트 결과를 검토해 보는데, 특히 아이의 강점과 약점을 나타내는 지표들을 잘 살펴봐야 한다. 모든 영역에서 골고루 영재성을 띠는 아이는 좀처럼 없다. 이 점을 아이가 이해하는 것이 중요하다. 그 까닭은 영재 아이가 모든 면에서 우수할 것이라는 생각은 영재성에 대한 근거 없는 믿음 가운데 하나이고 때로는 영재에게 기대하는 점이기 때문이다. 작가인 주디 게일브레이스는 이 점이 영재가 품고 있는 불만 가운데 하나라고 말한다.

아이의 사회성과 정서적 발달을 위해 할 수 있는 가장 중요한 일 가운데 하나는 아이의 이야기를 들어 주는 일이다! 듣기는 믿음을 강화시키고 내적 자아와 외부세계 사이에 있는 아이에게 생명줄이 되어 준다. 아이가 자신의 두려움, 걱정, 생각 등을 말할 때 진지하고 수용하는 자세로 들어 줌으로써 아이의 지능을 인정할 수 있다. 아이를 학습자로서 소중히 여기고 아이가 자신의 감정이 어떤지 확인하고 그 감정을 현실로 받아들이도록 돕는다.

잘 짜인 생활 패턴은 선택권만큼이나 영재들에게 중요하다. 이 아이들은 원인과 결과, 결과의 속성을 이해해야 한다. 자신에게 제한되어 있는 일과 선택권이 주어진 일, 그리고 각각의 결과를 규정해서 모두를 위해 자기 자신을 통제할 수 있어야 한다. 아이가 '자신의 행동 결과'를 예상하고 계획을 세우도록 돕는다. 아이에게 하고 있는 작업을 끝마치라거나 다른 활동을 시작하라고 요구하기 전에 지금 하고 있는 일을 마무리할 시간을 충분히 준다. 아이에게 바라는 활동과 그 이유를 설명해 준다.

영재가 자신을 이해하도록 돕기

영재는 자신이 다른 사람과 어떤 점이 비슷하고 어떤 점이 다른지 알아야 한다. 자신이 인지하고 있는 자신의 모습과 다른 사람이 기대하는 모습을 이해하고 둘 사이의 차이를 좁혀야 한다. 영재가 모든 영역에서 골고루 발달하지 못하는 것은 흔한 일이다. 이 아이들은 자신보다 재주가 좋거나 사회적으로 더 교양 있는 또래 친구들과 자신이 다르고 친구들에 비해 열등하다고 느낀다. 친구들의 관심 분야를 이해하지 못하고 친구들과 공통 관심사가 거의 없다. 이 아이들에게는 부모나 자기가 본받고 싶은 사람들로부터 자신이 지니고 있는 영재성의 가치를 확인 받는 것이 중요하다.

우리는 영재들이 자기 자신에 대해 깨닫고 자신에 대한 이미지를 현실적으로 형성하여 정체성을 찾을 수 있게 도와야 한다. 그러기 위해서는 아이가 자신의 외모와 강점, 약점을 인정하게 도와주어야 한다. 아이는 자신의 현재 모습에 자신감을 가지면서 자기 자신을 긍정적으로 생각하게 된다. 아이가 자신이 할 수 있는 일과 할 수 없는 일을 구별하게 도와주어라. 자신의 지적 능력에 대한 죄책감이나 걱정 없이 자부심을 갖게 하고, 자신의 재능과 강점을 깨달을 수 있게 분위기를 형성한다. 영재도 한 인간으로서 받아들여지고 인정되어야 할 필요가 있는데, 특히 성취한 일이나 업적, 결과물에 따라 이 아이들의 가치를 인정하는 경우에는 더욱 그러하다.

자기 존중감에 대해 심각한 딜레마에 빠져 있는 아이들이 있다. 다른 아이들은 살아 있다는 것만으로도 자기 자신을 소중히 여기는 반면, 이 아이들은 자신이 영리하다고 느끼거나 성적이 좋거나 일을 잘 해냈을 경우에만 자기 자신을 소중하게 여긴다! 영재들은 가끔 자신이 지금과 같은 업적을 이루지 못하더라도 여전히 사랑 받고 여전히 소중한 존재로 받아들여질지 궁금해 한다. 좋은 성적과 성취로 부모와 선생님을 기쁘게 하려고 어린 시절 내내 노력했던 순종적인 영재가 어른이 되면 업적을 달성하는 데 별로 즐거움을 느끼지 못할 수도 있다. 영재들은 이따금씩 자신의 업적이 형제자매의 업적보다 뛰어나지 못하다고 여기거나 부모의 기대를 충족시킬 수 없다고 믿는다. 이 아이들은 자기 자신을 인정하지 못한다. 그래서 자기 자신에 대해 좋은 점을 발견하고 긍정적인 방향으로 자기 자신을 볼 수 있도록 도와주어야 한다. 성적이 좋거나 훌륭한 업적을 이루어서가 아니라 소중한 한 인간으로서 인정해야 한다.

영재들은 또 지나치게 자신을 비판하고 일찍부터 완벽주의자가 되려고 해서 고통을 겪는 경우가 많다. 이 아이들에게는 배우는 일이 쉽겠지만, 이로 인해 자기 자신에 대해 비현실적인 기대를 하기도 한다. 나중에 스트레스와 좌절의 원인이 될 수도 있는 지나치게 높은 기대를 피하기 위해 부모에게서 지도를 받아야 할지도 모른다. 아이들은 실수를 할 수도 있고 도움을 요청할 수도 있다는 점을 이해해야 한다. 토머스 에디슨과 헨리 포드처럼 실패를 경험한 후, 그 실패를 거울 삼아 무엇인가를 배웠던 사람들의 전기를 읽게 해라.

영재들은 또 자신이 왜 이곳에서 살아가고 있는지 이해해야 한다. 이 세상에 가장 잘 어울리는 방법을 결정하게 도와준다. 어떤 어린 영재 학습자는 자신이 느낀 좌절을 이렇게 표현했다. "세상은 바보들 천지예요!" 영재들은 바보들을 기꺼이 참아내지 않는다. 이 아이들은 세상이 부정과 불일치를 받아들이는 무능한 어른들의 손에 있다고 믿는다. 종종 우두머리 행세를 하거나 따지기 좋아하는 사람처럼 행동하고, 불만에 가득 차 학교를 그만두고 싶어 하고 때로는 실제로 그만둔다. 또 조용히 그저 다른 사람들이 자신을 따라오기를 기다리기도 한다. 부모는 영재 자녀가 재능이 덜한 사람들을 소중히 여기고 인정하도록 도와주어야 한다. 사회에서 통용되는 방법으로 자신의 관심사를 드러내고 생각을 표현하도록 가르치는 것 또한 중요하다. 상대방이 불쾌하지 않게 거절하는 방법도 익히게 도와준다. 영재들은 사교 기술을 쉽게 터득하지 못한다. 그래서 자신의 감정을 이해하고 사회에서 인정하는 방법으로 표현하기 위해 부모의 도움을 받아야 한다. 때로는 능력 없는 사람들이 애써서 해 놓은 일에 불만을 갖기보다는 리더십 기술을 키워서 사람들이 일을 제대로 할 수 있게 직접 지시하는 것이 해결책이 되기도 한다.

영재들이 사회적으로 그리고 정서적으로 발달하기 위해 관심 분야를 넓히고 다른 사람들과 공통된 관심 영역을 찾게 도와주는 일 또한 중요하다. 영재들은 종종 다른 사람과 어울리는 일을 어려워해 사회적 고립을 느끼기도 한다. 이 아이들은 다른 사람과 다르다고 낙인찍히는 것을 싫어하는데, 이런 점은 청소년 시기가 다가올수록 더욱 그러하다. 연구에 따르면 영재들은 지적으로 재능이 있는 또래들과 시간을 보내 자신의 생각에 자극을 받고 자아 정체성과 소속감을 강화하는 것이 중요하다고 한다. 이 아이들은 이렇게 함으로써 자신이 혼자가 아니라는 것을 깨닫게 된다. 세상에는 자신을 이해해 주는, 자신과 비슷한 아이들이 존재한다. 영재들은 다른 사람과 어울려 그 사람들의 감정에 공감해 볼 필요가 있다. 역할극을 하거나 다른 관점으로 생각해 보면 세상을 폭넓게 인식할 수 있고 다른 사람의 생각을 받아들일 수 있다. 부모들은 어린이들을 초대해서 대화하는 방법과 손님을 대접하는 방법을 이야기로 들려주거나 직접 시범을 보여 아이들이 사람들과 어울리는 기술을 터득하게 할 수 있다.

영재 아이들이 자신을 공동체의 한 부분으로 느끼게 도울 수 있는 가장 좋은 방법 가운데 하나는 아이들이 다른 사람을 도울 수 있게 격려하는 것이다. 부모가 말과 행동을 통해 아이에게 모범을 보이고 멘토가 되어 주어야 한다. 도움을 요구하고 도움을 받을 때 어떻게 느껴야 하는지 이야기한다. 가족이 모두 모여 집 없는 사람들을 위해 음식을 나누어 주거나 무료 급식소에서 함께 일한다. 할머니가 정원을 손질할 때 어떻게 도움을 받는지 또는 손자손녀들이 방문하면 얼마나 기뻐하는지 알려 준다. 영재 아이들이 가정에서 책임질 일을 맡으면 가족들과 연결되어 있다고 느끼게 되고 자신의 행동에 책임지는 것을 배우게 된다. 영재 아이들이 사회적으로 적합하지 않은 행동을 못하게 해야 한다. 아이가 어른이든 아이든 다른 사람에게 창피를 주거나 상대방을 무시하는 것을 그냥 넘기면 안 된다. 사회 기술을 터득할 수 있게 가르쳐야 한다. 서로 존중하는 일을 강하게 요구한다. 개인의 고유한 특성을 살릴 때와 집단의 일원으로 역할을 해야 할 때에 대해 알려 준다. 가족 구성원은 모두 가족이 강해지는 데 나름대로 기여한다는 사실을 설명한다. 어떤 사람은 가족 구성원들이 지적으로 향상되도록 자극하고, 어떤 사람은 모험을 감수하며, 어떤 사람은 무료 급식소에서 일하면서 다른 사람들을 돌보고, 또 어떤 사람은 가족을 응원하는 역할을 맡는다.

〈아이와 함께할 수 있는 활동들〉

1. 아이들이 좌절감이나 다른 감정을 부모와 쉽게 공유할 수 있게 한다. 가능한 한 대화의 문을 활짝 열어 놓는다.
2. 아이들을 위해 여러 가지 활동과 모험을 계획한다. 아이가 친구를 데려와 함께 활동할 수 있게 격려한다.

영재가 자신의 에너지에 초점을 맞추도록 돕기

영재들은 학교에 들어가기 전부터 자신이 원하는 것을 얻기 위해 대단한 의지력과 인내로 시간과 에너지를 쏟는 경향이 아주 많다. 관심 있는 분야에 대해 목표를 세우는 능력도 있다. 그러나 자신의 능력이나 관심 밖의 일을 해야 하는 이유를 이해하는 데는 자주 도움이 필요하다. 이 아이들은 또 시간을 관리하고 체계적으로 일하는 데 어려움을 종종 겪는다. 너무 쉽게 배우기 때문에 공부 습관이 좋지 않은 경우가 잦고 노력을 중요하게 생각하지 않기도 한다. 재능과 관심 분야가 너무 다양한 점이 문제가 될 수도 있다. 시간과 노력이 분산될 가능성과 상황이 너무 많다. 그러므로 아이들이 현실적으로 목표를 세우고, 자신의 어떤 능력을 사용할지 결정하고, 목표를 이루기 위한 방법에 따라 적당한 기준을 정하도록 도와주어야 한다.

영재 아이에게 계획을 세우는 방법을 알려 주는 것 또한 중요하다. 이 아이들은 과제를 미뤘다가 마지막 순간에 가서 하는 일이 잦기 때문에 능력이 다 발휘되지 않을 수 있다. 그러나 이 결과물로 종종 칭찬을 받는다. 이렇게 되면 아이들은 결코 자신의 능력을 최대한 발휘하지 않는다. 당신은 영재 아이가 도전적인 일을 해야 한다고 주장하고, 결과물이 더 나아지거나 아이가 자신의 일에 책임을 지는 것을 기대하면서 아이의 행동에 대응할 수 있다. 아이들이 자신의 관심 분야에서 더 깊고 복잡한 일을 수행할 방법을 찾아라. 영재들이 스스로 박차를 가하지 않는 한 결코 자신의 잠재 능력을 모두 발휘할 수 없다. 윤리적인 일을 하고 동기를 유지하기 위해 책임을 다할 뿐만 아니라 모험을 무릅쓰고 실패하는 것을 기꺼이 받아들이도록 격려하라. 영재 아이들은 순응하는 성격이 아니기 때문에 학교와 사회에 순응하도록 요구하면 갈등이 일어나기도 한다. 이 아이들이 사회에서 잘 자라도록 돕기 위해 수업시간에 잘 듣고, 도움을 요청하며, 수업에 필요한 준비물을 잘 챙기고, 숙제를 완성한 후 제시간에 알맞은 장소에 제출하고, 교실 토론에 참여하는 일과 같이 교실 생활에 잘 적응할 수 있는 기술 습득을 도와주어야 한다.

영재 아이에게 새로운 경험과 흥밋거리를 제공하라. 하지만 이 경우 아이는, 부모와 함께 정한 시간 동안 새로운 경험을 시도해야 한다. 그렇지 않으면 영재 아이는 관심이 있는 일들을 건성으로 대하거나 책임을 다하지 않고 휙 지나쳐 버릴지도 모른다. 아이들이 자신의 욕구와 관심 분야를 결정하게 도와준다.

영재들은 관심이 가는 어떤 특정 영역에 강한 열정을 보이는 일이 종종 있다. 우리는 부모로서 우리 아이들이 '다재다능' 하기를 바라지만, 영재들이 할 수 없는 일도 있다. 아이가 자율적으로 활동하도록 지지하고 격려하며, 당신의 열정을 아이와 나누고 아이의 열정을 고무한다. 아이가 관심 가진 분야를 심도 있게 다루고 연구하게 한다. 아이들이 현재 열정을 보이는 일이 평생 관심 분야가 되어 직업으로 연결될 수도 있고, 그렇지 않더라도 살아가면서 분명히 이 일을 즐길 수 있을 것이다. 아이들이 개인적으로 목표를 세우고 이 목표를 이룰 방법을 찾게 도와줘라. 기억하라! 영재 아이들은 세계 문제와 불공정한 일에 관심이 매우 높다. 사회 운동가가 되어 자신의 삶을 스스로 통제할 수 있게 도와줘라. 아이들은 주위에서 발견한 잘못된 점을 바로잡는 일에 앞장서거나 편집자에게 편지를 쓰거나 위원회에서 일을 할 수 있다.

자원을 효과적으로 사용하는 법을 배우는 일 또한 아이들이 자신의 능력을 효과적으로 사용하는 데 중요하다. 영재 아이들은 대개 과학 기술을 쉽게 배우는데 이 과학 기술을 이용해서 자신의 관심 분야를 매우 깊고 넓게 다룰 수 있다. 문제를 해결하고 의사를 결정하는 기술은 이만큼 쉽게 터득하지 못한다. 앞서 말했듯이 재주가 다양하면 문제가 일어날 수 있다. 하지만 영재 아이들은 다양한 가능성과 이 가능성들의 미묘한 차이를 안다. 의사 결정 과정과 문제 해결 과정을 아이들에게 자주 복습시킬 필요가 있을 수도 있다. 영재들은 문제를 분석하거나 무엇을 결정할 때, 가능한 해결책이나 결정의 목록을 만들고 선택한 것을 시행할 때 생기는 영향을 고려해 그 상황에서 가장 좋은 선택을 내리는 데 도움이 필요할 수 있다.

아이가 목표를 달성하고, 질 좋은 결과물을 내놓고, 친구를 사귀고, 열정을 추구하고, 배려와 연민을 보여 주고, 자기 자신을 이해했을 때, 이 모든 일은 당연히 축하 받아야 하고 부모에게는 기쁨이 된다. 아이가 이런 점들을 이루었을 때 잊지 말고 꼭 축하하라! 마지막으로, 영재 아이의 부모는 자기 자신을 돌보는 모습과 건강하게 살아가는 방식을 아이에게 본보기로 보여 줄 수 있어야 한다. 아이의 현재 모습 그대로를 축하하면서 미래에 대한 희망을 제시하고 내일을 위한 아이들의 꿈을 믿어야 한다. 자녀가 영재라는 사실을 즐겁게 받아들여라!

〈아이와 함께할 수 있는 활동들〉

1. 학교에서 공부하고 있는 과목들과 관련된 직업들 가운데 아이가 개척하기에 적절하다고 생각하는 독특한 직업에 대해 아이에게 이따금씩 이야기해 준다.
2. 아이가 어떤 주제에 대한 이야기를 만들어서 발표히게 힌다. 이야기에 애완동물을 포함한 가족 모두를 등장하게 한다.
3. 만화에서 대사 부분을 지우고 아이가 그 만화에 가장 적합하다고 생각하는 단어를 떠올리게 한다.

아이가 영재라는 점은 부모에게 축복이자 고난일 수 있다. 영재들은 부모를 기쁘게 하고 놀라게 하지만, "왜?"라고 끊임없이 물어 힘들게 할 때도 있다. 이들이 종종 특별한 관심을 원한다는 사실은 의심할 여지가 없다. 특히 사춘기가 되면서 영재는 정신적으로 재능이 뛰어난 현재 자기 자신의 모습이 아니라 다른 친구들과 같은 모습이기를 바라는데, 이때 부모는 각별히 신경을 써야 한다. 가장 중요한 일은 영재가 자신의 강점과 능력, 그리고 그 능력을 활용할 방법을 모색하고 이해하도록 돕는 일이다. 가능한 한 다양한 종류의 경험을 하게 함으로써 영재들의 관심 분야를 넓혀 주고, 그 아이들이 자신의 미래에 집중할 수 있게 도와야 한다. 아이가 다양한 경험을 통해 많은 도움을 얻어 지혜로워지고 올바른 판단을 내릴 수 있는 힘을 키우도록 도와야한다. 또, 다른 사람의 재능을 인식하도록 도와야 하며 가장 중요한 일은, 영재들이 자신의 재능을 그들의 잠재력과 사회에 공헌하는 구성원이 되는 것에사용하도록 격려하는 것이다.

10장

위탁 아동 육아하기

>>>

　위탁 아동을 맡는 것은 '다른 사람의 아이'를 키우는 일로 나름의 특별한 도전과 규칙, 보상이 있다. 그리고 특별한 종류의 육아가 필요하다. 앞에서 우리는 부모가 자녀에게 원하는 다섯 가지 필수적인 자질에 초점을 맞추었다. 다섯 가지 요소는 안전감, 정체성, 소속감, 목적의식, 개인 역량 인식이다. 이 자질들은 위탁 가정에서 자라는 아이나 아이를 위탁해서 키우는 부모에게는 전혀 다른 의미를 지닌다. 앞에서 언급한 이 다섯 가지 요소들의 개념이나 제안들이 이들에게 여전히 적절하고 도움을 준다 할지라도, 아이를 위탁해서 키우는 부모에게만 해당되는 차이점을 살펴보아야 한다.

 **안전에 대한 욕구**

안전감은 앞서 말했듯이 '자신에게 무엇을 기대하는지를 알고, 자신이 안전하고 보호 받고 있다고 느끼고, 다른 사람들을 믿을 수 있고, 상황에 따라 어떤 일이 벌어질지 예상할 능력이 있을 때 느낄 수 있다.' 아이를 가족에게서 떨어뜨려 놓으면 자신을 낳아 준 부모와 가족이 아무리 나빴다 할지라도 아이들은 대부분 원래 가족에게 돌아가고 싶어 한다. 법원의 피보호자가 되거나 보호시설을 떠나 이 가정 저 가정을 옮겨 다니는 아이들은 안전감을 전혀 느끼지 못한다! 이 아이들은 훈육을 받지 못하거나 학대를 받기도 한다. 위탁 아동들은 앞으로 펼쳐질 일에 대한 확신이 전혀 없기 때문에 다음에 무슨 일이 일어날지 예견할 수 없다. "지금 부모들도 내가 싫으면 나를 멀리 보내 버릴까? 내가 이곳에 얼마나 머물게 될까? 나는 이 사람들에게 마음을 쓸 여유가 없어. 나는 이 가족들과 내일은 함께 있지 못할지도 몰라." 위탁 아동들은 이런 말을 하며 걱정을 한다. 아이들은 수양부모들이 들려주는 애정과 사랑의 말이 진심인지 확인하기 위해 터무니없는 일을 해 수양부모들을 시험하기도 할 것이다. 수양부모들은 이것을 기억해야 한다. 사랑을 주기가 가장 힘든 아이일수록 사랑이 가장 필요한 아이라는 사실을.

안전감은 나머지 네 가지 자질을 위한 토대다. 그러므로 안전감이 가장 먼저 갖춰져야 한다. 수양부모가 아이에게 안전감을 주려면 어떻게 해야 할까? 먼저, 수양부모는 자신이 할 수 있는 것과 할 수 없는 것에 대해 하나도 숨기지 말고 솔직해야 한다. 그렇다. 아이를 위탁해서 키우는 일은 일시적이다. 법정은 아이가 위탁 가정에서 얼마나 머무를 것인지를 결정한다. 수양부모는 아이들이 위탁 가정에서 지내는 지침을 가질 수 있도록 아이들에게 기대하는 것이 무엇인지, 자신이 중요하게 생각하는 것이 무엇인지 명확히 밝혀야 한다. 규칙과 규칙에 따르는 대가는 좋은 것이든 나쁜 것이든 아이와 함께 의논해야 한다. 대부분의 위탁 아동들에게는 변화가 너무 많이 일어난다. 규칙적인 하루 일과와 짜임새 있는 일상은 아이들이 안전감을 느끼는 데 가장 중요하다. "9시에는 잠자리에 들어야 해. 저녁 식사 시간은 6시야. 자기 전에는 항상 이를 닦고 샤워를 해야 하고. 불을 끄기 전에 45분 동안 책을 읽을 수 있단다." 이러한 일과들은 모두 아이에게 체계적이고 안정된 느낌을 준다. 수양부모는 약속을 지켜야 하고 아이에게도 약속을 지키라고 요구해야 한다. 가족들과 함께 집안일을 나누어 하고 책임을 지면 아이는 자기 자신을 가치 있는 사람으로 여기고 가족들에게서 신뢰 받고 있다고 느낄 수 있다.

두려움은 위탁 아동들에게 늘 존재한다. 아이가 느끼는 두려움에는 버려질 것에 대한 두려움, 어둠에 대한 두려움, 혼자 남게 될 것에 대한 두려움, 거절당할 것에 대한 두려움, 사랑하고 사랑 받는 일에 대한 두려움 등이 있다. 아이와 이 두려움에 대해 논의하고 아이에게 일어날 수 있는 최악의 상황을 이야기한 후, 이러한 상황에서 아이가 할 수 있는 일을 나열해 보게 한다. 아이에게 일관성 있게 모범을 보이고 멘토가 되어 주는 일은 아이가 가장 강하게 안전하다고 느끼게 해 준다. 수양부모들은 아이들이 자랐던 예전의 파괴적인 가정

환경에 대안이 되는 환경을 제공한다. 설령 새로운 환경이 일시적이라 하더라도 위탁 아동은 진정한 삶을 경험하게 될 것이다. 수양부모들은 아이들에게 이렇게 말하면서 확신을 줄 수 있다. "네가 우리와 함께 있으면 너는 우리 가족이야. 우리는 너를 위해 우리가 할 수 있는 일이라면 어떤 것이라도 할 거야." 아이에게 충분한 시간을 들여 충분히 사랑해 준다면 위탁 아동들은 안전감을 느끼게 될 것이고 이 안전감은 아이가 앞으로 살아가면서 겪을 모든 일에 크게 도움을 주는 기초가 되어 줄 것이다.

자의식 길러 주기

아이의 자의식은 주위 어른에게서 받는 피드백으로 형성되기 때문에 위탁 아동은 자의식이 부정적인 채로 또는 자신이 어떤 사람인지, 세상에 어떻게 적응해야 하는지에 대한 이해가 부족한 채로 위탁 가정에 올지도 모른다. 어쩌면 아이는 피드백을 전혀 받지 못했거나 일관성이 없는 메시지를 받았을 수도 있다. 그래서 이 아이들은 다른 사람을 의심하게 되고 그 사람들에 대해 확신을 갖지 못한다. 아이들이 피드백을 받는 경로는 다양하다. 아이는 자라면서 자신에게 일어나는 모든 일이 자기 때문이라고 느낄 수도 있다. 아이는 그다지 영리하지도 착하지도 않다. 아이가 행동을 바르게 하거나 더 매력적이거나 상황을 더 좋게 만들 때만 삶이 달라질 것이다. 수양부모는 아이가 자기 자신을 긍정적으로 바라볼 수 있도록 아이에게 일어난 일과 그런 일이 일어난 이유를 이해하게 돕는 막대한 임무를 띤다. 한 사람만이라도 아이의 긍정적인 자질을 알아보고 아이를 믿어 준다면, 아이의 부정적인 자의식이 긍정적인 자의식으로 바뀔 수 있다는 것을 우리는 알고 있다. 수양부모는 아이를 긍정적으로 바꿀 수 있다. 수양부모는 아이가 자신이 누구인지, 앞으로 어떤 사람이 될 수 있는지 알아내는 일을 도울 수 있다. 이 일은 때로 심하게 뒤엉킨 실타래를 푸는 일과도 같다. 수양부모는 뒤엉킨 실타래를 한 가닥 한 가닥 풀기 위해 먼저 아이가 그동안 어떤 피드백을 받아 왔는지, 자신을 어떻게 생각하고 있는지를 알아야만 하고, 그 후 아이가 지닌 기술과 강점, 약점, 흥미를 알아내야 한다. 수양부모는 아이의 강점을 알아내서 아이에게 이 강점을 다듬을 기회와 긍정적인 피드백을 줄 수 있다. 그러면 엉킨 실타래는 말끔히 풀어져 실 한 가닥 한 가닥이 새로 아름답게 짜일 준비를 하게 된다.

위탁 아동은 자신의 감정을 이해하고, 그 감정을 받아들이고 적당한 방법으로 표현할 수 있어야 한다. 앞서 살펴보았듯이, 아이는 자신을 어떻게 생각하느냐에 따라 행동이 달라진다. 위탁 아동들은 자신이 고유한 존재라는 사실을 발견하고 자신을 소중히 여겨야 한다. 또 자신이 존중 받고 사랑 받을 가치가 있다고 느껴야 한다. 현재 상황이 금방 변한다 할지라도, 또 앞으로 벌어질 일에 상관없이, 아이가 자기 자신을 이해하고 믿으면 미래를 스스로 결정하고 꾸려 나갈 수 있다.

소속감 형성하기

소속감은 대부분 위탁 아동들에게 매우 부족한 점이고 그럴 만한 이유가 있다. 앞서 말한 것처럼 '친구나 다른 사람이 우리 자신을 받아 주고 인정해 주기를 바라고, 우리가 속해 있는 집단에서 소속감을 느끼기를 바라는 것은 자연스러운 일이다.' 위탁 아동은 버려지고 거절당하는 일이 잦고, 기껏해야 거추장스럽지만 필요하기는 한 존재로 취급되기 쉽다. 아이는 사랑 받기는 하지만, 부모가 마약이나 돈, 사교 활동에 대한 자연스러운 욕구를 이겨내지 못해 자주 방치된다. 이 집 저 집 자주 옮겨 다니고 새로운 부모들과 끊임없이 관계를 형성한다. 이 관계는 영원하다거나 지속될 거라는 보장이 전혀 없다. 아이가 일단 법제도 안에 들어가면 영원한 관계는 사라지고, 아이가 또다시 거처를 옮길 때가 되면 새로운 위탁 가정으로 가게 된다. 일시적이라 하더라도 위탁 아동들은 가족 안에서 소속감을 느끼고 싶어 하고, 또 느껴야 할 필요가 있다. 열한 살가량의 아이가 패거리에 들어가는 이유가 바로 이러한 소속감 때문이다.

위탁 아동의 소속감을 위해 수양부모는 무엇을 할 수 있을까? 먼저, 이 책에서 소속감을 다루고 있는 장을 살펴보면 도움이 될 만한 제안들이 많이 있다. 위탁 아동들은 소속감에 대한 욕구가 강하고, 지금 바로 원한다. 그리고 그 소속감은 수양부모에게서 느껴야 하기 때문에 더 어려운 일이다. 가족들이 아이에게 기대를 하고 하루 일과를 규칙적으로 계획하며 아이가 자신의 일에 책임지도록 하는 것이 기본적으로 중요한 일이다. 아이에게 이렇게 말해 주어야 한다.

"우리는 모두 한 가족이란다. 가족들은 함께 이런 일을 해야 하고, 서로 도와주고 지지해야 한단다." 그러면 아이는 자신이 가족으로 받아들여지고 인정받았다고 느끼게 된다. 위탁 아동들은 사회 기술을 터득할 경험이 부족하고 사회에서 인정하지 않는 방식으로 행동을 하기 일쑤다. 사회 기술은 가르칠 수 있다. 아이에게 가장 필요한 기술을 결정하고 우선순위를 정한다. 부모는 아이에게 본보기를 보여 주고 역할극을 함께하며 갈등 해결 전략을 사용하고 참을성을 갖춰야 한다. 아이가 연습을 해서 성공하면 칭찬을 받을 수 있는 안전한 환경을 만들어 주어야 한다. 사람들이 하는 일 가운데 '훌륭한' 일을 알려 준다. 가족들과 친구들 사이에서 비슷한 점을 찾아본다. 가족 활동에 아이의 새로운 친구들을 초대한다. 가족회의를 열어서 함께 계획하고 토론하며 문제를 해결한다. 위탁 아동도 의견을 낼 수 있는 분위기를 반드시 조성해야 한다. 클럽활동이나 집단, 모임에 참여하는 일이 소속감을 형성하는 데 도움이 되긴 하지만, 아이의 모든 상황을 지켜보고 이러한 활동들이 긍정적인 학습 경험이 되도록 도와야 한다. 위탁 아동에게 마지막으로 필요한 것은 더 많이 거절해 보는 것이다.

당신이 위탁 아동에게 소속감을 길러 주는 일을 매우 잘해 내서 아이가 자신의 친척들에 대해 더 알고 싶어 할 수도 있다. 이런 경우에는 사회복지사와 상담사의 안내를 받아라. 한 번 더 강조하고 싶은 말은, 아이가 가정에 아무리 짧게 머물거나 상황이 어렵다 할지라도 당신은 수양부모로서 아이에게 내일 꽃을 피울 소속감의 씨앗을 심는 일을 한다는 것이다.

목적의식과 능력 개발하기

위탁 아동들은 종종 목적을 찾는 일을 어려워한다. 그 까닭은 이 아이들에게는 미래가 없고, 계획을 세우거나 목표를 정하거나 직업을 갖기 위해 노력할 이유가 없기 때문이다. 현재 삶이 어떻든지 간에 자신의 인생은 중요하다는 사실을 생각하지 못한다. 이 아이들에게 목표는 그저 살아남는 일이었다. 위탁 아동이 자신의 강점을 찾아내고 정체성을 형성하도록 돕는 일은 아이가 목적의식을 갖는 데 꼭 필요한 전제조건이다. 아이의 특별한 강점이 미래 특정 직업에서 어떻게 큰 가치를 지니게 될지 아이와 토론하는 일로 시작할 수 있다. 또는 아이가 특정 기술을 강화하고 향상시키는 방안을 모색하도록 도와줄 수 있다. 그리고 나서 아이가 현실적으로 단기 목표를 세우도록 도와준다. 아이가 특정 목표에 도달하는 데 도움을 받을 수 있는 자원을 정확히 찾아낸다. '목적의식'을 다룬 앞 장에서 추천한 대로 아이가 앞으로 관심을 보일지도 모르는 경험을 소개할 수도 있다. 열정을 가지고 많은 장애를 극복하면서 목표를 이루려고 노력했던 사람들에 대한 전기를 아이가 읽게 하라. 아이와 미래라는 세계에 대해 이야기를 나누어라. 사회 과학자와 미래학자가 말한 미래에 중요하게 여겨질 것을 다룬 기사를 아이와 함께 읽어라. 당신의 흥미와 열정, 꿈과 희망에 대해 아이와 이야기하라. 마지막으로 위탁 아동에 대한 당신의 믿음과 아이가 자신의 목표와 꿈을 이루는 것을 도와주려는 노력을 아이에게 알려 주어라.

목적의식과 능력은 서로를 기반으로 형성된다. 위탁 아동이 목적의식을 형성하면 능력을 개발하기 위한 무대를 마련하게 되는 것이다. 목표를 세우고 이 목표를 달성하면 성취감을 느낄 수 있다. 이 때 성공한 경험은 아이가 능력이 있다는 사실을 증명한다. 수양부모에게 가장 큰 도전은 위탁 아동에게 긍정적이고 생산적인 태도를 길러주는 것일 수 있다. 실패와 불확실한 상황을 계속 경험하면 아이는 부정적인 성향과 비꼬는 태도를 갖게 되고, 좌절감을 느끼게 된다. 자신의 삶을 조절할 수 없고 미래에 대한 희망이 없다고 느낄지도 모른다. 그러면 아이는 노력을 거의 하지 않거나 전혀 하지 않게 된다. 삶이 더 나은 방향으로 바뀔 것이고 또는 바뀔 수 있다는 것에 대한 자신감을 잃게 된다. 무엇인가 좋은 일이 생기면 그 일을 이례적인 일로 생각하게 될지도 모른다.

아이가 자신에 대해 부정적으로 생각하거나 말하는 것을 긍정적으로 바꾸기 위해 수양부모들이 할 수 있는 일은 무엇이 있을까? 아이가 경험한 좋은 일들을 언급하고, 나쁜 경험들은 분석을 통해 그일로 무엇을 배울 수 있는지를 함께 알아볼 수 있다. 어떤 특정한 경험을 정해 그 경험의 좋은 점과 그 이유를 이야기한다. 아이가 이미한 일을 더 잘하기 위해서 혹은 다른 방법으로 하기 위해서 무엇을할 수 있었을까? 그 당시에 어떤 일이 일어났는가? 원인과 결과, 노력과 성공 사이에 어떤 관련성이 있는지 생각해 본다. 베이브 루스나 토머스 에디슨처럼 실패를 거듭했지만 결국에는 성공을 거둔 사람들에 대한 이야기를 아이와 함께 나눈다. 인내를 장려하는 문구를아이의 방에 붙여라. 작은 성공이라도 축하하라. 격려하는 말을 해주어라. 당신이 마음속에 간직하고 있는 삶의 교훈을 아이에게 들려주고 성공뿐 아니라 좌절, 실패, 손실을 다루는 방법에 대해 직접 본보기를 보이고 아이에게 가르침을 주어라. 아이가 다른 사람과 지내는 일에 대해 어려움을 느끼는 경우 아이의 편이 되어 준다. 아이를어려움에서 꺼내 주지 말고 아이가 스스로 헤쳐 나올 수 있도록 지지하고 도와줘야 한다. 이 아이들은 당신이 항상 자기 옆에 있을 것이라는 점과 자신의 능력을 믿고 있다는 점을 알아야 한다.

배우 랄프 파인즈가 잡지 『퍼레이드Parade』에서 성공에 대해 이렇게 말했다. "다른 사람을 책임지는 방법, 미래에 접근하는 방법에따라 사람들의 성공 여부가 달라진다고 생각합니다. 또 자신의 삶과자신이 해야 할 일을 완전히 인식하고 있는 사람들이 성공한다고 생각합니다. 돈이 많다거나 하는 일이 잘되는 사람이 성공한 사람이 아니라 인간으로서 산다는 것에 대해 성숙하게 인식하고 평생 다른 사람과 함께하는 일에 참여하는 사람이 성공한 사람입니다. …… 성공? 다른 사람에게 사랑을 베풀 수 있는 능력이 성공의 모든 것이라고 생각하지 않으십니까? 맞습니다. 이것은 거창한 의미가 아니라 매일매일 조금씩, 일 하나하나, 몸짓 하나하나, 말 한마디 한마디에서 실행할 수 있는 것입니다."

이것은 수양부모가 아이에게 본보기를 보여 주어야 하는 일이다. 수양부모가 목적 있는 육아를 하는 방법이다.

우리는 정보를 더 얻기 위해 2세대를 위탁 양육하고 지금은 친손자를 키우고 있는 친구를 방문해 그녀의 경험을 들어 보았다. 내 친구가 처음 맡아 키운 아이들은 친구와 남편이 교회에서 알게 된 두 자매였다. 그때 내 친구는 자신의 아이가 둘 있는 젊은 엄마였다. 처음에는 이 자매에게 약간의 지원만 했고, 그러다가 임시로 도움을 주게 되었고 결국에는 완전히 맡아 키우게 되었다. 그 후 30년이 지난 지금 내 친구는 남편을 먼저 저세상으로 보내고 은퇴를 바라보고 있으며, 자신의 친손자를 키우고 있다. 이 아이는 고위험 아이로 정해져 법원의 피보호자가 되었는데, 이것은 결코 아이의 잘못이 아니다.

우리는 친구에게 몇 가지 질문을 했고 그 대답을 독자와 나누고자 아래에 적어 누었다.(마릴린은 법원 임명 아동 변호사로 훈련을 받았기에 관련 있는 항목에서는 마릴린이 경험하고 관찰한 내용도 포함시켰다.)

아이를 위탁해서 키우는 이유

사람들은 대개 다음 이유들 때문에 아이를 위탁해서 키운다.

— 아이들에 대한 무조건적인 사랑 때문에

— 도움이 필요한 아이를 구해 주고 쉴 곳을 마련해 주고 보호하
  기 위해

— 대가족 내에서 요구하기 때문에

— 지역사회에서 요구하기 때문에

— 성취감을 위한 개인적 욕구 때문에

— 사회에 공헌하고자 하는 바람 때문에

수양부모의 일은 일시적이다. 위탁 아동의 가정이 재결합하는 것
이 다른 무엇보다 중요한 목표이기에, 수양부모는 생각과 말, 행동으
로 가족의 재결합을 지지하면서 아이를 사랑하고 때가 되면 자유롭
게 놓아 줄 준비를 해야 한다. 어떤 경우에는 재결합하는 과정 때문
에 아이가 몇 달마다 위탁 가정을 옮겨 다니며 여러 수양부모를 만나
기도 한다.

위탁 가정은 아이가 오기 전에 정밀 조사를 받게 된다. 당신과 가
정에는 엄격한 규칙과 규제가 필요해진다. 어떤 규칙들은 불필요해
보이기도 하고 너무 지나치기도 하지만 요구되는 규칙들은 모든 경
우를 아우르기 위해 세워졌고 아이와 아이의 안전을 위해 지켜져야
한다. 아이를 위탁하기 전에 일반적으로 아이를 맡아 키워 줄 부모
의 배경을 철저히 조사한다. 아이 양육을 일시적으로 혹은 하루 중

일정한 시간동안 도와줄 친구나 가족들도 역시 조사를 하고 신원 조회를 한다. 아이를 맡아 키워 줄 부모에게 아이의 음식과 옷을 해결해 줄 수당이 지급되기 때문에 가끔씩 어떤 수양부모들은 부수적인 수입을 목적으로 아이를 받아들여 고소를 당하기도 한다. 그러나 사실 아이를 맡아 키우는 일에 비해 수당은 매우 적다.

열여덟 살이 될 때까지 위탁 아동은 법원의 보호를 받는다. 정부에서는 보통 아동을 보호하기 위해 사회복지사나, 특정한 개인 또는 가정을 돕는 사례별 사회복지사를 한 달에 한 번 집으로 파견한다. 사회복지사는 법원과 함께 일하는 정신 건강 기구와 같은 사설 기관에 의해 고용될 수 있지만 사례별 사회복지사는 법원에서 파견한다. 사법제도에 의해 위탁 아동과 이 아동의 생물학적 의미의 가족은 모두 대리인을 두고 있다. 아이가 운이 따른다면 법원은 아이를 위해 변호사도 정해 주는데, 변호사는 아이를 관리하고 옹호하기 위해 자원한 사람이다. 사례별 사회복지사는 주로 법원에서 고용한 사람으로 아이를 낳은 부모가 아이의 교육 받을 권리에 승인한 경우 이 권리에 대한 책임을 져야 한다. 아이를 도와주는 사람들은 모두 아이의 이익을 최우선으로 생각해야 한다. 낳아 준 부모, 길러 준 부모 모두 공청회 통고를 받고 참석할 것이 요구된다. 사회복지사는 아이가 머물 새로운 가정을 추천하기 위해 법원에 보고서를 제출하거나 지금 머물고 있는 가성에서 계속 지낼 것을 제안하는 중간보고를 한다. 위탁 가정은 아이의 안전을 위해 1년에 한 번 점검을 받는다.

마릴린은 이런 일을 경험한 적이 있다. 아이를 위해 법원에서 임명한 대리인이 법정에서 사회복지사가 제출한 보고서를 읽고 조사 결과에 동의한다. 하지만 이 대리인은 아이나 수양부모와 연락을 취한 적이 없었을지도 모른다. 또 아이의 교육 받을 권리가 지켜지지 않는 경우도 보았다. 어떤 경우에는 아이의 친부모나 사례별 사회복지사의 동의 없이 아이를 특수 교육 반에 배치하기도 했다. 사람들은 대부분 아이가 환경 통제가 필요한 특수 교육 대상자라는 안내를 받은 적이 없고 자신에게 아이의 반을 선택할 권리가 있다는 사실도 알지 못한다. 마릴린은 아이의 반 배정에 개입을 했고, 결정이 바뀌어 그 아이는 특수 교육 반이 아니라 일반 교실에서 도움을 받으며 공부하게 되었다.

사설 기관의 후원을 받는 수양부모는 교육을 더 많이 받고 지지와 감독도 더 받으며 자치주에 기반을 둔 위탁양육 제도보다 서류작업을 더 많이 한다. 사례관리자(case manager), 심리학자, 사회복지사, 가족 문제 전문가 등이 이 일을 함께한다.

캘리포니아 주에서는 수양부모를 12시간 동안 교육하는데, 정서적인 문제들, 법으로 정해진 규칙, 규정, 보고해야 할 것들, 교육 받을 권리, 수양부모와 아이의 건강에 대한 책임, 비상사태에 대한 반응, 친부모의 권리, 보증된 가정의 요구 사항들이 주 내용이다. 그리고 해마다 12시간씩 추가 교육을 받는다.

고위험 아이를 맡는 부모는 교육을 60시간 더 받아야 하는데, 가족 상담 집중 코스와 아동 학대에 대한 교육이 의무적으로 요구된다. 60시간 가운데 8시간 동안은 육아기술, 사랑과 논리에 관한 교육을 받고, 6시간 동안은 제대로 보살핌을 받지 못했을 경우 일어날 수 있는 뇌 손상과 태아 때 엄마의 지나친 음주로 생긴 발육 이상, 약물 남용과 같은 내용을 교육 받는데, 주마다 그 내용은 다르다. 대부분 교육은 전문 강사들이 진행하는데, 이들은 시각 보조 교재를 사용하고 자신의 실제 경험담을 들려준다.

수양부모의 어려움과 즐거움

아이를 위탁 받기 전에 자신의 삶이 방해 받아도 정말로 괜찮은지 확실히 해야 한다. 왜냐하면 당신은 잔뜩 겁먹고 있는 상처투성이 아이에게 마음과 집을 열어 주어야 하기 때문이다. 아이는 그동안 겪은 경험 때문에 행동에 문제가 많다. 그리고 정서적으로 연약한 상태이고 다른 사람을 거의 믿지 못한다.

아이를 위탁 받아 키우는 일은 일시적인 일이라는 점을 명심해야 한다. 아이를 사랑하다가 때가 되면 보내 줄 준비가 되어 있어야 한다. 아이들은 여러 수양부모를 만나게 되고, 당신 역시 자신을 떠나 보낼 거라는 것을 알기에 이런 감정을 행동으로 나타낸다. 수양부모와 아이를 위해 경계를 명확히 해야 한다. 왜냐하면 아이는 지금까지 어떤 경계도 없이 살았을 가능성이 크기 때문이다.

아이를 돌보는 사람을 신경 써야 한다. 아이를 돌보는 일을 대신 맡아 주어 '한숨 돌릴 시간을 줄' 수 있는 사람이 항상 곁에 있어야 한다. 아마도 친척들은 대부분 이 일에서 뒤로 물러날 것이다. 그 가족들은 당신이 아이를 왜 위탁해서 키우는지, 지금 무슨 일이 일어나고 있는지 전혀 알지 못하기 때문이다. 그들이 보는 것은 혼돈뿐이다. 도움을 받기 위해 친구나 이웃, 이 일을 이해하는 가족 누구에게든 손을 내밀어라. 누가 되었든지 간에 기꺼이 도움을 요청해야 한다. 그러기 위해서는 주위 사람들이 위탁 아동의 특별한 요구 사항을 알 필요가 있다. 주위 사람들과 함께 아이에게 필요한 것을 예상해 보고 계획을 세워라. 한번은 마릴린이 돌보던 위탁 아동이 그녀가 전화기에 다가가는 것을 막은 적이 있었다. 아이는 마릴린이 사회복지사를 부르는 것이라고 생각한 것이다. 마릴린은 미리 얘기를 해 둔, 길 건너 이웃에게 가서 그 사람의 전화기를 사용하였다. 당신에게는 "지금 잘하고 있어."라고 말해 줄 사람이 반드시 있어야 한다. 당신은 하루에 한 번씩 이 말을 들을 필요가 있다. 잘 먹고 잘 쉬고 운동도 꾸준히 해야 한다는 것을 잊지 마라. 수양부모가 신체적·정신적으로 건강해야 위탁양육이라는 어려운 과제를 계속해서 해 나갈 수 있다.

당신이 연락하는 '기관'이 무엇이든지 간에, 법원이든 사회복지사든 학교든 상관없이 가끔씩은 그들의 조언에 동의하지 않고 반박해도 괜찮다. 당신은 아이와 함께 24시간을 보낸다. 당신은 아이에게 효과적인 것과 아이에게 최선인 것을 직관적으로 안다. 당신과 아이를 위해 옹호자가 되어야 한다.

유머와 장난으로 상황에 대처하는 것이 도움이 된다. 작가이자 연설가인 리처드 델라니가 계속해서 도망을 다니는 한 위탁 아동에 대한 이야기를 들려주었다. 한번은 아이가 또 도망을 가서 수양아버지, 사회복지사, 심지어는 경찰까지 아이를 찾았지만 소용이 없었다고 한다. 아이는 이웃집 현관 아래 숨어 이 모든 일을 지켜보고 있었다. 이웃이 이 일을 알고는 위탁 가족에게 이야기를 했고, 함께 계획을 세웠다. 다음번에 아이가 또 도망을 가자 가족이 소형 자동차에 올라타 큰 소리로 외쳤다. "모두 자동차에 타라. 아이스크림 먹으러 가자. 존은 여기에 없다니 참 안됐구나!" 또 어떤 수양부모는 유머를 사용해서 아이의 행동을 변화시킨 이야기를 들려주었다. 아이를 데리고 쇼핑을 갔을 때였다고 한다. 아이는 주위를 뛰어다니기 시작하더니 옷을 걸어 둔 선반을 들락날락거렸다. 아이에게 나오라고 말하자 아이는 옷 안으로 더 깊숙이 뛰어 들어가 숨어버렸다. 그래서 수양엄마는 크고 밝은 목소리로 이렇게 말했다. "모두 와서 이 치마들 좀 봐요. 치마가 저절로 춤을 춰요!"

신뢰를 쌓는 일은 중요하다. 자신이 한 약속은 반드시 지켜야 한다. 참는 것도 중요하다. 때로는 시간이 부족해 신뢰 관계를 형성하지 못할 수도 있다. 아이를 대할 때도 한 개인으로서 존중해야 한다. 그래야 신뢰를 쌓을 수 있다. 아이에게 책임질 수 있는 일을 맡기는 것도 신뢰를 쌓는 방법이 된다. 그러나 아이가 자신이 책임진 일을 처리할 수 있고 그 일을 성공적으로 마무리할 수 있을 때만 그렇다.

자신의 상식과 본능을 믿고 무엇이 중요한지를 결정하라. 아이의 관심 분야와 강점을 명확히 밝히고 이 강점과 관심 분야를 강화하기 위해 아이와 함께힐 수 있는 방법을 찾아라. 정원을 가꾸는 일도 좋고 공을 가지고 함께 노는 일도 좋다.

규칙과 가치관은 적고 간단하게 유지하라. 싸울 가치가 있다고 느

"개가 숙제를 먹어버리게 하고 싶니? 여기에 물을 넣으면 개가 아주 좋아할 거야."

끼는 문제들을 선택하라. 아이가 어디에 있었고 어떤 경험을 했는지 기억하는 일이 중요하다. 환경이 바뀌거나 새로운 경험을 하는 것은 어려운 일이다. 위탁 아동들은 앞으로 살아가면서 내내 짊어지고 가야 할, 심지어는 몇 년 동안 상담을 받아야 할지도 모르는 정신적 외상 때문에 생긴 스트레스를 경험한 경우가 많다. 마릴린이 돌본 아이는 샤워를 할 때 샤워 커튼을 치지 못하게 했다. 우리 집에 온 후 처음 몇 주 동안은 복도 끝에 있는 자기 방 침대에서 잠을 자지 못했다. 대신, 마릴린의 침대 옆 바닥에서 잠을 잤다. 점차 안전감이 생기기 시작해 나중에 충분히 안전하다고 느끼게 되자 자기 침대에서 자게 되었다. 어떤 아이들은 여러 집을 짧게 거주하면서 옮겨 다니다

와서 자기 물건이 아무것도 없었다. 자신의 장난감과 옷이 생기자 아이는 이 물건을 포기하고 싶지 않았다. 정신적 충격이 매우 컸던 아이는 손에 빵을 쥐고 잠들기도 했다. 허기진 채로 잠자리에 든 경험이 있는 아이는 음식을 비밀 장소에 숨겨 두거나 몰래 훔쳐 먹었고 심지어는 학교 식당에서 음식을 훔치기도 했다. 과식을 하거나 음식을 먹지 않는 일도 발생할 수 있다. 살아남기 위해 노력하면서 아이들은 종종 거짓말을 한다. 극단적인 경우에는 학대를 받았던 아이가 애완동물이나 다른 아이를 학대하기도 할 것이다. 때로는 부적절한 성적 행동을 보이기도 한다. 아이들은 버려지고 이리저리 옮겨 다니고 거절당했다. 아이들은 이런 일이 다시 발생할지 발생하지 않을지 보기 위해 계속해서 시험하려고 한다.

아이를 위탁양육 하는 일의 즐거움은 아마도 자신이 낳은 아이를 양육할 때 느끼는 즐거움과 같은 기분일 것이다. 아이를 안을 때, 아이가 웃음 지을 때, 그리고 아이의 성공을 지켜볼 때 부모는 즐거움을 느낀다. 그러나 즐거움의 강도는 다르다. 부모와 아이가 맺는 관계의 성격과 아이의 경험이 다르기 때문이다. 부모는 아이가 목표를 향해 발걸음을 내딛었을 때 아이를 축하한다. 그리고 아이가 보이는 긍정적인 반응과 행동들을 소중히 여긴다.

많은 부모들에게는 흔한 일로 여겨지는 아이의 경험이나 아이와의 관계가 위탁양육을 하는 부모들에게는 흔하지 않은, 대단한 발전으로 여겨지는 일일 수도 있다. 회복력에 대한 연구에 따르면 아이가 역경을 극복하는 데 가장 중요하게 영향을 미치는 요인 가운데 하나가 자신이 중요하게 생각하는 어른이 자기 곁에서 평생 자신을 믿어 주는 일이라고 한다. 자신이 바로 한 생명을 구하는 일에 기여하고 있는 어른일 수도 있다는 점을 알면 개인적으로 만족감을 느끼게 될 것이다.

작가이자 연설가인 리처드 델라니를 한 번 더 언급하겠다. 한번은 델라니가 상담사와 사회복지사, 수양부모들로 구성된 청중들에게 휠체어를 탄 어느 여인에 대한 이야기를 들려주었다. 어느 무더운 날, 여인은 그늘을 찾아 어떤 건물 벽 옆으로 직접 휠체어를 몰고 갔다. 바로 그 순간 그녀 위에 있던 창문 밖으로 어떤 소년이 몸을 쑥 내밀었다. 소년은 여자 위로 떨어져, 바닥에 떨어지는 것을 피할 수 있었다. 둘 다 다치기는 했지만 곧 회복되었다. 델라니는 다음과 같이 기억할 만한 인용문을 말하면서 발표를 마쳤다. "이곳에 있는 여러분은 모두 이 여인과 같습니다. 여러분은 아래로 떨어지는 아이를 잡은 것입니다." 이것이 바로 수양부모들이 매일 하는 일이다. 이 부모들은 다른 사람의 아이를 돌보고 아래로 떨어지는 아이를 붙잡아 생명을 구해 준 것이다.

〉〉〉

위탁 받은 아이를 성공적으로 키우려면 성공을 방해하는 요인과 도와주는 요인을 현실적인 관점으로 판단해야 한다. 아이를 집으로 데려오기 전에, 이 어려운 일을 해낼 헌신적인 마음, 행동과 정서상의 기술을 갖추었는지를 확실히 해 두어야 한다. 당신의 헌신이 짧게 요구될 수도 있지만, 어떤 경우에는 오랫동안 필요할 수도 있다. 육아는 수양부모와 위탁된 아이가 함께 떠나는 여행이다. 그러나 아이에게 역할 모델과 멘토가 되려고 노력한다면 함께 떠난 여행의 목적지를 바꿀 수 있고, 아이는 분명히 더 안전하고 더 편하게 여행을 할 것이다.

11장

자신이 원하는 부모 되기

"당신에게 주어진 대로 삶을 살 필요는 없다. 꿈을 갖고 목표를 세우고, 목표를 이루기 위한 계획을 세우면, 자신이 원하는 방식대로 주어진 삶을 디자인할 수 있다. 당신이 목표한 대로 삶을 살 수 있다."

— 밥 모와드

〉〉〉

우리는 어른으로서 우리의 현재 모습, 우리가 선택한 육아 방식, 아이들과 맺는 관계의 성격, 아이에게 기르고자 하는 기술과 습관, 개발할 필요가 있다고 생각하는 자질들, 아이들에 대한 기대, 가장 소중하게 여기는 가치관에 따라 우리 아이들의 미래 모습이 크게 달라질 수 있다는 생각으로 이 책을 썼다.

좋은 육아는 진부한 의견과 전략으로 할 수 있는 일이 아니다. 부모가 개인적인 강점과 긍정적인 자존감을 지니고 있어야 가능한 일이다. 자신에게 확신이 없고 너무 예민하거나 무언가에 중독되었거나 정서적으로 문제가 있고 자긍심이 낮으면, 부모 역할을 효과적으로 수행하는 데 방해가 될 수 있다. 우리는 누구도 완벽하지 않다. 따라서 자기 자신의 개인적 성장을 위해 꾸준히 노력해야 한다.

자기 자신과 자신의 자긍심을 어떻게 생각하는지에 따라 삶의 모든 양상 특히 육아 방법과 아이가 자라는 모습은 크게 달라질 수 있다. 또 에너지와 열정, 인내심과 이해, 일반적인 정신적 태도에 영향을 미친다. 우리는 이제 당신이 개인적으로 성장해서 부모 역할을 더 효과적으로 수행할 수 있도록 몇 가지 제안을 하려고 한다.

자아 성찰

모든 변화는 자신을 아는 것에서 시작한다. 자기 자신을 알면 현재 자신의 신념과 행동을 보다 분명하게 알게 되고, 자신의 생각과 행동 방식을 이해할 수 있다. 자기 자신을 알기 위한 첫 번째 단계는 어린 시절의 기억, 특히 당신의 현재 모습에 중요한 영향을 미친 어린 시절의 사건과 영향을 회상하는 것이다. 당신이 자란 방식과 부모와의 관계 그리고 지금 떠오르는 중요한 사건과 경험들을 회상한다. 다음 몇 가지 질문들은 자신을 알아가는 데 도움을 줄 것이다.

1. 오늘날 자신의 모습에 가장 강력한 영향을 끼친 사람은 누구이고 요소는 무엇인가?

2. 자기 자신에 대해 어떤 점을 믿는가? 믿음은 무엇을 기초로 하고 있고, 믿음의 기초가 되는 정보는 여전히 유효한가 아니면 식상한 이야기가 되었는가?

3. 어렸을 때 부모님이 해 준 말이나 지적 사항, 비평 내용 가운데

기억나는 것은 무엇인가?

4. 어머니, 아버지와 당신의 관계를 어떻게 설명할 수 있는가? 그리고 그 관계가 어떤 영향을 미쳤는가?

5. 어떤 가치관을 가장 소중하게 여기는가?

이러한 고찰로 자신을 이해하는 데 도움을 받을 뿐만 아니라, 동시에 자신의 행동, 가치관, 오늘날 스스로 세운 목표를 결정하는 데 도움을 받을 수 있다는 사실을 명심해야 한다. 삶을 돌아보고 자신의 삶에 대한 통찰력을 얻었다면, 이제 이 통찰력을 어떻게 다룰지는 당신 손에 달렸다. 자신이 지닌 태도와 행동을 노골적으로 거부할 수도 있고, 몇 년 전 상황 탓으로 돌릴 수도 있고, 그 이후로 받은 다른 피드백 덕분에 이 태도와 행동을 적절한 관점으로 바라볼 수도 있다.

안전감 강화하기

불안전한 느낌은 당신의 행동을 두드러지게 제한할 수 있다. 능력을 최대한 발휘할 수 없고, 위험을 무릅쓰고 새로운 것에 도전할 수도 없다. 옴짝달싹 못하게 갇혀서 앞으로 나아가거나 미지의 영역으로 걸어가는 것을 두려워할 수도 있다. 이러한 감정은 종종 근거 없는 두려움과 석정에 근거한다. 개척자들이 위험을 무릅쓰고 새로운 환경으로 나아가거나 야생동물로 가득한 지역으로 이동하는 용기를 상상할 수 있는가? 이들에게도 본래는 두려움과 걱정이 있었지만, 이 두려움과 걱정을 처리할 수 있을 정도로 충분하게 안전감을 느끼고 있었다. 마찬가지로 당신도 발전하고 자신이 원하는 사람이 되기 위해 미지의 세계로 모험을 떠나야 한다.

당신은 두려움에 직면해야 한다. 두려움 때문에 당신의 삶과 하는 일에 영향을 받아서는 안 된다. 수잔 제퍼스는 『도전하라 한 번도 실패하지 않은 것처럼*Feel the fear and do it anyway*』이라는 책을 써서 독자들이 두려움을 극복하고 스스로 원하는 삶을 살도록 돕고 있다. 당신이 느끼는 두려움을 모두 밝혀내고 그 두려움이 실제인지 상상인지 결정하라. 어두움에 대한 두려움처럼 우리가 느끼는 대부분의 두려움은 근거가 없다. 우리를 불안하게 느끼도록 만드는 것은 두려움 자체가 아니라 우리가 우리 마음에 집어넣은 생각들이다. 상황을 본래보다 더 무섭게 만들지 말고 현재 모습 그대로 느끼기 위해 상황을 현실적으로 보려고 노력해야 한다.

현재 걱정하고 있는 내용을 목록으로 만들어 보면 도움이 된다. 노력하면 없어질 수 있는지 아니면 능력 밖에 있는 일이기에 놓아 주어야 하는지를 항목별로 결정하라. 노력해서 없어질 수 있는 걱정이라면 그 걱정거리가 고려할 만한 가치가 없다고 그저 묵살해 버려서는 안 된다. 몇 분이라도 시간을 내서 걱정하고 있는 그 사건에 대비하고, 당신이 걱정하고 있는 사람을 위해 쪽지를 보내거나 전화를 걸고, 걱정을 줄이기 위해 할 수 있는 일이라면 무엇이든 해야 한다. 어떻게 해 볼 수 없는 걱정거리라면 다른 사람에게 처리해 달라고 부탁하고 당신은 그 걱정을 떨쳐 버려라.

안전감과 통제력을 강화하려면 당신과 당신의 가족에게 일어날 일을 결정해 줄 누군가를 기다리거나 결정적인 상황이 발생하기를 기대하지 말고 당신의 삶을 스스로 책임져야 한다.

삶을 향해 자신이 원하는 방향으로 긍정적인 발걸음을 내딛는다면 자신의 행복을 스스로 설계할 수 있다. 우리는 우리 안에 엄청난 에너지원이 있다는 사실을 깨달아야 한다. 그리고 또 중요한 사실은, 그 에너지에 초점을 맞추었을 때 더 나은 결과를 얻을 수 있고 긍정적인 변화를 일으킬 수 있으며 우리에게 흥미로운 일이 벌어질 수 있다는 점이다.

삶을 바라보는 방법, 살고 있는 환경을 인식하는 방법에 대한 선택권이 자신에게 있다는 사실을 명심하라. 오늘날에는 자기 자신을 희생자로 생각하는 사람들이 많다. 이용당하고 짓밟히고 있다고 느끼거나 자신의 역할을 수동적으로 수행하고 자신에게 일어나는 온갖 불행한 일을 불평하는 것이 유행인 듯하다. 그러나 그렇게 느끼지 않을 수도 있다. 그것 역시 당신의 선택에 달렸다.

한 학군의 부교육감으로 있던 로버트는 다음 결정을 알고 고통스러워 했다. 로버트는 28명의 전문가, 상담사, 행정가가 소속된 그 지역 교육부를 책임지고 있었다. 그 당시 캘리포니아 주는 급격하게 늘어나는 도시재정 수요를 충당하기 위해 세금 인상을 발표했고 이에 주민들은 재산세 인상 상한선을 정한 '제안 13호'를 발의했다. 캘리포니아의 과세 기준이 바뀌고 있었다. 로버트와 교육감이 휴가를 보내고 있을 때 재정 관리자가 교육위원회에 와서 이 지역은 더 이상 교육부를 운영할 여유가 없다고 설득했다. 재정 관리자는 로버트와 비서 한 명만 남긴 채 부서 직원 28명을 모두 해고하거나 재배치하고 그 모든 일은 로버트가 하도록 위원회를 부추겼다. 말할 필요도 없이 로버트는 낙담하고 좌절했고 격한 감정에 휩싸였다! 자신이 없었을 때 조치가 취해져 반대할 수도 없었다는 사실이 특히 더 화가 났다! 상황을 선택할 권리가 자신에게 있다는 사실을 깨달은 것이 바로 그때였다. 너무 늦어 버려서 결정은 바꿀 수 없었지만, 자신이 취할 행동은 선택할 수 있었다. 로버트는 속상하고 억울한 심정으로 좌절만 하고 있을 수도 있고 또는 이 상황에서 나름대로 최선을 다해 볼 수도 있었다. 로버트는 긍정적으로 상황을 바라보고 교육 분야에서 전문가가 되기로 결심했다. 1년 후, 로버트는 근처 학군에 교육감 자리가 비었으니 지원을 해 보라는 요청을 받았다. 로버트는 교육감이 되었고 12년 동안 그 학군에 머물렀다. 로버트는 이 일로 중요한 교훈을 얻었다. 당신은 자신이 처한 환경을 바꿀 수 있는 자리에 있을 수도 있고 없을 수도 있다. 하지만 자신이 처한 상황에 대처하는 방법을 선택할 권리는 자신에게 있다는 사실을 항상 기억해야 한다. 『보물섬 Treasure Island』의 저자 로버트 루이스 스티븐슨은 이렇게 말했다. "삶이란 쥐고 있는 패가 좋은지 나쁜지의 문제가 아니라 형편없는 패일지라도 그 패로 경기를 어떻게 잘 운영하느냐의 문제다!"

많은 경우에 당신은 상황을 개선할 수 있다. 앞장서서 방을 새로 칠한다든지 꽃을 심는다든지 더 자주 웃으면서 들어온다든지 당신을 무시하는 것처럼 보이는 사람들에게 유쾌하게 말을 건넨다든지 하는 일을 할 수 있다. 당신이 먼저 이렇게 행동한다면 자기 자신에 대해 더 좋게 느낄 수 있다.

〈자신을 위해 할 수 있는 활동들〉

1. 시간을 조직적으로 더 잘 사용하기 위해 스스로 하루 일과를 계획하라.

2. 아이들을 돌보기 바로 전에 책을 읽거나 명상을 하거나 한숨 돌릴 수 있는 자신을 위한 '휴식시간'을 계획하라.

3. 두려운 일의 목록을 적고 최소한 그 활동 가운데 하나쯤은 도전하라.

4. 자신이 어떤 역할에 더 큰 책임을 느끼고 있는지 살펴보라.

5. 당신이 하는 일을 종류별로 나누어 하루에 몇 시간씩 소비하는지 기록하라. 그리고 이 기록을 당신의 우선순위와 비교하고, 고칠 부분이 있는지 생각하라.

긍정적인 자의식 형성하기

자기 자신이나 자신의 자긍심에 대한 느낌은 자신이 되고자 하는 모습과 현재 모습에 대한 평가의 차이에 따라 달라진다. 이 차이가 크면 클수록 자긍심은 낮아진다. 자신에 대해 더 좋은 판단을 내릴 수 있는 두 가지 기본적인 방법이 있다.

첫째, 자신에 대해 현실적인 기대를 한다. 부모, 고용주, 아이들, 배우자, 이웃, 그리고 우리가 살고 있는 문화는 우리에게 기대를 한다. 이 모든 기대에 부응하기란 인간으로서 불가능한 일이다. 우리는 한 번에 모든 사람을 기쁘게 할 수 없다. 비현실적인 기대를 충족시키려고 노력하면 극도로 피곤해진다. 가치 있는 사람이 되기 위해 다른 사람을 즐겁게 하는 일로 자신의 삶을 허비할 필요가 없다.

가장 좋은 해결 방법은 자신에게 거는 기대들의 우선순위를 정하고 어떤 기대를 만족시키기 위해 노력할 것인지 스스로 결정하는 것이다. 그 기대를 모두 만족시키지 못했다고 해서 자신을 비하해서는 안 된다. 자신이 되고자 하는 사람의 모습을 좀 더 현실적으로 상상해 보면 자신에 대해 더 좋게 느낄 수 있을 것이다.

둘째, 자신의 긍정적인 자질과 강점에 좀 더 집중하고 발전하고 싶은 분야의 변화와 향상에 초점을 맞춘다. 또는 이 두 가지 일을 함께할 수도 있다. 두 가지 모두 자긍심을 향상시킬 것이다.

자신이 얻은 성공과 칭찬을 특이하지 않다고 여겨서 무시하지는 않는가? 자신은 행복할 가치가 없다고 생각하지는 않는가? 이 질문들에 대한 당신의 대답이 "예."라면 자신에 대한 인식을 바꿔야 한다. 오래전에 받은 피드백 때문에 부정적인 이미지나 말을 여전히 마음속에 품고 있을지도 모른다. 하지만 이 이미지나 말은 전혀 사실이 아닐 수 있고 이제는 해당하지 않을 수도 있다. 아마도 당신은 자신에게 부정적인 메시지를 계속해서 전달하는 비평가나 목소리를 내부에 지니고 있을 것이다. 자신의 잘못과 지나간 실수를 기억나게 하고, 자신에게 비현실적으로 기대를 하고, 자신보다 전문지식을 더 많이 가지고 있거나 더 매력적인 사람을 알려 주고, 자신의 업적과 긍정적인 자질을 무시하거나 깎아내리는 것은 바로 그 목소리다. 자신의 잘못을 검토해야 한다면 그 잘못에 돋보기를 들이대지 마라.

그리고 그 잘못에 대한 인식으로 자신에 대한 모든 이미지를 물들이지 마라. 연구에 따르면 우리가 우리 자신에 대해 생각하는 것 가운데 75% 가량이 부정적인 것이고, 이 생각들 때문에 우리는 우리 자신을 과소평가하고 열등감이 높아진다고 한다.

자신의 삶을 다르게 만들고 싶다면 현재 모습 그대로를 받아들여야 한다.

자신을 받아들인다는 말은 자신의 강점과 약점을 인정하고 그 정보를 마주하고 있는 자신을 기본적으로 존경하고 사랑해야 한다는 말을 포함한다. 자신에 대한 이미지를 '실제 자신'의 모습에 맞게 바꿔야 할지도 모른다. 옛 이미지를 줄이고 자신 안에 있는 부정적인 평가를 침묵시키기 위해 당신은 자신에게 다른 사람과 다른 점뿐만 아니라 강점도 많다는 사실을 현실적으로 깨달아야 한다. 자신의 힘으로 바꿀 수 없는 모습은 있는 그대로 받아들이고, 바꿀 수 있는 모습을 바꾸는 일에 집중해야 한다. 현실에 근거를 둔 지금 그대로의 모습을 받아들인다면 당신은 자신 안에서 평화로울 수 있고 자신이 되고 싶은 아름다운 부모의 모습을 꽃피우기 시작할 것이다.

위대한 업적을 이룬 사람들은 자신이 모든 분야에서 뛰어나지 않다는 사실을 인정하는 법을 배웠고 또 자신의 강점에 집중하는 법도 배웠다. 당신도 자신의 장점을 가장 잘 사용할 수 있는 방법을 찾아야 한다. 자기 자신에게 긍정적으로 말을 하라. 성공적이고 따뜻하고 잘 배려하는 부모로 자기 자신을 그려보라.

자신에 대해 긍정적으로 생각하고 효과적인 부모가 되기 위해서는 자신의 역할을 의식적으로 수행하는 노력을 해야 한다. 자신의 선택, 결정, 행동을 더 잘 자각하기 위해 노력해야 한다. 자동적으로 선택과 결정을 내리고 행동을 하는지 아니면 정말로 의식적으로 행하는지 살펴보아야 한다. 자신이 선택할 수 있는 사항들을 더 자주 의식하고, 의식한 것을 토대로 행동을 하면 할수록 자기 자신에 대해 더 좋게 느끼게 된다.

〈자신을 위해 할 수 있는 활동들〉

1. 자신에게 기대를 걸고 있는 사람들을 모두 나열하고 그 기대들을 적어 보라. 당신 삶의 현 시점에 실현 가능성이 없어 보이는 기대들에 표시를 하라. 표시하지 않은 나머지 기대 가운데 당신이 가장 중요하다고 생각하는 것들에 에너지를 집중한다.

2. 거울 앞에 서서 자신에 대해 아무런 판단도 내리지 말고 거울에 비친 자기 모습을 바라본다. 그리고 이렇게 말한다. "이것이 바로 지금 나의 모습이야. 나는 이대로의 내 모습을 받아들일 것이고 나를 더 발전시키기 위해 노력할 것이고 내 능력 밖의 일에 대해서는 불완전한 대로 받아들일 거야."

3. 아이들에 관해 내린 결정에 아이들이 비난을 하거나 화를 낼 때, 그 화와 비난이 자신을 향한 것인지 아니면 당신이 책임감 있는 부모로서 해야만 했던 역할을 향한 것인지 구분을 하라.

4. 자신에 대해 긍정적인 것 세 가지를 생각하면서 하루를 시작하라. 오늘 잘한 일과 내일 하고 싶은 일을 생각하면서 하루를 마감하라.

5. 자신이 느끼는 감정을 인정하라. 분노, 적대감, 좌절, 우울과 같은 감정을 효과적으로 처리하는 방법을 개발하라. 그리고 죄책감은 피하라.

인간관계 강화하기

　다른 사람이 자신을 받아 주기를 바라고 어딘가에 소속되기를 원하는 것은 인간의 기본적인 욕구다. 잘 알지 못하는 사람들과 함께 있을 때 당신은 어떻게 행동하는가? 편안하게 대화를 먼저 시작하는가? 아니면 다른 사람이 먼저 말을 걸어 주기를 기다리는 편인가? 다른 사람이 자신을 받아 주기를 원한다면 자신의 생각과 가치관, 우선순위, 관심 분야를 숨기지 말고 다른 사람에게 기꺼이 말해서 그들이 당신을 더 잘 알 수 있게 해야 한다. 자신의 감정과 의견을 표현하지 않고 숨기면 다른 사람이 불편해 한다. 친구와 지인을 얻는 한 가지 방법은 자신에 대해 솔직히 이야기하는 것이다.

　친구는 소중하다. 친한 친구와 자신을 지지하는 집단을 가까이 두고 있는 사람은 그렇지 않은 사람보다 10년 더 오래 산다는 연구 결과가 있다. 학창 시절 친구나 예전에 살던 동네 이웃, 직장 동료처럼 오랫동안 알고 지내는 사람들과 계속해서 연락하는 것이 중요하다. 그러나 새로운 친구를 사귀는 것 역시 중요하다. 새로운 친구를 사귀는 일은 쉽지 않은데, 이미 친한 관계가 형성된 무리의 사람들과 사귀는 일은 특히 더 어렵다. 진정으로 무리의 일원이 되었다고 느끼고 이 무리에서 꼭 필요한 사람이 될 때까지 때로는 몇 달이 걸리기도 하고 심지어는 몇 년이 걸리기도 한다. 다른 사람과 공유할 만한 기술이나 화젯거리, 관심 분야가 있다면 다른 사람이 당신을 알게 하고 공통 관심사가 있다고 느끼게 하는 일이 더 쉬워진다.

　인간관계를 강화할 수 있는 한 가지 방법은 먼저 가능한 한 많은 사람들을 알아 가는 것이다. 다른 사람들의 관심 분야, 배경, 가족 관계, 꿈이나 포부 등을 물어본다. 이때 당신은 다른 사람들과 자신의 공통점이 생각한 것보다 더 많다는 사실을 알게 될 것이다. 새로운 친구를 사귐으로써 얻게 되는 중요한 가치는 자신을 지지해 주는 집단이 커진다는 것이다. 우리는 나이가 들면서 친한 친구를 잃게 된다. 친한 친구들은 멀리 이사를 가기도 하고 새로운 관심 분야를 갖기도 하며 다른 집단에 속해 새로운 친구를 사귀기도 한다. 따라서 자신을 지지하는 무리를 단단하게 형성해 놓을 필요가 있다.

자신을 지지해 주는 집단이나 친한 친구를 곁에 두는 일은 대부분 여성들에게 특히 중요하다. 자신을 지지하는 무리들과 함께 무엇인가를 알아 가고, 새로운 소식이나 걱정거리를 공유할 수 있다. 친한 친구가 없으면 여성들은 쉽게 자신이 고립되었다고 느낀다. 정신적으로 건강한 사람들은 대개 자신의 경험을 함께 나눌 매우 친한 친구들이 있다. 이 친구들은 오래된 이웃일 수도 있고, 학교 친구나 직장 동료일 수도 있다.

다른 사람들을 도와주는 집단의 구성원이 되어라. 다른 사람을 도와주는 일에 집중하기 시작할 때 고립감과 우울함을 덜 느끼게 된다. 당신보다 운이 덜한 사람들을 돕는 일에 시간을 내어 참여하라. 다른 사람을 지지하고 도와준 덕에 다른 누군가가 고마워한다면 자신이 가치 있는 사람이라고 느끼게 될 것이다. 당신의 긍정적인 자질을 알아보고 당신을 믿어 주는, 긍정적이고 도움을 주는 사람들과 친하게 지내라.

'분위기를 조성하는 사람' 이 되려고 노력하라. 분위기를 조성하는 사람은 다른 사람을 위해 분위기를 바꾼다. 그저 미소를 지어 보이거나 고맙다는 말로도 가능하다. 시간을 내어 다른 사람을 칭찬하고 그 사람들의 강점과 공로를 인정한다. 당신이 다른 사람들과 그들이 하려고 노력한 일에 고마워한다는 사실을 알려라. 필요하다면 그들을 도와줘라.

〈자신을 위해 할 수 있는 활동들〉

1. 관계가 불편한 사람들의 목록을 만든다. 쪽지를 보내거나 전화를 걸거나 다른 방법을 이용해서 이 사람들에게 연락을 한다. 이들과의 관계가 당신에게 중요하다면 관계의 반이라도 회복해야 한다. 그리고 나서 나머지 일은 상대방에게 맡긴다.

2. 당신을 지지하는 그룹에 넣고 싶은 사람들 목록을 만든다. 학교 친구나 이웃, 최근에 연락하지 못한 사람들도 반드시 목록에 포함시켜서 당신이 여전히 그 사람들을 소중히 여기고 있다는 사실을 알게 하라.

3. 당신을 지지하는 사람들과 비공식적으로 만나는 자리를 계획하라. 함께 재미있는 활동을 해 보는 것도 좋다.

4. 당신의 시간과 에너지를 사용할 가치가 있는 지역사회 활동에 참여하라. 예를 들어 아이가 다니는 학교에서 개인 지도 교사나 보조 교사, 사무 보조원으로 자원봉사를 할 수 있다.

5. 새로운 조리법으로 케이크나 특별 음식을 만들어서 누군가에게 선물하라. 이렇게 하면 "나는 당신을 신경 쓰고 있습니다."라는 의미를 전달할 수 있다. 새로운 조리법으로 만들어서 맛이 어떤지 반응을 보고 싶었다고 설명을 하면, 상대가 보답을 해야 한다는 의무감을 느끼지 않게 할 수 있다.

"친구란 당신이 잘 부르는 노래를 알고 당신이 잊어버리면 그
노래를 불러 주는 사람이다."

"진정한 친구란, 당신이 바보 같은 행동을 할 때 다시는 그렇게
행동하지 않을 것이라고 믿어 주는 사람이다."

"당신의 인생에 들어왔다 나가는 사람은 많지만, 그들 가운데
진정한 친구는 당신의 심장에 발자국을 남기는 사람뿐이다."

— 엘리너 루즈벨트

자신의 인생에 대한 흥미진진한 비전 세우기

우선순위를 명확히 정해 놓으면 인생의 진정한 의미를 알게 되고
하루 일과를 위한 목표를 세울 수 있다. 아이들이 자랄 때는 우선순
위가 변한다. 현재 가장 중요한 일이 가정을 꾸리는 데 집중하는 것
일 수도 있고, 직장과 가정 사이에서 균형을 맞추려는 시도일 수도
있고, 공부를 더 하거나 기술을 배우는 일일 수도 있으며, 새로운 일
을 시작하는 것일 수도 있다. 그러나 우선순위가 바뀔 때조차도 잊
지 말아야 할 점은 긴 안목으로 자신을 위한 비전을 세우고 이루고
싶은 것과 되고 싶은 사람의 모습을 정해 놓아야 한다는 것이다.

긴 안목의 비전을 세우기 위해서 자신이 편하게 느낄 수 있는 영
역을 확장하고 다른 활동을 시도해 보고 새로운 경험에 도전해야 한
다. 매일매일 같은 일을 하는 습관을 들이는 것은 너무나 쉽지만, 매
일 이렇게 같은 일을 하다 보면 우울과 좌절에 빠지기 쉽다. 새로운

친구를 사귀고 다른 활동에 참가하며 새로운 관심 분야를 개척하고 특별 강좌를 듣거나 자녀가 참여하고 있는 청소년 단체에서 자원봉사를 하려고 노력해 보라. 안전지대에서 벗어나는 일은 개인에게는 큰 모험이다. 다른 사람과 평등하게 참여하기에는 자신이 배경지식이나 전문지식이 부족하다고 느끼는 것은 당연하다. 하지만 바로 그 부족한 전문지식을 습득하고 성장하기 위해서는 그 일에 참여하는 방법밖에 없다.

당신은 자신이 접하고 참여하는 도전적인 일에 정비례하게 성장할 수 있다. 그러므로 자신의 능력을 확장시킬 수 있는 일을 찾아야 한다. 하지만 능력을 너무 벗어나서는 안 된다. 처음부터 성공에 대해 걱정하지 마라. 처음부터 성공하는 사람은 거의 없다. 새로운 경험에 도전하고 그 경험을 통해 무엇을 배울 수 있을지 결정한다. 성공을 거둔 사람들은 실제 다른 사람들보다 더 많이 실패하지만 그 실패의 경험에서 무엇인가를 배우고 앞으로 발전해 나간다.

가능한 최고의 부모가 되려고 노력하는 일은 중요하다. 하지만 궁극적으로는 자신이 되고 싶은 사람이 되기 위해 스스로 비전을 갖는 일도 중요하다. 자신의 미래에 대한 비전이 없으면, 아이들의 성취를 통해서만 만족을 느끼게 될 것이다. 이것은 위험할 수 있다. 아이들은 때가 되면, 더 이상 부모가 필요하지 않다는 것을 깨닫고 당신 곁을 떠난다. 부모로서가 아니라 자신을 위해 멀리 내다보고 비전을 갖는 일이 특히 중요할 때다. 하지만 여전히 부모로서의 역할은 당신의 주된 관심사이고 책임을 느끼는 일일 것이다. 아이를 위해 에너지를 모두 소진하지 않도록 주의하라.

자신을 위해 이루고 싶은 것에 대한 비전을 세울 때, 이러한 목적에 합당한 구체적인 목표를 세워라. 이 목표는 단기간에 이룰 수도 있고, 시간이 오래 걸릴 수도 있다. 목표를 이루는 데 여러 해가 걸릴지도 모른다. 하지만 이 일은 당신의 인생을 내다볼 수 있는 첫걸음이 될 것이다.

〈자신을 위해 할 수 있는 활동들〉

1. 이루고 싶은 것을 5년, 10년, 20년으로 나누어 적어 본다. 그리고 이 목표를 이루었을 때 어떤 느낌이 들지 적어 본다.

2. 정말로 성공한 기분을 느끼기 위해 무엇을 해야 할지 생각해 본다. 그리고 나서 그 성공의 기분을 만끽하기 위해 비전을 세운다.

3. 앞으로 5년이나 10년 동안 삶에 어떤 변화가 예상되는가? 그 변화를 준비하기 위해 무엇을 할 수 있을까?

4. 염두에 두고 있거나 당신의 지식과 기술을 발전시켜 줄 특별한 도전을 정해 본다. 생각하는 것만으로도 겁이 난다 해도 우선 계획을 세워 본다.

5. 새로운 기술을 배우거나, 흥미 있는 일에 참여하거나, 책을 읽거나, 친구와 시간을 보내거나, 평소에는 시간을 내지 못한 일을 하기 위해 시간을 따로 떼어 둔다.

효과적으로 시간 사용하기

시간을 사용하는 방법은 자신에 대해 어떻게 생각하는지와 밀접한 관련이 있다.

우리는 대부분 해야 하거나 하고 싶은 일을 모두 하기에 시간이 결코 충분하지 않다고 불평한다. 하지만 우리에게 주어진 시간을 최대한 활용할 수 있는 방법이 있다.

첫째, 지금 할 일을 다음으로 미루지 말아야 한다. 지금 해야 할 일을 다음으로 미루면 그 일을 하는 데 걸리는 시간만큼 그 일을 생각하는 데 사용하게 되어 시간을 낭비하는 주요한 이유가 된다. 일을 미루면 다른 일을 하는 동안 집중하기 어렵고 잠을 잘 때도 영향을 받을 수 있다. 또 해야 할 일을 하지 않았기 때문에 죄의식을 느껴 자기 자신을 부정적으로 생각할 수도 있다.

둘째, 가장 편리하거나 쉬운 일보다 가장 중요하다고 여기는 일에 시간을 투자해야 한다. 매일매일 그 날 해야 하는 가장 중요한 일을 정해 놓는 것이 좋다. 설령 계획한 일을 모두 이루지 못한다 할지라도 가장 중요한 일들을 해결함으로써 만족을 느끼게 될 것이다.

셋째, 시간을 낭비하지 않기 위해 노력해야 한다. 아무런 결실도 없이 시간을 가장 많이 소비하는 일이 무엇일까? 친구와 전화로 수다 떨기, 텔레비전 보기, 잡지 훑어보기, 인터넷 검색하기와 같은 일을 하는가? 당신이 해결해야 하는 일에서 벗어날 필요가 있을 때, 이러한 일을 하면 스트레스를 줄일 수 있어 이 또한 꽤 생산적인 활동이 된다. 하지만 이러한 일을 하는 동안 시간이 얼마나 빨리 흐르는지 자각하지 못한다면, 의도한 만큼의 시간보다 더 많은 시간을 사용할 수도 있다. 하지만 이러한 일을 하는 동안 완전히 편한 상태가 되기 때문에 빨리 해결해야 할 필요가 있는 다른 일들을 수행할 때 훨씬 더 즐겁게 할 수 있다.

연구에 따르면, 우리가 즐기는 활동들 가운데 상당수가 우리에게 짧은 즐거움만을 준다고 한다. 이러한 활동에는 텔레비전 보기, 영화 보러 가기, 카드 게임 하기와 같은 일들이 속한다. 즐거움이 오랫동안 지속되는 활동들은 '만족감을 주는 활동' 이라고 불리는데, 그 까닭은 이런 활동을 하고 나면 무엇인가를 이루었다는 느낌, 가치 있는 어떤 일에 공헌했거나 그 일을 해냈다는 느낌이 남기 때문이다. 이러한 활동에는 정원 손질이나 기술 연습, 운동, 요리, 바느질, 벽장 정리와 같이 힘든 노동이 포함된다. 최고의 행복을 경험한 사람은 즐거운 일과 만족감을 주는 일 사이에서 균형을 유지한다는 연구 결과가 있다. 즐거움을 짧게 느끼게 되는 활동에 대부분의 시간을 소비하는 사람들은 우울증으로 상당히 고통을 겪는 것으로 밝혀졌다.
그러므로 더 큰 만족감을 위해 시간 활용과 일과 계획 방법을 생각해 보는 일이 중요하다.

⚘ 자신에게 투자하기

시간과 돈을 가장 잘 투자하는 방법은 자신의 개인적인 성장과 만족감을 위해 투자하는 것이다. 아이의 행복과 성장, 정신 건강을 위한 가장 중요한 요소는 바로 부모다. 부모가 자신의 신체적, 정신적 건강을 위해 투자하지 않는다면 아이도 고통을 겪을 수 있다. 그러므로 적절히 운동하고 신체적·정신적 건강을 위해 시간을 투자하는 것이 중요하다. 스트레스를 받으면 내적 평화와 에너지를 회복할 방법을 찾아야 한다. 산책을 가거나 취미 활동을 하거나 그림이나 조각과 같은 흥미로운 일을 할 수 있다. 특별한 종류의 음악을 듣거나 명상이나 요가를 하면서 시간을 보내는 것도 방법이 된다. 당신을 즐겁게 해 줄 물건들로 가득 차 있는, 그래서 그곳에 가면 에너지가 회복될 수 있는 자신만의 장소를 만드는 것이 도움이 된다.

정신 건강에 중요한 일은 삶을 긍정적으로 바라보는 것이다. 자신에게 일어나는 일에 대해 냉소적이고 우울해 하는 사람들이 많지만, 그럴수록 스트레스와 우울, 혈압이 증가해 정신 건강과 신체 건강에 모두 해로울 수 있다. 낙관적으로 살려고 노력하고, 인생을 긍정적으로 바라보려고 노력할 때 자신이 이루고자 하는 일에서 성공하기 쉽고 다른 사람들이 당신과 함께 있는 것을 즐거워하게 된다. 삶을 낙관적으로 바라보고 함께 있으면 즐거운 사람들 곁에 머물러라.

성장하고 싶은 분야를 결정하라. 이러한 분야는 새로운 기술이나 지식을 습득하는 일일 수도 있고, 새로운 흥밋거리를 찾거나 취미를 시작하는 일일 수도 있다. 이러한 활동에 시간을 투자하면 능력을 더 갖추게 되고, 새로운 기회를 접하게 되며, 삶에 대한 열정을 키울 수 있다. 아마 이것에 대한 가장 큰 보상은 개인적 성장과 의미 있는 활동에 투자함으로써 얻을 수 있는 즐거움을 아이가 경험하게 되는 일일 것이다.

만족감과 성취감을 느끼기 위해 자신이 설정한 목표를 이루려는 노력을 해라. 이 목표들은 단기간에 이루어지는 일일 수도 있고, 시간이 오래 걸리는 일일 수도 있다. 또는 만족감을 나중에 느끼기 위해 미루어 온 목표일 수도 있다. 목표를 달성하는 일에 시간을 투자하면 삶에는 목적의식이 생기고 삶을 중요하게 여기게 된다.

〈자신을 위해 할 수 있는 활동들〉

1. 당신의 삶에 있는 '죽은 나무' 목록을 만들어라. 이 목록은 벽장 정리, 책상 정돈, 계획 세우기와 같이 늘 해야 한다고 입에 달고 사는 일들이다. 목록을 만든 후 매주 한 가지씩 일을 해결해서 목록에 적혀 있는 항목 수를 줄인다.

2. '웃음보따리'를 만들어서 감사한 일들, 영감을 주는 인용구들, 웃음 짓게 만드는 것들을 모은다.

3. 당신이 이루어 내 스스로 기뻐하고 있는 일들과 다른 사람들이 칭찬해 주는 일들을 모두 적어 본다. 기분이 가라앉을 때 이 목록들을 다시 읽으면서 마음을 가다듬는다.

4. 매일매일 떠오르는 생각, 할 일에 대한 계획, 매일 성공한 일들을 일기에 기록한다.

5. 최근에 이루어 낸 일들 가운데 스스로 만족스러운 일을 떠올려 본다. 마음속에 생생하게 떠오르는 일과 그 당시 느낀 기쁨을 회상한다. 그 일을 가능하게 한 자신이 지니고 있는 기술과 경험을 생각해 본다.

6. 노력했던 중요한 일을 마쳤을 때 그 업적을 어떻게 축하하고 싶은지 계획을 세워본다.

마지막으로, 자신을 자랑하라. 자부심 있는 태도, 자신 있는 걸음 걸이, 현재 모습 그대로를 자랑스럽게 여겨라. 앞으로 이루어야 하는 모습에 대한 청사진이나 모델은 없다. 당신은 자신의 창조력 덕분에 고유하고 창의적인 개인이 될 권리가 있다. 아이에게 해 줄 수 있는 가장 큰 공헌은 당신이 온전히 자기 자신의 모습으로 살아가고 자신 의 모습을 즐기는 것이다.

지혜로운 부모 되기

지식은 당신이 축적해 온 정보다. 어떤 책을 읽거나 지식을 아무 리 많이 쌓아도 좋은 부모가 되리라고 보장해 주지 못한다. 부모로 서의 지혜는 효과적인 부모가 되도록 도와주는 모든 것을 오랜 시간 에 걸쳐 한데 모으고 적용하면서 생길 수 있다. 우리는 이 책에서 제 시하고 있는 방법들이 당신이 지혜로운 부모가 되는 일을 돕기를 바 란다. 당신은 자기 자신이 부모로서 완전히 지혜로워졌다고 결코 믿 지 못할지도 모른다. 하지만 이상적인 일은 이제 당신은 유능하고 사랑이 가득한 부모로서뿐만 아니라 삶을 효과적으로 살아가는 어 른으로서 성장하는 데 토대가 되어 줄 원리들을 익혔다는 점이다.

완벽한 부모가 되리라고 기대하지 마라. 설령 그러한 모델이 존재 한다 하더라도 말이다. 우리는 육아를 끊임없는 학습으로 생각해야 한다. 항상 모범적인 행동을 보여 줄 수 없고 아이를 키우는 일에는 정확한 공식도 없다. 똑같은 상황에서 키운 아이들조차도 서로 다른 모습으로 크는 것을 자주 볼 수 있다.

자기 자신에게 자신감을 갖는 것이 중요하다. 그리고 주도적인 방법으로 삶을 살아가고, 자신이 처한 환경에 대처하는 법을 스스로 선택할 수 있다는 사실을 깨닫는 것도 중요하다. 자신이 바보 같아 보일지도 모르지만, 그렇다고 해서 결정을 두려워해서는 안 된다. 평범함을 넘어설 수 있는 유일한 방법은 자신에게 가장 중요한 가치와 원리에 집중하고, 잘못 내린 선택을 통해 무언가를 배우고, 그 경험을 통해 더 현명해지고 발전하는 것이다.

소아마비 백신을 개발한 조너스 솔크는 성공이나 실패, 이기고 지는 일, 여러 가지 문제들과 같은 절대가치들에 의미를 두지 않는 환경에서 자랐다고 한다. 조너스가 배운 것은 발견을 위해 기회와 상황을 엿보고 도전하는 것뿐이었다고 한다. 그 결과, 소아마비 백신을 위한 실험을 이백 번 넘게 '실패' 하고서도 이 실험으로부터 배운 것을 분석함으로써 소아마비 백신을 개발할 수 있었다. 이렇게 해서 그는 무서운 질병을 없애고자 했던 자신의 꿈을 이룰 수 있었다.

지혜는, 효과 있는 방법과 효과 없는 방법을 구분하고 여기서 얻은 통찰력을 미래에 어떻게 적용할 것인지를 결정하기 위해 우리가 경험을 분석할 때 생겨난다. 마음에 새겨야 할 한 가지는 바로 한 아이에게 해결책이 되었다고 해서 그 방법이 다른 아이들에게도 효과가 있지는 않다는 사실이다. 그러니 낙담하지 마라. 당신은 지금 하고 있는 일을 잘 알고 있다는 듯이, 실제로는 그렇지 않을 때도 자신감과 확신으로 아이를 다루고 있다는 듯이 행동해야 할지도 모른다. 아이들에 대해 당신이 내리는 결정이 아이들에 대한 깊은 사랑과 아이들의 최고 이익에 기반을 두었다면, 아이들은 아마 그 결정을 받아들일 것이고 당신이 자신의 역할 모델이라고 믿을 것이다!

>>>

안전감, 자의식, 소속감, 목적의식, 개인 역량 인식, 이 다섯 가지 열쇠가 가치관과 꿈이 있는 아이를 키우기 위한 기본적인 요소다. 가치관은 평생 존경 받으면서 살 수 있는 토대가 되고, 꿈은 어른이 되어 행복하고 성공적인 삶을 살도록 이끌어 준다. 많은 젊은이들이 자신의 삶에서 스스로 주도권을 쥐고 책임을 다해 꽤 멋있는 어른으로 성장하는 모습을 지켜보는 일은 매우 흥미롭다. 지금까지 개괄적으로 설명한 프로그램을 따르고 우리가 제안한 활동들을 이용한다면, 아이는 자아실현을 하고 주위를 즐겁게 만드는 영혼으로 자랄 가능성이 높아질 것이라고 확신한다.